トートの書

ALEISTER CROWLEY
THE BOOK OF
THOTH

アレイスター・クロウリー
榊原宗秀訳

国書刊行会

I

魔術師

0

愚者

III
女帝

II
女司祭

V
神官

IV
皇帝

VII

戦車

VI

恋人［兄弟］

IX

隠者

VIII

調整

XI

欲望

X

運命の輪

XIII

死

XII

吊られた男

XIV
技（わざ）

XV
悪魔

XVI
塔［戦争］

XVII
星

XIX
太陽

XVIII
月

XXI
宇宙

XX
永劫（アイオン）

棒の女王

棒の騎士

棒の王女

棒の王子

棒の2（支配）

棒の1（火の力の根源）

棒の3（美徳）

棒の4（完成）

棒の5（闘争）

棒の6（勝利）

棒の7（勇気）

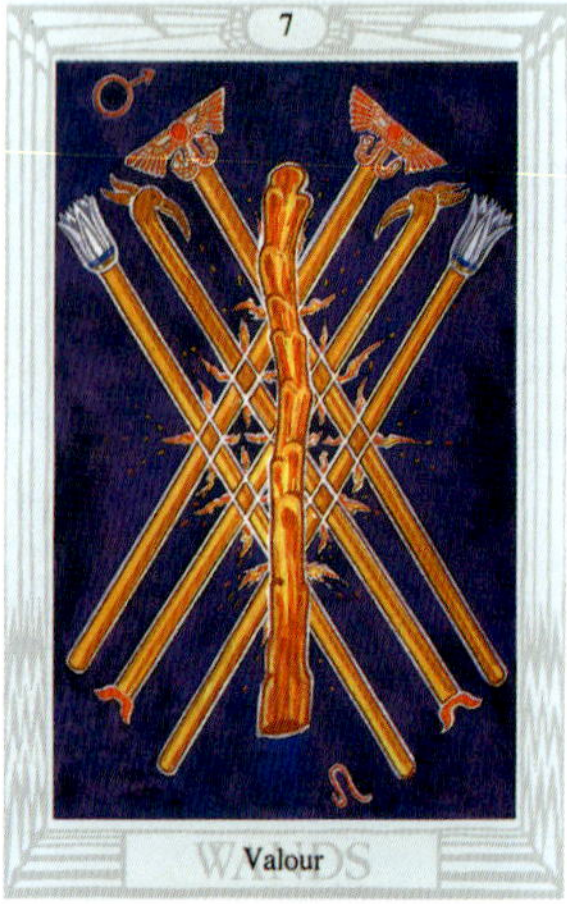

棒の8（迅速）

棒の10（抑圧）

棒の9（剛毅）

杯の女王

杯の騎士

杯の王女

杯の王子

杯の1（水の力の根源）

杯の2（愛）

杯の3（豊潤）

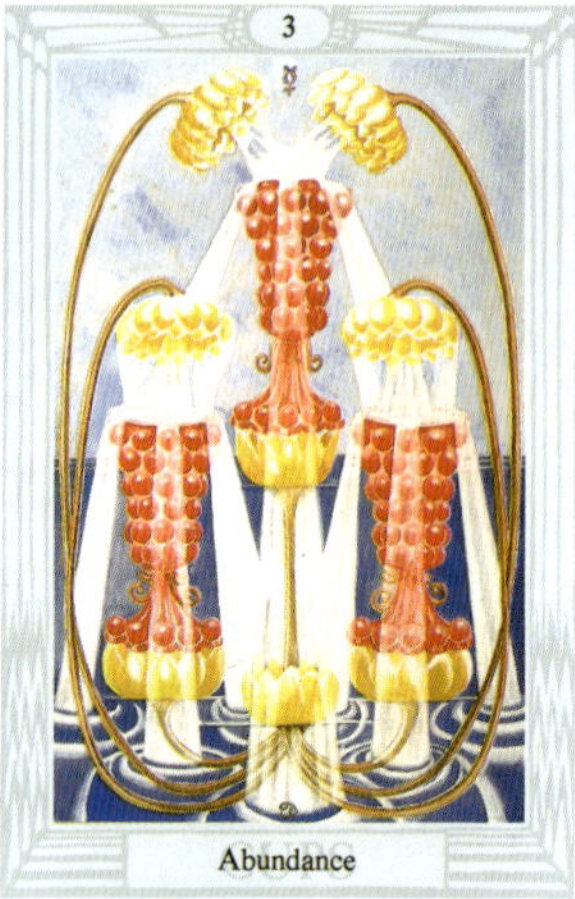

杯の4（贅沢）

杯の5（失望）

杯の6（喜び）

杯の8（怠惰）

杯の7（堕落）

杯の10（飽満）

杯の9（幸福）

剣の女王

剣の騎士

剣の王子

剣の王女

剣の1（風の力の根源）

剣の2（平和）

剣の3（悲しみ）

剣の4（休戦）

剣の5（敗北）

剣の6（科学）

剣の7（無益）

剣の8（干渉）

剣の9（残酷）

剣の10（破滅）

円盤の女王

円盤の騎士

円盤の王女

円盤の王子

円盤の2（変化）

円盤の1（地の力の根源）

円盤の3（作業）

円盤の4（力）

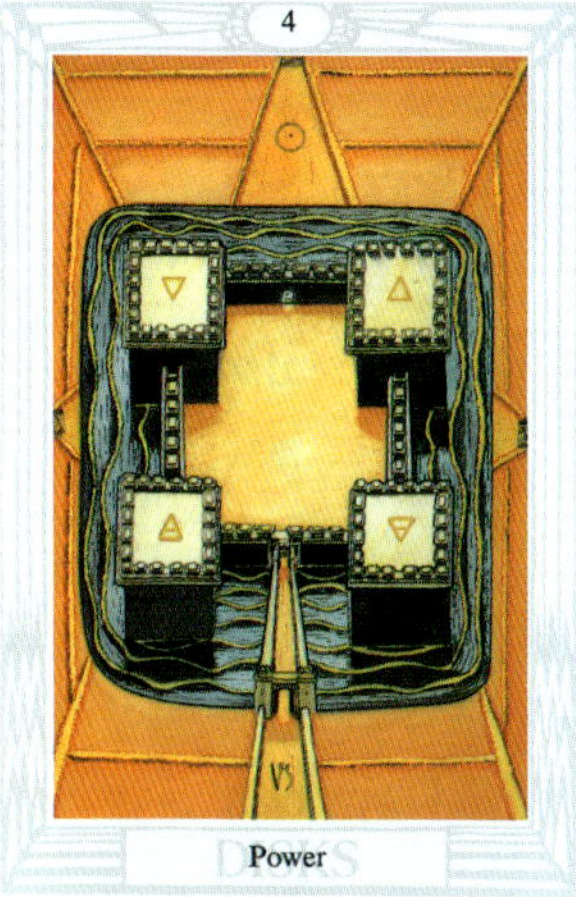

円盤の5（心配）

円盤の6（成功）

円盤の7（失敗）

円盤の8（深慮）

円盤の10（富）

円盤の9（獲得）

タロット・カード（裏）

トートの書

榊原宗秀訳

A .·. A .·.

Publication in Class B.

Imprimatur

N. Fra: A .·. A .·.

O.M. $7^{\circ}=4^{\square}$ R.R. et A.C.

I.A. $5^{\circ}=6^{\square}$ R.R. et A.C.

The Book of Thoth

The Works of Aleister Crowley selected
and introduced by Francis King.

トートの書——目次

序文

『トートの書』の推薦文

フランシス・キング

序文

『トートの書』の推薦文

フランシス・キング

アレイスター・クロウリーの『トートの書』はタロットに関するみごとな論文であって、その豊かな象徴性を、中世ヨーロッパのカバラから近代ベンガルのタントリズムに至るまでの、驚くべき多数の神秘的魔術体系と調和させている。

『トートの書』の冒頭で、クロウリーは、タロットを「七十八枚で一組《ワンセット》になったカード」として述べている。さらに続けて、「このタロット・カードの起こりは謎に包まれている。専門家のなかには、神秘に満ちた古代エジプトにまで遡って起源を求めようとする人もいるし、十五世紀に、いや十六世紀まで降《くだ》ってその発端を探し出そうとする人もいる」と書いている。

このクロウリーの表現は、両者とも修正し敷衍する必要がある。

新旧を問わず、多くのタロット・カードの数は七十八枚であるが、決して常に一定であるわけではない。より枚数の多いもの、少ないものが過去に製作されている。現代でも何種類かが作られていて、そのなかではシシリアン・タロットがよく知られている。このような変形的カードの実枚数は、小は六十五枚から大は一三〇枚に及んでいる。それにもかかわらず、おそくとも十八世紀中葉以来の標準的タロット・カード――P・D・ウスペンスキー、W・B・イェイツ、T・S・エリオットのような種々さまざまな個性をもった人たちを魅了したカード――は、クロウリーの言うように七十八枚から成っていた。

タロット・カードの起源を古代エジプトに求めた「専門家」たちに関して言うならば、彼らは皆、亡くなってから久しいことを認めなければならない。今日では、トランプとかヨーロッパ美術史の、令名のある研究者の誰ひとりとして、タロット・カードが十四世紀以前に現在のカードに似かよった形態で存在していたと、本気で論じようとはしなかろう。

だが、タロットのエジプト起源仮説を初めて提唱した十八世紀の学者クール・ドゥ・ジェブランは、愚か者どころかなかなか抜け目のない男だった。彼は、自説に有利で強力な支持を与える証拠物件たらしめようとして、カード上の不思議な象徴的な図柄は、学問と魔術のエジプトの神、トートに仕える聖職者の秘密の智慧の絵画的表現であるという考えを作りあげた。

もちろん当時は、エジプトの象形文字はまだ解読されていなかった。しかし、エジプトの宇宙論や宗教に関する古典学の解説があるので、クール・ドゥ・ジェブランのような人々はエジプトの神秘的信仰、とりわけイシスとオシリスの神々と結びつく信仰の本質について、決して無知ではなかったのである。ドゥ・ジェブランが注目した事実――彼は全く正確に述べているが――は、タロットの象徴主義がエジプトの神秘哲学について彼の知るところと一致するということである。また彼と同時代の人々の幾人かは、タロットの象徴主義がカバラと呼ばれるユダヤの神秘体系とも一致することを指摘した。そこで、次のように推論することが容易であると思われた。つまり、タロット・カードは古代イスラエルとエジプトの、秘密の智慧に関する秘伝を授けられた人々によって考案されたものである。

この結論が間違っていることには疑問の余地がない。タロットの起源は、古代世界ではなく中世後期のヨーロッパに跡を辿るべきであるばかりか、タロットを作製した人、ないしは人々が、カバラにも古代の神秘信仰にも全く近づきがなかったことは、実際に確実であると思われる。だが彼らの言う「一致」は存在するし、それをさらに拡張することも可能である。一例をあげれば、「易」の卦とタロットとの間にある、寸分たがわぬ関係を示すことが完全に可能である。

このパラドックスを解決するための、もっともらしい方法が二つあるようである。

第一の方法は、クロウリーがその気になっているやり方である。つまり、タロットを考案した人々は、全く文字どおりに、霊感を受けたと考えるのである。クロウリーの主張によれば、普通の人は「より高度の次元に精神作用が属しているか、あるいはかつて属していた、さらに高次元の存在の援助なしには」タロットという精巧な象徴的機構を組み立てることはできなかったろうということになる。

アレイスター・クロウリーが、「より高度の次元に属する」先達の存在を信じていたことは全く明瞭である。彼らは、神智学者や他の多くの神秘主義者が「達人《マスター》」と呼び、ヒンズー教徒が「マハトマ」と呼ぶ、超存在と考えられている人々である。クロウリーは、(「黄金の夜明け団」として知られている神秘的秘密結社において、彼の最初の霊の導師であった人々にならって)この超存在者を「秘密の首領」と名づけた。

クロウリーの生涯と思想は、彼自身、秘密の首領の密使であるという信念によって支配されていたので、これらの仮想の神性について、もう少し述べる必要がある。秘密の首領とは、もし存在するとして、天使でも精霊でも悪魔でもなく、まして神でもない。彼らは高度に霊的な発展をとげた神性である。かつては普通の人間であったが、計り知れぬほど人間を超越した状態に到達したのである。すべての人類が憧憬する状態にである。彼らは、終わりなき「生―死―生の車輪」から解放され、悟りを開いたのである。もし彼らが願いさえすれば、(仏教用語で言う)ニルヴァーナを得られたであろう。そして人類を、通常の存在には付きものの悲哀と有為転変にゆだねたことであろう。だがそうする代わりに、秘密の首領たちは、この惑星ならびにそこに住む無数の人間に関わりをもとうと自発的に決意したのである。そして、この関わり合いを通して、すべての人々がいつかは現在の彼らと同じようになることを望んでいるのである。

タロットの象徴性と神秘哲学の偉大な諸体系との間の著しい一致を説明する、第二番目の仮説は、昔の魔術師たちが「アニマ・ムンディ」、つまり「世界霊魂」と呼んだものの存在を仮定することである。

「アニマ・ムンディ」は水ではないが、記憶に関する、巨大な地下の貯水池のような存在であると想像されている。全人類の過去の経験、思想、夢と希望が、この貯蔵庫のなかに収納されている。そして、その中味が、その時代の経験によって絶えず増加していくのである。それゆえ、「アニマ・ムンディ」は、人類の感情、思考、霊的努力の宝物箱である。数百年、数千年が経過するにつれて、生ある人々の観念や思考によって豊かにされてきた宝の櫃《ひつ》である。偶発的にせよ意図的にせよ、その箱の中味を扱うことは可能であると考えられている。というのは、芸術家のすべて、詩人のすべて、想像力をほしいままに駆使する人のすべてが、自分自身の願望とは無関係に、観念が「アニマ・ムンディ」から溢れ出してきて意識される、という心的状態に達するからである。また個人が、儀式、瞑想、象徴に基づく魔術的技巧を用いて「アニマ・ムンディ」との関係《コンタクト》を慎重に確立することも可能である。詩人のW・B・イェイツは魔術の信奉者であったが、これらの技法の使用にあたっての達人《アデプト》であった。例えば、彼は、人類が長らく失っている原初の無垢の時代と伝統的に関連のある表象を熟考することによって、他の人物に幻想的な体験をさせることができたと記録している。その人は、「高い山の頂きの、壁をめぐらした庭にいる。庭の中央には一本の樹があって、枝々には大きな鳥が止まり果実がみのっている。その実を耳に当てれば戦いの物音が聞こえてきた」と語った。

「集団的無意識」という概念は、心理学者C・G・ユングによって今世紀になって作り出されたもので、「アニマ・ムンディ」に関係のある伝統的な教えと著しく類似している。人間の精神は、何十万年にわたる人類の経験によって形成され、影響を受けてきたとユングは主張する。この経験の集約された本質が、我々一人ひとりの心の奥深く潜んでいるのである。意識の下に、個人的無意識、つまり、個人の蓄積された経験と記憶が存在する。そしてその下に、全人類共通であって決して個別化できない、集団的無意識がある。「元型《アーキタイプ》」、集団的無意識の原始的で強力な心像が、夢や幻想のなかに、神話や象徴のなかに、詩や宗教のなかに表現される。

　生き生きした心像の、この「源泉」を集団的無意識、つまり「アニマ・ムンディ」と呼ぶことにするかどうかは、あまり重要ではない。問題の核心は、芸術家(たち)が、ギャンブル用にタロット・カードを創り出したとしても、もし自分の「心の潜在的部分」に充分に沈潜してゆけば、疑いなく、その原始的元型と接触し、それがもつ象徴性を用いて表現したであろうということである。言葉を換えて言えば、もし「アニマ・ムンディ」仮説が正しければ、ほかのあらゆる神話体系、宗教体系、神秘体系の象徴的意義と完全に一致しているタロットの象徴性の面で、驚くべきことは全くなにもない。というのは、これらの象徴的意義はすべて、まさにその基礎となる事実、つまり集団的無

意識の元型を反映しているからである。(1)

クロウリーが、タロットの象徴性に関する、この別の面からの説明に、あまり考慮を払わなかったのは驚くべきことである。なぜなら、訓練を積み統制のとれた想像力の使用と密接な関係にある、タロット・カードの具象化は、個人が「アニマ・ムンディ」の元型の能力を開発できる最も効果的な方法の一つである、という事実を彼は熟知していたからである。

このテクニックは、クロウリーが隠秘学の訓練を受けた秘密結社、「黄金の夜明け団」では一般に使われている。

このようにタロット・カードを用いる「黄金の夜明け団」の方法は、本質的に単純そのものであった。それは、結社の二人のメンバー、フローレンス・ファーとエレイン・シンプソンによって書かれた「黄金の夜明け団教義文書」のなかに簡潔に記述されている。フローレンス・ファーは、一時期W・B・イェイツとジョージ・バーナード・ショー両名の愛人であったが、仏教の尼僧としてその生涯を閉じた。またエレイン・シンプソンは、アレイスター・クロウリーの愛人となった。文書に記述されている内容は次のとおりである。

一時間か、それ以上のあいだ、妨害されることのない完全な自由を確保せよ。次にただ一人で、あるいは一、二名の者と……私室に……入室せよ。数分間、沈黙と瞑想を続けよ……。それからタロット・カードの大アルカナを一枚……観照に取りかかれ。すなわち、そのカードを自分の前に置き、その「内部」を見抜けたと思えるようになるまで、じっと凝視せよ。あるいはまた、カードを額に当て……この場合は、そのカードの象徴的意義、彩色、類似性などを事前に研究しておくべきである。

いずれの場合も、次には、そのカードの抽象的観念についての瞑想に沈潜すべきである。自分の周囲に対しては完全に無関心でなければならない。もし、心がカードと関連のない物のほうに動けば、初心者は霊的な洞察力を用いて「見抜くこと」に失敗する。

そのカードの象徴性、およびそれが意味するすべてのことを考慮に入れよ……。

カードに心を集中すれば、白日夢の状態に変わってゆく。そこから、幻視が始まるであろう。あるいはまた、肉体と精神が変化する鮮明な感覚から始まろう。気絶ないし意識が遠のくような感覚が生じ、これに抵抗しなければいけないような気になってしまう。しかし、恐れてはならないし、抵抗してもならない。自身を解き放て。そうすれば幻視が生じるはずである。
もし万一、何かが妨害となれば、その幻視は止まるであろう。そして、まるで転寝《うたたね》から目覚めるように、正常な意識に戻るであろう。なんの妨害もない場合、適切な時間がくれば幻視はひとりでに終了する……。

ここに述べたやり方でタロット・カードを用いた人々の幾人かが、その体験について報告書を書き残していることは付記する価値がある。これらの報告から明らかなのは、くだんの「霊的幻視」の特性は、引き続き実験を重ねるたびごとに着実に向上してゆくことである。初めのうちは幻視を身につけようとしても、結果は期待はずれであって、くだらない想像に時間を浪費して白日夢を見ている感じがする。けれども、しばらくすると、まるで自分の心の眼で映画を見ているかのように感じる。最後には、「白日夢」、「映画フィルム」が完全に明瞭さを呈するようになる。実験者は幻視に実際に参加するまでに至る。幻視中に起きる出来事を耳にし、目にし、何らかの役割を果たすほどになる。心理学的に言えば、日常生活の出来事よりも「いっそう」真に迫っている。同様な幻想的体験を得るために、タロット・カードのシンボルより複雑度の少ない象徴を用いることも可能である。例えば、クロウリー自身、緋色の十字架に嵌めこまれた大きなトパーズを用いていた。この道具には「薔薇十字」として知られる伝統的な模様も刻まれていて、クロウリーはこれを使用してある意識状態に到達し、偉大なる力、美、神秘開陳等の心理体験を得ている。このことの裏づけとしては、本「選集」第四巻、『霊視と幻聴』を参照されたい。

クロウリーの著作を学ぶ人たちのなかには、『トートの書』をより深く理解しようとして、「タロット・カードを用いる幻視」を一部修正して使う人もいる。彼らは、クロウリーのタロット解釈の一般的構造についての知識を得るために、この書に充分に精通したのち、次のやり方で進むことになる。

1. 第一の実験の主題として、一枚の大アルカナを選ぶ。個人的な好みに基づいて選ぶのが普通である。(『トートの書』の記述を基盤として)個人がとりわけ魅力を感じるカードが、その人の心理状態とたぶん一致するであろうし、またそれゆえ、「アニマ・ムンディ」に通じる扉を開くのにふさわしい鍵となるだろう、という考え方である。
2. 次に、実験者は、『トートの書』に述べられているカードの描写に非常に習熟する結果、想像力で、微細な部分に至るまで心に思い浮かべることができる。大部分の実験者はこの視覚化を完成させるにあたって、自分でカードを模写してみるのが役に立つことに気づく。デッサンが技術的に下手であったり、彩色が未熟であったりしても、ほとんど問題ではない。そのカードを描き出す行為そのものが「集団的無意識」を目覚めさせ、その特定のカードと関連のある「元型」を意識化させるようである。実験者のなかには、カードを描いている間は、日常の出来事にカードの象徴性が反映されたと記録している者もいる。言葉を換えて言えば、彼らは、「アニマ・ムンディ」からの「元型」の湧出の結果として生じる、心理的かつ霊的変化が、物質世界に発生する客観的事象に影響を与えた、と主張しているのである。

3．それから実験者は、静かな夢想が引き出されるまで、カードの象徴的意義について黙想する。この夢想は、ときおり、まどろみによく似た状態に推移しがちである。この傾向は、カードを強く心に思い浮かべることによって防がねばならないと、このテクニックを用いた人々は述べている。彼らによれば、この視覚化が充分に鮮明になると、心霊的夢想に転換しはじめる。つまり、心に描かれたカードが動きだし、次に三次元的特性を呈し、ついには、その実験がそのまま持続されれば、非常に真に迫ってくるので、実験者は誰でも、心理学的表現を用いるなら、そのカード「のなかに」踏みこみ、直接にカードの象徴と意味を理解できるのである。

『トートの書』を理解するための、この感情に訴える心霊的手法は、さらに理知的な理解法を補足するのに、たぶん役立つであろう。けれども、この手法は、同書の抽象的で思索的な意図に代わるものとしては、どう考えても満足するに足りない。クロウリーの精神構造には道化師的要素——これは彼の文筆作品のほとんどすべてに反映している要素だが——があるにもかかわらず、彼は深遠で理知的な作家であったからである。そして、『トートの書』は、理知的な理解を必要としているのである。

そのような理解に達するためには、カバラとして知られる神秘的体系についての知識をもつことが絶対に不可欠である。その理由は、クロウリーに関するかぎり、タロットの象徴性とカバラが紛糾し絡《から》み合っているからである。実際のところ、『トートの書』は、タロットに関する論文でもあり、カバラに関する論文でもあると言っても、言いすぎではなかろう。その結果、

『トートの書』は、カバラについての予備的知識があれば、はるかに容易に理解されるのである――もっと正確に言えば、クロウリーが最初にオカルトの先達たち、「黄金の夜明け団」の秘儀参入者たちから学んだ、カバラの詳細な解義が必要なのである。

『トートの書』の第一部、第二・三章において、クロウリーは、この予備的知識のみごとな概要を読者に提供した。けれども不幸にして、多くの読者は、この資料を大変理解しがたいと感じたのであった。第一の理由は、用紙が極端に不足した第二次大戦中に出版されたので、余白も乏しく活字がぎっしり並んでいたためである。第二には、クロウリーが数学的先入観をもっていたからである。たぶん、この偏見のため、カバラの教えに対し過度に数秘学的な研究方法をとったのであろう。

したがって、カバラの進化ならびに「黄金の夜明け」流の発展型カバラについて、概要を述べるのは意義あることと思う。

カバラは本来、ユダヤ特有のものであった。この言葉は「口から耳へ」を表わすヘブライ語のフレーズに由来している。それゆえ、カバラとは、一人のラビから他のラビへと受け継がれた口頭の伝承である、と当然考えられる。ほかのどの口頭伝承でもそうであるが、カバラの教義の核心が本来どのようなものであったかを正確に知ることは難しい。だが、それが、「旧約聖書」冒頭の五書、「律法」についての神秘的解釈であったことは間違いないようである。

十四世紀までには、カバラの大部分は成文化されていた。なかでも注目に値するのは、『セフェル・ハゾハール』、「光輝の書」と題された途方もなく大部の編纂物であった。この書や、他のカバラの論文から明らかなのは、カバリストたちがユダヤ人の宗教的厳格さと自己中心主義との絆《きずな》を断ち切ったこと、および、時代と場所を問わず、偉大な宗教思想家が没頭する問題、普遍的意義の問題に関係していたことである。もし、何かの計り知れない完全に善なる力――「神」と呼んでもよいし、「絶対者」と呼んでもよいが――が宇宙を統制するものとすれば、悪の存在はどのように説明されるべきであろうか。もし、この最高の力が無限であって、宇宙や時間の拘束を受けずに存在しているとすれば、宇宙や時間のなかに存在するばかりか、それらなしには存在しえない物質的宇宙と、その最高の力との関係はどうなっているのであろうか。つきつめて言えば、人間は、取るに足りない知性と限りある能力をもってして、いかにすれば、この無限の力について多少とも知ることができるようになるのだろうか。

カバリストたちによって与えられた解答は、東洋・西洋の宗教的思索家たち、古代ギリシア哲学の最後を飾る新プラトン派の哲学者たちから、ベンガルのタントラ教や中国の道教の錬金術師に至るまでの思索家たちによって与えられている解答と、強い類似性をもっていた。

最高の力とは、「全体の完備性」である。そして、現実のあらゆる様相を、お互いに矛盾しているように見える様相でさえも、そのなかに包含している。絶対者は、全く同時に、「善」と「悪」であり、認知可能なものと認識を超越したものであり、暗黒と光明である。これらの仮定された矛盾事項の相互作用そのものが、究極的真実である。タントラ教徒がシバとシャクティと名づけ、道教徒が陰と陽と呼ぶ二極化した力の、永久不変の対立なしには、なにものも存在しないであろう。

無限の力と、時間と空間の物質的宇宙とのあいだの関係の本質について言えば、いま述べたことを視覚的に類推して理解すべきである、とカバリストは論じている。

無限の明らかにされていない力（この力を、カバリストは、アイン、アイン・ソフ、アイン・ソフ・アウルと名づけている）は、完全無欠の鏡を照らす偉大なる光のようなものであって、顕現の最初にして最高のものである。この鏡は、その光を第二の鏡に反射する。そして第二から第三へと順次反射してゆく。引き続き反射するたびに、最初の光は弱まってくる。歪《ゆが》められ弱められた最後の反射が、人類が生存し行動している物質世界なのである。

カバリストは、これらの「鏡」をセフィロト（単数形は「セフィラ」）――単に「数」を表わすだけの言葉である――と呼び、十種類を記述した。この数は、セフィロトによって示される存在様式の分類に充分であって、カバラ体系の運用に支障をきたすほど多くはない。けれども理論的には、百個の、千個の、無数の鏡が「無限の光」を下位の物質世界へ反射させてゆく、と考えていけない理由はなにもない。

この段階的な反射の方式は、束縛され限界を有する人間が、どうやれば至上の力に関する知識を得ることができるかの説明を与える。人間は無限それ自体を知ることはできないが、自分の意識や霊的知覚力を、第十のセフィラ、つまり物質世界に該当する歪められた反射から、第九のセフィラの僅かに歪み方の少ない反射へ、また、そこから第八のセフィラへと、段々に転位させることができる。

人々が「神を知る」あるいは「解放される」ために

用いてきた、あらゆる瞑想的、神秘的、儀式的技法は、セフィロトという連続的な鏡を通して意識を上位に移し変える方法である。

カバリストは、「生命の樹」と呼ばれる伝統的な表象のなかにセフィロトを表現した。そこでは、セフィロトは、相互に作用し合う影響力を意味する、二十二本の「径《パス》」によって結ばれた十個の円として示されている――鏡が、幾つかの方向に反射するものと考えられているのである。光は、第九のセフィラから第十のセフィラへ反射するだけでなく、第十のセフィラの光が上位の第九のセフィラにも反射するのである。

『トートの書』の二四五、二四六、二四七頁で、クロウリーは生命の樹を図式的に表現している。どの場合も、様々な事物や概念などの名称が、十個のセフィロトと、それらを結ぶ二十二本の径に配属されていることに気づかれよう。こうして、二四五頁の図表には、セフィロトと径の名称が示されている。二四六頁の図表では、クロウリーが「黄金の夜明け団」にならい、タロット・カードを生命の樹に配属した状態が示されている。そして、二四七頁の図表では、「易」の卦をカバラ的体系と相互に関連させている。

後二者の図表は、生命の樹についての大変重要な二点を説明している。最も霊的なものから最も物質的なものにわたる、実在の「あらゆる」様相、また、すべての哲学的、宗教的、科学的概念、さらに、神話、伝説、象徴の一つひとつを、セフィロトと生命の樹の径、あるいはそのいずれかの、どこかに配属することができるのである。

しばしば照応という言葉で表現される、これらの配属関係は、大なり小なりの複雑性と微妙性をもちうる。そして、対象を配属する際には、生命の樹を何本にも増やすことができる。例えば、物質的対象を「樹」に配属するという、最も単純な様式では、世界の物質のすべてが第十のセフィラ、つまり反射する鏡の最低位のものに配属されるのだが、カバリストが「マルクト」、「王国」と呼ぶ、この第十のセフィラ自体が分割され一本の「生命の樹」として類別される。その場合、全体として物質世界を構成する諸対象は、十個のセフィロトと二十二本の径に相応する三十二個の別々の範疇《カテゴリー》に分類できる。例えば、人体各部を樹に配属する場合、頭部は第一のセフィラ（「ケテル」、「王冠」）に配属され、太陽神経叢は第六のセフィラ（「ティファレト」、「美」）に配属されるであろう。生殖器は第九のセフィラ（「イェソド」、「基盤」）に、また足は第十のセフィラ（「マルクト」、「王国」）に配属されよう。(2)

十個のセフィロトと二十二本の径（全部で三十二項目となる）と、色彩、数、金属、惑星、タロット・カード、世界の宗教の神々のような事項との間の主要な照応は、過去および現代のオカルティスト、十六世紀のコルネリウス・アグリッパから一九二〇年代の陸軍少将J・F・C・フラーに至るまでのオカルティストによって、まとめられてきた。これらのなかで最も完全なものは、一九〇九年に初版が発行された、クロウリーの『七七七』であって、その内容の大部分は「黄金の夜明け団」の文書に基づいている。けれども、その性質上、このような編纂物は、決して完全なものにはなり得ない。というのは、「実在」とは無限であるので、照応関係の完全無欠なリストがあるとすれば、限りない長さをもつものにならざるを得ないからである。クロウリーが『トートの書』で述べているように、「あらゆる概念は、究極的には、相互に全体の構成要素をなすので、完全無欠なカバラを作ることは明らかに不可能である」。

　実際になすべきことは、主要な伝統的照応関係のなにがしかを学んだカバリスト各人が、自分自身の照応関係リストを創りあげ、常にそれを拡充すべく、すべてのものを識別して三十二のカテゴリーのいずれかに分類することである——一種の、頭脳による系列的整理法である。初めのうちは、このやり方は思考と決断を必要とする。けれども、ごく短期間で、そのプロセスは完全に自動化し、意識的努力は不要になる。

　伝統的照応関係のなかには、外見上、全く客観的基準によらないものがある。しかし通常、その関係を説明する心理的で元型的な「論理的根拠《ラショナール》」が存在する。

　例えば、第五のセフィラを例にとってみよう。伝統的にこのセフィラに照応するものとしては、軍《いくさ》の神のすべて、火星、植物の「マチン」、赤の様々な色合い、馬、鉄がある。[3] この並はずれたコレクションの多様な項目のあいだには、いったいどういう関係があるのだろうか。

　この疑問に答えるためには、第五のセフィラが、無限の力の破壊的要素の象徴であり、また、その力が朧《おぼろ》げに反映される物質世界の象徴でもあることを、まず第一に思い起こさねばならない。すべての軍《いくさ》の神と破壊とが、このセフィラに配属されるべきことは、即刻、明白である。

　火星——その名称Marsがローマ神話の軍の神の名と同一であるという事実は別として——との関連も、ほぼ同様に明らかである。占星学においては、人間にせよ国家にせよ、そのホロスコープで火星が示しているのは、好戦的性質、戦争、殺人、横死であるとされている。こういうわけで、例えば、そのホロスコープが火星によって支配されている人は、おそらく好戦的で、時には暴力的な性格の持ち主であろう。

　火星と横死とのあいだの占星学的つながりは、十中八九、マチンの属性の説明となる。この植物は、激烈で効果的な毒物、ストリキニーネの源である。

　最も興味深い配属関係を示すのは、赤の様々な色合いである。肉眼で見てさえ、火星から地球へ反射される光は、微かに赤みを帯びている。赤は血の色である。したがって、流血、およびそれを生み出す戦いの色彩である。赤は伝統的に激しいエネルギーと、さらに人生そのものとさえ関連がある。おそらく、このことが、有史以前に、種族の名誉ある死者たちの頭蓋骨や骸骨を赤く着色した慣習の発端であったろう。

　この着色は普通、赤鉄鉱などの鉄鉱石を用いてなされた。このことが、鉄が第五セフィラに属する一つの理由となる。もう一つの理由は、鉄が青銅に取って替わって、剣や槍などの武器を製造する一般的材料にされたために、多くの軍《いくさ》の神の聖なる金属となったことである。戦争に鉄を用いた最初の人々は、古代のヒッタイト人であった。彼らはまた、初めて、馬に牽かせた戦車に戦士をのせて戦闘に送り出した民族であった。たぶん、これが、馬が第五セフィラに属する動物の一つである理由であろう。

　上記の照応関係のいずれも、科学的な見地からみれば「論理性」に欠けている。つまり、言うなれば、マチンと赤の色彩との間には、厳密な因果関係は存在しないのである。それにもかかわらず、心理的な水準では、その照応関係が確かに実在する。これを魔術の儀式に使うとすれば、自然の隠された力との関係を確立する援助に用いた場合に効果的であるように思われる。

　これは、次のように実施される。もし、オカルティストが、第五のセフィラの特質と矛盾しない結果——伝統的な用語では、「破壊作業《ワーク・オヴ・ディストラクション》」——をかち取ろうとするならば、その照応関係に基づいて自分の魔術儀式を構成する。例えば、彼は赤いガウンを身にまとい、五角形の内部に赤のチョークで星形を描いて、そのなかに立ち、鉄製の剣を携え、軍《いくさ》の神と関係のある詩歌を詠唱する。もし、彼が祭壇を所有しているなら、五辺布でそれを覆い、その上に香炉を載せる。そのなかで燻っているのは、伝統的にマルスや他の軍《いくさ》の神と関係のある物質である。

　カバラやオカルトの伝承を多分に含んだ小説の形をとって著わされた、クロウリーの『ムーンチャイルド』には、ゲーツという名の登場人物に対抗するのが目的の、純然たる「破壊作業」が企てられ、これが

「ブラザー・オノフリオ」によって実行に移される件《くだり》が述べられている。以下に記すと、

　彼は自分の研究室へ行き、〔原注、「破壊された塔」の名で知られる〕タロット・カードXVIを取り出し、祭壇の上に立てかけた。祭壇に灯を点し、香を炷いた……その香は鉄製の香炉に入れられ用意ができていた。それから、きらきら光る五芒星が五個付いているので棘だらけに見える、鋼鉄で作ったマルスの王冠を頭にのせ、両手で重い剣を提《さ》げた……。マルスの恐ろしき呪文、古代民族のすさまじい戦《いくさ》の歌、雷鳴の轟くなかで王位についた力強き神々への祈り――「神は矢を放ち、人々を四散させ給うた。稲妻を発して彼らを焼き尽くし給うた」――ブラザー・オノフリオはマルスに祈願する踊り、〈蛇の戦《いくさ》の踊り〉を始めた。初めのうちは、祭壇のすぐ周りにぐるりと巻きつくようにし、それから徐々に身体の振りを大きくしていった。絶えず身体をぐるぐる回しているが、足は複雑な螺旋形のカーヴを描いていた。部屋の扉に達するや、「蛇体」をいっぱいに引き伸ばした。そして、しじゅう身体をくねらせながら、テラスに出た……。いったんテラスに出ると、ブラザー・オノフリオは、うしろに引き摺ってきた蛇体にとぐろを巻かせはじめた。螺旋を描く動きが減じてゆき、ついにはその場で身体を回すだけになった。

　それから、彼は第二段階である〈剣の踊り〉を開始した。ゆっくりと、両足で五芒星を描きはじめた。そして、速度を増しながら、剣を身体から離した……。この熟達者はしだいに回転を速めたので、剣が身体の周りで揺れ動き、光のガウンをまとっているかのようだった。彼の声は、一回転ごとにいっそうすさまじく強烈な響きとなり、まさに雷鳴のもつ威厳をそなえていった。

　ゲーツは放心した様子でじっと見ていた。彼は、このオノフリオから多くのことを学びつつあった。ヴェールに覆われた宇宙の太古のエネルギー、全く空虚な宇宙空間で燃え立つ星々が発する不可思議な金属音、それらの星が殺到するありさまを感知しはじめた。すると突然、ブラザー・オノフリオは、ぴたりと立ち止まった。その声はふっつりと途絶え、いかなる言葉よりもはるかに恐ろしい、身の毛がよだつ静寂がおとずれた。長剣は静止し、不安をかき立て、尖端を塔のほうに向けて一条の殺人光線のように伸びきっていた〔原注、ゲーツはその塔の上に立っていた〕。ゲーツは俄《にわか》に、自分が今までずっと、その踊りの対象にされていたことに気づいた。そのと

き、彼の頭脳が混乱しはじめた……。考えることができなかった。世界が真っ暗になった。無意識のうちに手摺《てすり》を摑もうとした。だが、ぐらりと上体が手摺を越え、真っ逆さまに落ちてゆき、一〇〇フィート下の地面に激突した。

タロット・カードの大アルカナXVI、「破壊された塔」が、以上に記した儀式において、祭壇の上に置かれていることに注目する必要がある。『トートの書』の読者が気づかれるように、二十二枚の大アルカナは、「生命の樹」の十個のセフィロトにではなく、二十二本の「径」に属するのである。

「径」に照応する大アルカナが、セフィラに関係するオカルト儀式でどのように使用されるかの説明が、カバラの「生命の樹」の多面性を示す好例である。

すでに説明したように、火星は第五のセフィラに照応する。しかしまた、火星は、特に人間心理の破壊的なエネルギー要素としての主観的局面において、十七番目の「径」と照応する。これは、大アルカナXVIが帰属する十七番目の「径」の力と、第五のセフィラの力との間に絶えざる相互作用があることを意味する。それゆえ「破壊された塔」が「ブラザー・オノフリオ」によって考案されたオカルト儀式で使用されたのは、極めて適切であった。

十八世紀以来、タロット・カードは儀式ばかりでなく、占いにも使われてきた。その最も悪い形の占いには、俗悪な「吉凶判断《フォーチュン・テリング》」がある。ほとんど真剣に考慮するに値しないような、未来の出来事の機械的な予言である。これに反し、最高の占いとしては、霊的な診断がある。ある特定の個人の状況に関する、特別の局面の潜在性について、正確に描写するのである。『トートの書』（二二四―二三五頁）で、クロウリーは、「黄金の夜明け団」で指導する、タロット・カードによる占術法の要点を示し、二十二枚の大アルカナがもつ伝統的な占い上の意味を詳細に述べている。

この技法はおそらく、タロット・カードの研究に専念してきた人々にゆだねられている最高のものである。そして、初心者はさらに簡単な方法を用いるのが最良だと分かるであろう。例えば、次のやり方である。

占者は、依頼人――占ってもらう人――を表現するために、直観によって一枚のカードを選び出す。もちろん、依頼人と占者は同一人であってもよい。それから、カードをよくまぜた後で、十枚を配る。その十枚のカードは（配られた順に）次のものを表わす。

1. 現在の状態における望ましい要素《ファクター》。
2. 現在の状態における望ましくないファクター。
3. 現在の状態を変化させるための基本的ファクター。
4. 過去の状態に影響を与えたファクター。
5&6. 将来の状態に影響を与えるファクター。
7. 現在の状態に関係する、依頼人の性格。
8. 現在の状態に関係する、依頼人の同居家族と友人たち。
9. 現在の状態に影響を与えるような、依頼人の希望と心配。
10. 現在の状態の結果。

占者は、カードのもつ伝統的な意味[4]と自分自身の直観に照らして、カードを解釈する。カードの意味から逸脱せず、かつ、意識に浮かんだことを躊躇《ためら》わずに表現して、「物語《ストーリー》」を構成するのである。

クロウリーの『トートの書』を系統的に研究して得られる精神修練法は数多いが、占いは、そのなかの一つのものにすぎない。この書物は、精神的努力と瞑想を伴って、何度も読み返す必要がある傑作である。

注

(1) 「元型」は物質的形態を具えていないとはいえ、いかなる意味においても「非実在」ではない、ということは強調されねばならない。それらは偉大なる力の精神的実体であって、物質世界を変化させ、形作ることができるのである。

(2) 照応関係は固定したものではない。それぞれのカバリストが、伝統的枠組みに基づき、自分の直覚に従って、照応関係を調整するのである。例えば、「肛門」は、実際問題として、物質の最低位の面を相手にするので、「マルクト」に配属してよかろう。人体各部を生命の樹に配属する、全く別種の方法に関しては、『トートの書』所収のクロウリーの図解、「中国人の宇宙観」を参照されたい。

(3) この種の複雑な照応関係は、中世のラビが解説した「本来のカバラ」には含まれていなかった。カバラは生きている体系であって、絶えず発展しつづけている。しかし、照応関係の体系は、現存する最も初期の「カバラの原典」と完全に一致している。

(4) 二十二枚の大アルカナの伝統的な占い上の意味は、もちろん、『トートの書』にかなり詳しく記述されている。その他の五十六枚のカードの意味は次のとおりである。

剣のエース　〈風〉の諸力の根源
剣の2　回復した平和
剣の3　悲しみ
剣の4　闘争からの休息
剣の5　敗北
剣の6　獲得された成功
剣の7　不安定な努力
剣の8　弱められた力
剣の9　絶望と残酷さ
剣の10　破滅

棒のエース　〈火〉の諸力の根源
棒の2　支配
棒の3　確立した力
棒の4　完成した作業
棒の5　闘争
棒の6　勝利
棒の7　勇気
棒の8　迅速
棒の9　際立った強さ
棒の10　抑圧

杯のエース　〈水〉の諸力の根源
杯の2　愛
杯の3　豊潤
杯の4　融合した喜び
杯の5　喜びの喪失
杯の6　喜び
杯の7　幻の成功
杯の8　断念した成功
杯の9　物質的幸福
杯の10　永続する成功

万能章のエース　〈地〉の諸力の根源
万能章の2　調和のとれた変化
万能章の3　物質的作業
万能章の4　大地の力
万能章の5　物質的苦労
万能章の6　物質的成功

万能章の7　充足されない成功
万能章の8　深慮
万能章の9　物質的利益
万能章の10　富

a．「王」。年配の男性。〈剣の王〉は、通常、浅黒くて多少いかめしい人物である。〈棒の王〉は、一般的に色が白く金髪で、親切である。〈杯の王〉は、中間の肌色で、すぐれた知性を有するであろう。一方、〈万能章の王〉の肌色は、たいてい非常に黒く、他の王以上に、事業・商売・「実際的な」仕事に関係している。

b．「女王」は年配の女性で、その肌色と属性は、おおよそ「王」と同様である。

c．「騎士」は年下の男性で、年長者と同じ肌色と特徴を有する。

d．「騎士見習い、または王女」は、年下の女性か子供である。肌色と属性については、右と同様である。

『春秋分点《エクイノックス》』第三巻第五号
エジプシャン・タロットに関する小論

トートの書

マスター・セリオン＝著
美術担当＝（レディー）フリーダ・ハリス

太陽が白羊宮に入る
一九四四年三月二十一日午後五時二十九分

回転させよ――そして止《と》めるのだ！

サンサーラの大輪
法《ダンマ》の輪
タロットの輪
天界の輪
生命の輪

これら宇宙運行の諸輪がすべて一つになるであろう。だがこのなかで、タロットの輪だけが汝の意志を目覚めさせる。

この輪について熟慮思弁せよ。そこに想いを致すのだ！　これを汝の課題とせよ。どのカードも他のカードのそれぞれから必然的に生じてくることを理解せよ。「愚者」から「コインの10」に至る、当然とされている順序についてさえ、このことは当てはまる。

されば、汝が運命の輪の委細を知り尽くすとき、原初にその輪を動かした「意志」を理解しえよう。［初めもなければ終わりもない。］

そして見よ！　汝はその深淵を通り過ぎたのだ。

『虚言の書』　ＫＥΦ．ＯＨ．

第一部

タロットの理論

I

タロットとは何か？

タロットとは、七十八枚で一組《ワンセット》になったカードのことである。現代のトランプの前身であって、トランプと同じように四種類の組札《スート》がある。だが、各スートの絵札《コート・カード》の数は三枚でなく四枚であり、また、このスートのほかに、「大アルカナ」と呼ばれる二十二枚のカード〔訳注、これを含めて七十八枚となる〕があって、その一枚一枚に題名のついた象徴的な絵が描かれている。

初めて見た者は、この大アルカナの配列は任意に決められていると思うだろうが、実はそうでない。聖なるカバラに象徴的に述べられている宇宙の構造、とりわけ太陽系の構造によって、必然的に定まっているのである。カバラについては、のちほど説明する。

タロットの起源

このタロット・カードの起こりは謎に包まれている。専門家のなかには、神秘に満ちた古代エジプトにまで遡って起源を求めようとする人もいるし、十五世紀に、いや十六世紀まで降《くだ》ってその発端を探し出そうとする人もいる。だがタロットは、古典的形態と呼んでもいい姿で、すでに十四世紀には存在していたことに間違いはないだろう。というのは、十四世紀当時のカードが現在に残っているし、またその形態は、それ以来著しく変化していないからである。

中世には、タロット・カードは占いに頻《しき》りに用いられた。ことにジプシー占いで盛んであった。それゆえに、「ボヘミアン〔ジプシーのこと〕のタロット」とか「エジプシャン〔エジプシャンの頭音が消失し、ジプシーという言葉になった〕」と呼ぶのが通例であった。ところがその語源に反して、ジプシーの発祥地がアジアであると分かったとき、一部の人たちは、タロット・カードの淵源をインドの美術や文芸に見出そうとした。

だが本書では、そういった論議や問題点を考察するには及ばないだろう。(注)

タロットの万物照応論

伝統とか権威とかいったものは、当面の目標にとってなんら重要ではない。アインシュタインの相対性原理は、その理論が実地に験されて初めて確証されるということなど問題にしていない。タロットについての根本的に重要な、ただ一つの理論は、タロット・カー

注＝〈聖霊の学舎〉で協議された——英国薔薇十字協会会員の「ファマ・フラターニタティス」宣言を参照のこと——R・O・T・A（ロータとは車輪の意）とは、タロットのことであると推測する学者もいる。

ドが聖なるカバラに示されている体系的概念に基づいた、宇宙の、みごとな象徴的絵画であるということである。

のちほど、章を改めてカバラをかなり詳細に説明し、関連する項目を論じるのがよかろう。ここで今、関係があるのは、カバラの一部でゲマトリアと呼ばれる分野である。ヘブライ語には数字が無く、各文字が数字も表わしている。そこで、ある一つの語は、その数値合計が同値の、または倍数値の他の語と結びつくのである。例えば、AChD（統一）は1＋8＋4＝13である。そしてAHBH（愛）は1＋5＋2＋5＝13である。ゆえに「統一の本質は愛である」ことを示すと考えられる。また、IHVH（イエホヴァ）は10＋5＋6＋5＝26＝2×13である。したがって「イエホヴァとは統一が二重に明示されたものである」となる。その他の語についても同様である。タロットという言葉の一つの重要な解釈の仕方は、それがヘブライ語のTōrah（法律）のノタリコンであり、またThROA（門）のノタリコンであるということである。さて、イェツィラーの属性――巻末の表参照――によって、ThROAは宇宙、新生の太陽、零と理解してよかろう。これは、テレマ〔ギリシア語で意志〕の真の魔術教義、零＝2というのと同じである。また、ゲマトリアによればThROAの数値合計は六七一であって、これは61×11に等しい。ところで61はアイン、つまり無すなわち零である。一方、11は魔法の拡張の数である。それゆえ、このような具合に、ThROAは、その同一の教理である、宇宙の起源・形態・目的に関する唯一の満足すべき哲学的説明を示している。このカバラ体系の起源は、完全な神秘に埋没している。事実に適合する理論を立てようとすれば、全くばかげた推定が必要になってくる。そもそもこれを説明するためには、不明瞭な過去の世界に、学識のあるラビたちの風変わりな集会を自明のこととして仮定しなければならない。そうしてラビたちは、厳粛な面持ちで文字や数字のいろいろな組み合わせを計算し、この系列だった巧みな操作に基づいてヘブライ語を創り出したのであると。こういう考え方は、常識に反するばかりか、歴史の諸事実にも、また我々が言語構造について知っているすべての知識にも、明らかに反している。にもかかわらず、ヘブライ語と数の相応関係には何かが、――それなりの偶然の一致論を全く許さないところの何かがある、それも少しでなく多量にあると信ずるに足る根拠も同じように強力なのである。

どの一定の数にしても、単にその前の数より一つ多く、そのあとに続く数より一つ少ないだけではなく、独立した個々の理念なのである。それ自体で一つの実体――人間と同等であるどころか、人間をはるかに超えた霊的な、精神的な、知性的な実体なのである。数がもつ単なる数学的連関は、たしかに数が存在するための法である。だが、人体における化学的・物理的反応法則だけでは人間の全体像が把握できないのと同じで、数学的法則のみが数を構成するのではない。

タロットの秘儀的伝承についての証左

1．エリファス・レヴィとタロット

タロットの起源はすっかり霧に包まれているけれども、かなり最近の歴史の非常に興味深い断片がある。それは現在生きている人の記憶に焼きついているもので、極度に重要な意味をもっている。読み進むにつれて、大変驚くべきやり方で、その歴史的事実がタロットを裏書きしているのがお分かりになるだろう。

十九世紀の中葉、すこぶる偉大なカバリスト兼学者が現われた。彼には妙なことを書き残すことで後世の人々をこけにして気晴らしをするという悪癖があったため、今でも頭の鈍い人々を苦しめている。その名はアルフォンス・ルイ・コンスタンで、ローマ・カトリック教会に所属する司祭であった。「筆名《ペンネーム》」にするため、自分の名をヘブライ語に翻訳した――エリファス・レヴィ・ザヘドである。彼はエリファス・レヴィとして広く世間一般に知られている。

レヴィは哲学者であり、また魔術師でもあった。その文芸作品においても真摯な文章家であるが、フランス語で「にこりともせずにつねる」と呼ばれる多様な悪戯の実践者でもあった。魔術師にして深遠な象徴主義者であったから、タロットに限りない魅力を覚えた。彼は英国に滞在しているとき、タロット・カードを系統立てた構図で作り直し世に問うてみてはどうかと、有名な隠秘《オカルト》学者でフリーメーソンの上級会員であるケネス・マッケンジーに持ちかけている。

エリファス・レヴィは「戦車《チャリオット》」や「悪魔《デビル》」と呼ばれるカードを新しい表現形式で発表している。タロット・カードは実際のところ、カバラ全体の基礎となる「生命の樹」を絵画的に表現したものであると、彼は理解していたように思える。全くその考えどおりであって、彼の作品はこの基礎に基づいて構成されている。彼は魔術に関する完璧な論文を書きたいと思った。そこで主題を理論と実践の二部に分け、教理《ドグマ》と祭儀《リチュアル》と呼んだ（クロウリーはレヴィの主著『高等魔術の教理と祭儀』のことを言っている）。各部は二十二章から成り、二十二枚のカードのそれぞれに対応していた。そして各章は、そのカードに表示された絵によって象徴され

る主題を扱っている。両者の正確な相応関係の重要性は、やがて明らかになろう。

ここで少しばかり、事が紛糾してしまう。教理と祭儀の各章の対応はよいのだが、カードの絵との対応に間違いがあるのだ。この理由は、彼にタロットの秘法を授けてくれた「秘儀参入の結社」に、その秘法を厳守することを最初に宣誓していたからだと考えるしかない。

2．暗号文書に出てきたタロット

一八五〇年代のフランス・ルネサンスの時期に、同じような運動が英国でも起こった。その運動の関心は、古来から存在する様々な信仰、およびそれらの因襲的な入門儀礼や魔術的要素に集中した。やや秘密めくか半ば秘密の、学究的な会が設立されたり復活したりした。そのようなグループの一つである、フリーメーソン・コロナティ・ロッジのメンバーのなかに、三人の人物がいた。ロンドンの検死官であるウェストコット博士と、ウッドフォード牧師にウッドマン博士である。この男たちのどの人物がファリングドン・ロードに赴いたのか、また行った先がファリングドン・ロードであったのかどうかについては、少々意見の分かれるところである。だが、彼らの一人が、無名の書籍商か、二輪手押し車の行商人から一冊の古めかしい本を買ったか、あるいはその本を図書館で見つけたということには、なんら疑いの余地はない。この出来事は一八八四年か八五年頃起きている。また、この書物のなかに何枚かの紙が挟まれていたこと、その紙には暗号が書かれているのが分かったこと、その内容は入門儀礼を執り行なう秘密結社創立に必要な資料であったこと、さらにその暗号文書には、タロットのカードはヘブライ語のアルファベット文字に帰因すると書かれていたことなどについては、いささかも異議を唱えるわけにはいかない。このことが調査されてすっかり明らかになったのだが、レヴィの論文内容のタロット・カードとの対応のずれは意図的なものであった。彼は正しい照応関係を知っていたのだが、それを隠すのが自分の義務だと考えたのである。(自分が書く本の章を偽装《カムフラージュ》することは、めんどうなことだったに違いない！)

その暗号文書は十九世紀の極く初期に書かれたものだと言われた。そして、エリファス・レヴィの著述に出てくるのと同じような注釈が、ある頁に出ている。彼が英国でブルワ・リットンを訪ねた際、この文書を読むチャンスがあったことは、ほぼ間違いなかろう。いずれにしろ、先に述べたように、レヴィは正しい照応関係を知っていて（もちろん、ツァダイは例外だが——いや、そのことはのちほど分かるであろう）、自分で洩らさないと誓った秘密を不当に明かすことなく、その照応関係を用いようとしたことが、しばしば明らかにされている。

これらカードの真の照応関係を知れば、途端にタロットは生き生きとしたものになる。人はタロットの適切さに、知性面で圧倒される。普通一般の学者が理解しているような、旧態依然とした属性が引き起こす困難点が、即座にすべて姿を消してしまう。このために、暗号文書を信奉し結社をおこす人たちのためになされる主張、つまり彼らは真理の伝統の擁護者であるという考えが正しいように思えてくるのである。

3．タロットと「黄金の夜明け団」

さてここで、わき道へそれて「黄金の夜明け団」という隠秘学《オカルティズム》の結社の生い立ちに触れなければならない。この結社は、例の暗号文書の発見者たちの主張の信憑性に関し、さらに証拠を示すために、ウェストコット博士とその仲間たちが創立した団体である（一八八八年に英国薔薇十字協会の会員たちが設立した）。

この文書には、タロットの照応関係のほかに、幾つかの祭儀の概要が出ていた。それには入門儀礼の秘儀も含むとされていた。また、発行当事者としてシュプレンゲル嬢という名が（ドイツの住所ともども）あげられていた。ウェストコット博士は彼女に手紙を書いた。そして、彼女の認可を得て、「黄金の夜明け団」は設立された。

（G∴D∴（「黄金の夜明け団」。点々三個は、その「団」が「古代密儀」に関わる秘密結社であることを示す）とは、R.R.et A.C.（「ルビーの薔薇と金の十字架団」）の外郭、予備団に対する呼称にしかすぎない。のちに、真の達人団であるA∴A∴（アルゲンテウム・アストルム。銀の星）の表面上の呼び名となる（注）——『魔術—理論と実践』参照。）

団の創立を可能にした天才的人物はサミュエル・リデル・メイザースであった。しばらくしてシュプレンゲル嬢が亡くなった。もっと上級の知識を求める彼女宛の手紙を読んだ彼女の同僚の一人が返事をよこした。その手紙で、ウェストコット博士はシュプレンゲル嬢の死去を知った。手紙にはさらに、彼女がいかなる形態の集団活動を認可するのも、自分たちは不賛成であったが、彼女に対する非常な尊崇の念に鑑みて、あからさまに反対するのを差し控えていたのだ、と書いてあった。手紙はなおも続けて述べている——「こういう形の文通は、もはや中止しなければならない」、し

注＝「秘めたる達人団」と自称する、あつかましい急成長のいかさま連中が最近姿を現わしたが、やがて消滅してしまった。

かし、さらに高度の知識を欲するなら、すでに所有している知識を、それに相応しいやり方で用いることにより、この上なくみごとに目的のものを入手することができるだろうと。言葉を換えて言えば、相手の団の「秘密の首領」たちと接触《コンタクト》するために、自分たちの魔術的能力を利用しなければならないのである。（ついでながら、このやり方は、全く正常で伝統にそった手続きなのである。）

　それまでにメイザースは、団の事実上の指導的地位に巧みにのしあがっていた。この手紙の件のすぐあと、彼は宣言した。「自分は相手の団と連絡をつけた、そして秘密の首領たちは、この団の唯一の首席として団の活動を続ける権限を自分に与えてくれた」と。けれども、この点に関して彼の言葉が事実であるという証拠はなにもない。なぜなら、とりたてて重要な新しい知識は、べつだんその団に入ってこなかったからである。実際に団員が手にした知識は、メイザースが大英博物館のような容易に近づきうる情報源から、まともな方法で取得できる程度のものでしかなかったのである。こういう状況であったうえに、見えすいた術策を何度となく弄したため、会員のあいだにメイザースに対する不満がひどく高まった。この種の結社における集団活動は可能であるというシュプレンゲル嬢の判断は、この件の場合、間違っていたことが証明された。一九〇〇年に至り、団はこれまでの形では存在できなくなった。

　以上に述べたことの要点は、その当時、まじめな団員はすべて「秘密の首領」たち自身と接触することに熱中していたということである。一九〇四年、最年少会員の一人、フラター・ペルデュラボーが接触に成功した。この出来事の詳細は、余すところなく『春秋分点《エクイノックス》』に述べられている。(注)

　この接触成功の事実を立証する証拠について、ここで論じるつもりはない。しかし、その証拠というのは内在的なものであることに注目しなくてはならない。文書自体に内在しているのである。もし関係者たちの申し立てのいずれかが誤りであることが判明しても、べつに問題ではなかろう。

4．証左の本質

　今まで本筋から離れて歴史的な経緯を述べてきたのは、このタロットに関する事実調査の諸側面を理解するのに欠かすことができなかったからである。さてタロット・カードの独得の番号順を考えてみよう。数学を学んだ者にとっては、自然数の系列を零から始めることは当然だと思える。だが数学的に訓練されていな

注＝とりわけ、六一頁から一一九頁〔訳注、原著、以下同〕までをよく読むこと。「秘密の首領」たちのメッセージは『法の書』に出ているが、この書物は新参者のために内々に出版されたものであり、公表されたものとしては『春秋分点』第一巻第七号および第十号がある。また、『神々の春秋分点』の十三頁から三八頁に、その詳細がそっくり出ている。同書巻末のポケットには、メッセージ文書の写真複製が入っている。また、同書の本文だけの廉価ポケット版もあるし、アメリカ版も数種類発行されている。

い者は、大変まごついてしまう。タロットについて述べているこれまでの論文や書物では、「零」のナンバーのついたカードは二十番目と二十一番目のカードのあいだに入るものとされていた。秘儀的な解釈法——それによってタロット・カードの全体的な意義が明瞭になるのだが——の秘訣は、「零」番のカードを、数学者なら誰でもそうするように、一番の前の当然入るべき場所に入れるだけのことである。だがもう一箇所、自然の順番と異なる、いっぷう変わったところがある。カードの属性を保持するため、八番と十一番を入れ替えなければならないのだ。その理由はこうである。十一番のカードは「剛毅」と呼ばれるが、それにはライオンが描かれている。これが十二宮図の獅子宮と関係があるのは至極明瞭である。いっぽう八番のカードは「正義」と呼ばれ、両手に剣と天秤を持った、紋切り型の象徴的な王位に在る人物である。明らかに十二宮図のリブラつまり天秤宮と関係があるので、両カードの順は逆にしなければならない。

　フラター・ペルデュラボーは、一八九八年十一月十八日に入団して以来、タロットを極めて深く研究している。というのは、加入の三カ月後にプラクティカスの位階に到達し、秘密の属性を知る資格ができたからである。彼は絶えずこの属性と、添えられている解説書とを研究した。彼は自然界の諸形態と数がもっている属性をすべて比較照合し、そこに不調和なものは一つもないことを発見した。しかし、（一九〇四年四月八日）秘密の首領たちの使者の口述で『法の書』を書き留めていたとき、第一章第五十七節に出てくる言葉「砦の法、及び〈神の家〉の大秘奥」に触発されて、自分の心に次のように問いかけた模様である（〈神の家〉とは、十六番のタロット・カードの一つの名称である）、「私はこれらの属性をはっきり摑んだのだろうか?」。この問いに対する答えと思われる文が書きこまれていたからだ、「わが〈書〉に記された古《いにしえ》の文字はすべてまことのものなり。だが、צ《ツァダイ》〔ヘブライ語アルファベットの第十八番目の文字〕は〈星〉ではない。これもまた秘密なのだ。賢き者たちに対しては、わが預言者にこれを啓示させてくれよう」。

　これは極めて厄介な問題である。もしツァダイが「星《スター》」でないとすれば、どの文字が「星」だったのだろう? それにツァダイは何だったのだろうか? 彼は何年もかけて、十七番目のカード「星」をどれか他のカードと入れ替えようとした。だが成功しなかった。彼が解決に達したのはずっとあとのことだった。ツァダイは「皇帝」であった。それゆえ、十七番と四番の位置を替えなければならない。この配属は大変満足のゆくものであった。

そうに違いないが、それは満足などという言葉では到底表現しきれない。明快な思考力のある者にとっては、『法の書』が秘密の首領たちからの紛れもないメッセージであるという、この上もない説得力をもつ証拠なのである。

その理由は、「星」は十二宮図の宝瓶宮に関係し、「皇帝」は白羊宮に関係があるからである。さて、白羊宮と宝瓶宮は双魚宮の両側に並んでいる。ちょうど、獅子宮と天秤宮が処女宮の両側に位置しているのと同じである。つまり、『法の書』の聖句に基づき修正すれば、十二宮の属性を完全に調和させうる。楕円の一方の端に輪が付いている場合に、その輪と正確に対応するように他方の端にも輪を設けるようなものである。

こういう問題は、どちらかといえば専門的という印象を与える。事実そうなのだ。だが、タロットの研究に打ちこめば打ちこむほど、その象徴的意義のみごとな調和、極致を理解するようになる。それに素人にとってさえ、いかなる場合も完璧をめざせば均衡と適合性が不可欠であることは自明であるに違いない。過去一五〇年間のこの二つの縺《もつ》れがほどけたのは、間違いなく特筆すべき事柄である。

これまで論じてきた諸問題の要約

1. タロットの起源に関する説は、たとえ確実そうに見えても、全く見当違いである。その説のもつ価値によって、存続できるものもあれば、姿を消すものもあるに違いない。

2. カバラの教義を絵画の形式で表現するのは、よく考慮された企てであることは極めて明白である。

3. これは、クロスワード・パズルをしている人が用いる論拠にとてもよく似ている。求める単語が「SCRUN□H」であるという「横のかぎ」から答えが分かる。□はまさしく、「C」なのである。

4. これらの属性描写は、ある意味で、世間一般に受け入れられている、記号を用いた地図のようなものである。ほとんど想像もできないほどの広い学識と哲学的明晰さを兼ねそなえた、偉大な芸術的創造力と創意工夫の才能のある人、または人々なら、そういったものを創り出すことができよう。

5. どんなに卓越していると考えられる人々でも、より高度の次元に精神作用が属しているか、あるいはかつて属していた、さらに高次元の存在の援助なしには、申しぶんのない非常に深奥な全体的体系を打ち立てることはできない。

一筆書きの六芒星

六芒星を一筆で書くことはできないと言われてきた。しかしいまや、それが達成されたのである。線分は厳密にはユークリッド的であって横幅はない。〔これは空中に一筆書きで五芒星・六芒星を描く儀式と結びついている。〕

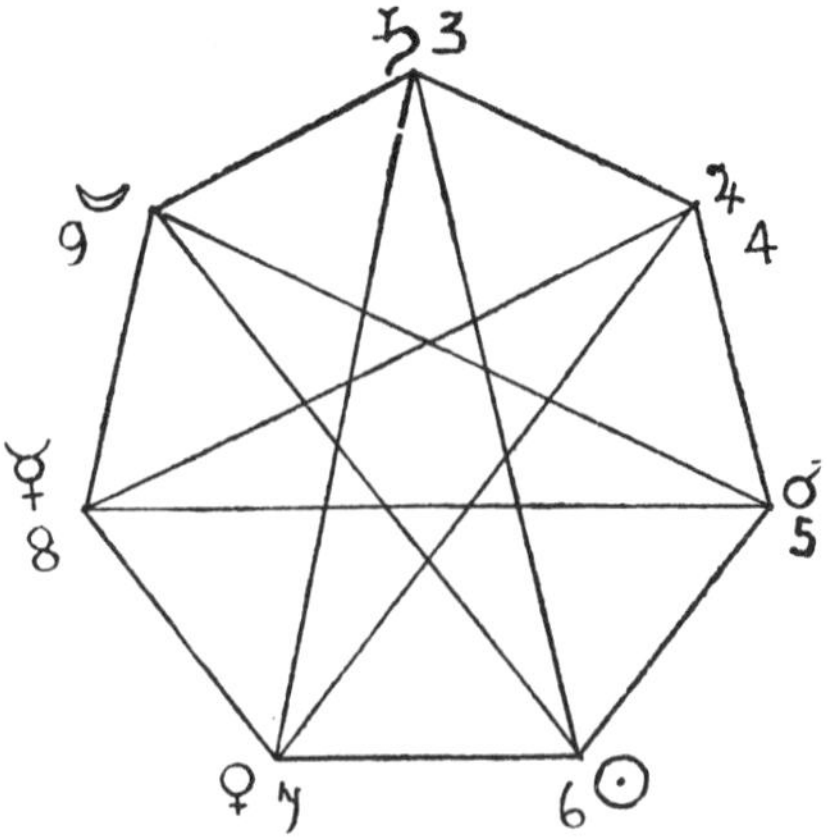

曜日

七角形を囲む、七つの聖なる諸星の(魔術的)序列を理解せよ。七芒星の筆順に曜日の順序を読み取るのだ。(この整然性の発見は故G・H・フラターD・D・C・Fによるとされている。)

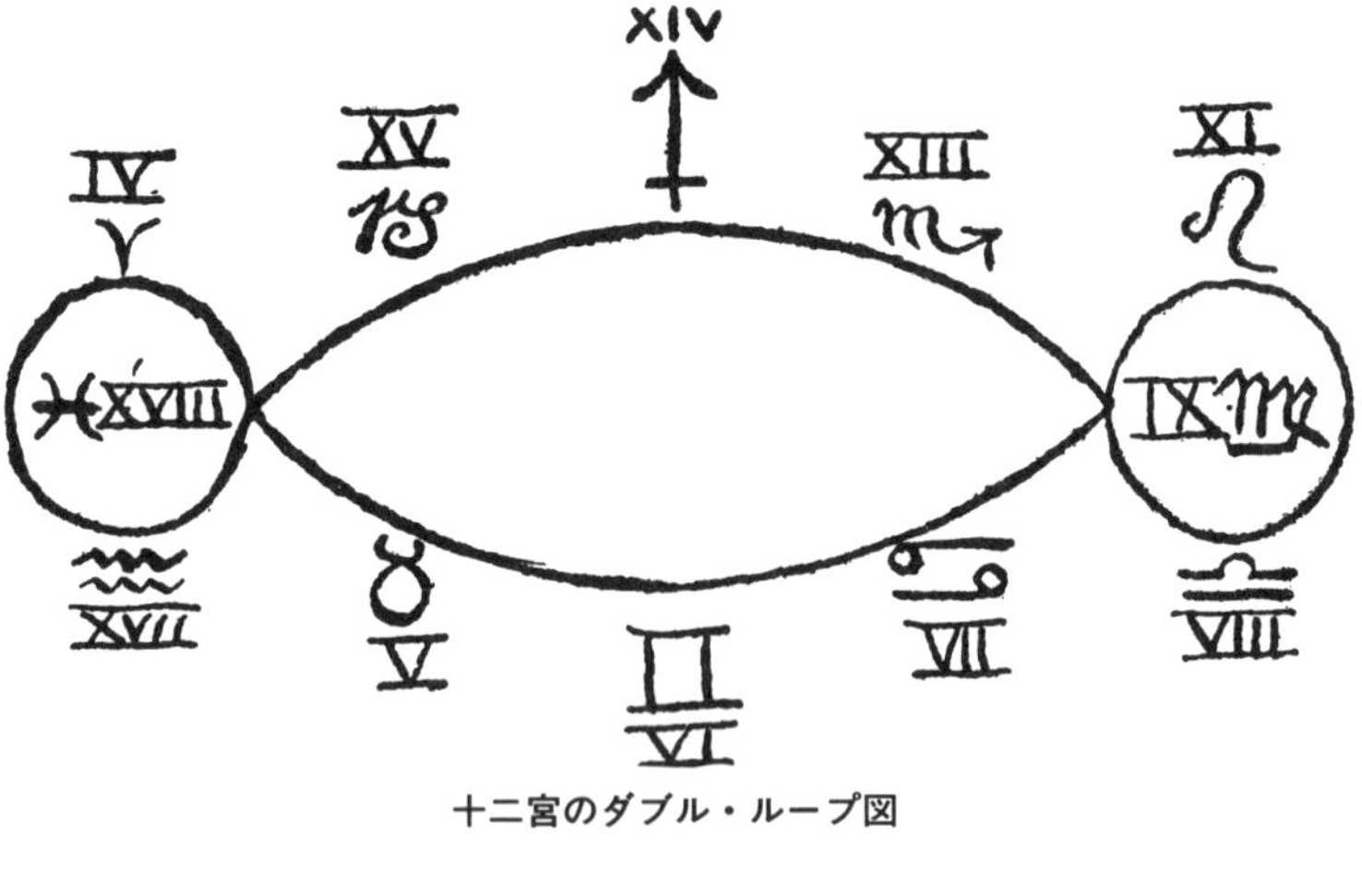

十二宮のダブル・ループ図

これはチェスのゲームに類似していると言ってもよかろう。チェスは極めて単純な形から発展してきた。もともとは倦み疲れた戦士たちのための模擬戦であった。だが現代の微妙なゲーム形式――リチャード・レティのおかげでいまや計り知れぬ審美的創造の領域に属しているが――は、最初の構想のなかにその萌芽が秘められていた。チェスの考案者たちは、「自分たちが意図した以上のもの」を創り出したのである。もちろん、ゲームの微妙な点は発展してゆく過程で生じたのだと論じることは可能である。実際、記録に残っている初期の指し手たちの着想は、かなり荒削りの初歩的戦術の域を出なかった。チェスは、他のゲームがすたれてゆくなかで偶然に発達しつづけた、幾つかのゲームの一つにしかすぎないと断言してもよい。現代のチェスが当初のゲーム形態のなかに潜んでいたのは単なる偶然であると言うこともできる。

インスピレーションの理論は、実のところ極めて単純なものである。その理論により、倹約律《ロー・オヴ・パーシモニイ》に違背することなく、事実の説明がつく。

II

タロットと聖なるカバラ

次に、聖なるカバラについて論じることにする。極めて簡単な主題であるので、普通の知性があれば理解するのに困難ではない。さて、十進法では十個の数が使用される。数学的であり、しかも哲学的である、数の体系においては、十個でなければならない動かしがたい理由があるのだ。ここで、「ナポリ式取り決め」に触れる必要があるが、何よりもまず、聖なるカバラに出てくる、宇宙の図式的表現を理解しよう。（図表参照。）、

これが「生命の樹」であって、宇宙の写像である。数学者と同じように、「零」すなわち「全き零」の概念から取りかからなければならない。この「無」は、調べてみると、いかなる数量を表わすこともできるのであって、素人がまず最初に考えるように、「なにも存在しない」という通俗的な意味の「無」ではない。（一九〇二年、パリにて発刊された『ベラシト』参照）。

「ナポリ式取り決め」

カバリストたちは、この無の概念を拡張した。そして、「アイン・ソフ」――「無限」と呼ぶ、もう一つの無の概念を得た。(これは宇宙の概念と別のものではないようだ。)それから、意味を明確にする方法がこのように全くないので、それを説明するために、「アイン・ソフ・アウル」――「無限光」を前提とすることが必要だと決定した。このようにしてカバリストたちは、ヴィクトリア朝後期の科学者たちが「発光性エーテル」(時空連続体のことか?)の概念で説明した、あるいは説明したつもりになったものを、アイン・ソフやアイン・ソフ・アウルでうまく表現したようである。

これらはいずれも、形をもたず、虚空そのものである。抽象的な状態であって、実在的な概念ではない。

さて、次に必要なのは位置の概念である。この問題は以下のように明確に述べなくてはならない。もし無のほかに何かが存在しているとすれば、それはこの無限光のなかに存在しているはずである。つまり、この宇宙に、この想像もつかない無のなかに存在しているはずである。それは、無として存在しているはずがない。対立する二者を想定し、それが消滅した結果として生じた無であると理解してもらいたい。かくして、「点」の概念が可能になる。点には「部分も大きさもなく位置だけ」がある。

しかし、比較されるべき他の位置が存在しないことには、位置は全くなにも意味しないのと同じである。位置を記述する唯一の方法は、別の点を設けることである。そのためには二という数を創案しなければならない。すると、「線」が可能になる。

だが、この線は実際にはあまり意味がない。まだ長さの尺度が存在しないからである。この段階では、二を語るために二を存在させたにすぎないと理解しておくことである。二者が互いに近くにあるとか、遠く離れているとか言うことはできない。両者は重なっていないとしか言えない。二者を識別するためには、第三のものが必要となる。もう一つの点である。「面」を、「三角形」を創らなくてはならない。こうすると、付随的に平面幾何学の全容が出現する。いまや、「AはCよりもBのほうに近い」と言えるのである。

今まで出てきた諸概念には、実体がない。いやそれどころか、「距離」の概念――それに「中間」や「角度測定」の概念も入れてよかろう――を除いては、概念が存在しないのである。したがって、平面幾何学は現在理論づけられてはいるものの、結局全く未完成で筋が通らないのだ。真の実在を把握しようという研究はこれまで為されたことがなかった。純粋に観念的な空想上の領域で定義をくだす以上のことは、なにも為されてこなかった。

さてそれでは、「底知れぬ深淵」に話を移そう。これ以上、観念的な問題を論じているわけにはいかない。次は現実のもの、少なくとも現実のものの取り扱い方を考えることにする。三つの点を置く。それぞれどこに位置してもかまわない。第四番目の点が肝要である。そしてこれが、問題概念を明確に述べることになる。

三つの点で、点、線、平面が表現される。そして四番目の点が、偶然に同一平面上にある場合は別として、「立体」を構成する。点の位置を知りたければ、三本の座標軸を用いて位置を定めなければならない。北の壁から何フィート、東の壁から何フィート、床の上何フィートという具合である。

かくして、無から、存在していると言いうるものが発現したのである。「物質」という概念に到達したのだった。しかし、この存在は極めて希薄である。与えられた点の特性は、他の点に対する位置関係でしかないからである。変化は不可能である。なにごとも起こりえない。それゆえ、既知の実在物の分析に際し、第五の実在的概念を仮定しないわけにはいかない。それは「運動」という概念である。

ここには「時間」の概念も含まれている。いかなる出来事も運動することによって、また時間が経過して初めて、発生可能だからである。この変化と連続なしには、なにごとも意識の対象にはなりえない。(この五番目というのは、ヘブライ語アルファベットの「ヘー」の番号であることに注意してほしい。この文字は、伝統的に「偉大なる母」に捧げられている。それは、十番目の文字「ヨッド」が象徴する「偉大なる父」が行動し、活動的存在を生じさせるところの子宮である。またヨッドは「究極点」の図式的表現である)。

いまや「点」の具体的概念を述べることができよう。最終的には、それは自意識をもつ点になる。過去、現在、未来を有するからである。先の諸概念によってみずからを定義することができる。ここに体系の中心に位置する第六番目が出てくる。これは経験可能で自意識がある。

この段階では、厳密な意味でカバラ的な象徴性から、少しのあいだ離れてみるのもいいだろう。次の三つの数の教義は、(控えめに見ても一部の人にとって)あまりはっきりと表現されていない。七と八と九の三数はカバラ的概念と非常に密接に対応しているとはいえ、そのいっそう明快な解釈をヴェーダーンタ哲学(汎神論的観念論的一元論のインド哲学）に期待しなくてはならない。ヒンズー教で存在を分析する際、リシ（賢人）たち（リシとは霊感を受けた賢者）は三つの特性を前提とする。最初がサット、それ自体が存在することの本質である。次はシット、思考・観念である。三番目はアーナンダ（ふつう歓喜と訳される）、事象の生起中に存在することによって体験される喜びである。この法悦《エクスタシー》（〝生〟そのものによって生起する歓喜のことをクロウリーは言っている）が、明らかに純粋存在の可動性に刺激を与える原因なのである。それで、完全なものにも未完成部があるという想定の説明がつく。絶対は無であり、無の状態に留まるであろう。それゆえ、その可能性に気づき、それを享受するためには、これらの可能性を探究しなければならない。ここで『偉大なる聖櫃《アーク》の書』と呼ばれる記録から、この教義と類似の陳述を抜粋してみよう。この文書は研究者に、二つの異なる観点から存在を熟考することを可能にさせるものである。

「すべての元素は、昔は分離していたに違いない――非常な高熱のせいであろう。今では諸原子は太陽まで達し、我々はその高温をふんだんに受け、元素はみな、その姿を取り戻している。各元素中の各原子が、再結合するに当たって体験したことをすっかり覚えていると考えてみよう。さて、記憶で強化された原子は前とそっくり同じ原子ではないはずだが、やはり同じなのである。この記憶を別にすれば、いかなるところからも、なにも付け加わっていないからである。それゆえ、時間の経過と記憶とによって、物は、それ自体以上の存在になりえよう。かくして、真の発展が可能なのである。これにより、どの元素もこういう一連の具現化を経験しようと決意する理由が理解できる。そのように、また、それゆえに進行が可能なのだ。そして、この具現化のなかで、思い違いが生じる。変化を受けることなく切り抜けるであろうと思っているからである。

「その結果、無数の神々を有することができる。多様ではあるが、独得の対等な神々で、各神が至高にして完全に不滅である。このことはまた、神が、いかにして争いや悪などが存在する世界を創りうるのかの唯一の説明ともなる。悪とは外観にすぎない。（善と同様に）実質そのものに影響を与えることはできず、単にその組み合わせを増加させるだけだからである。これは多少、神秘主義的一神論に似ている。だがこの一神論には反対である。その理由は、神が創造する万物は結局神みずからの分身にほかならないので、創造物の間に作用と反作用が生じると矛盾するからである。もし数多くの元素の存在を予想すれば、そこに相互作用があるのは当然である」。

この存在、思考、歓喜の概念は、もし一つの点が「それ自体の真に知覚しうる経験をもつべき場合」、その点がもたなければならない最小限の特質を示している。これらは九、八、七の数に対応している。したがって、精神によって知覚される最初の実在の観念は、前出の零から九までの連続的発展から構成される点の把握となる。そこで、最後に十という数が登場する。

言い換えれば、知識として実在を記述するためには、これら十個の連続的概念を前提としなければならない。カバラでは、その概念を「セフィロト」と呼ぶ。それは「数」を意味している。後述するが、各数はそれ自体の意義をもつ。「生命の樹」における、その配列——二四五、二四六、二四七頁の図に示されている——が、宇宙の正確な図解となっていて、そのおのおのがすべての事象に対応している。この十個の数は、タロットの四十枚のスモール・カードに表わされている。

タロットとテトラグラマトン

では、コート・カードとは何であろうか？　この疑問には、概念が系統的に発展してゆく際の、もう一面が絡んでくる。最初の精神作用は何であったか振り返ってみよう。無を表現せざるを得なかったが、無の完全性を損なうことなく言い表わす唯一の方法は、プラスのものと、それと同等のマイナスのものの結合として表現することであった。こういう二つの概念をアクティヴとパッシヴ、つまり父性と母性と呼べる。父性と母性は完全な合体をなして零に戻ることもできるが、物質に突入して合体し、息子と娘を生み出すこともできる。二者の結合によって、そのどちらとも異なる第三者が生じる仕組みを記述する手段として、この考え方は実際に役立つ。

化学を使って最も簡単な一例を示そう。水素ガスと塩素ガスの混合気体に電気火花を飛ばせば爆発が起こって塩酸ができる。陽性の物質を得たのである。二元素が合体してできた息子と呼んでよかろう。これは物質への進行である。しかしまた、その結合のエクスタシーの際に、光と熱が遊離する。この現象は、塩酸が物質であるというのと同じ意味では物質的でない。したがって、結合のこの成果は霊的な性質のものであって、娘に対応する。

錬金術師の用語では、こういう現象は、便宜上「四大」の表象のもとに分類されている。火、最も純粋で活動的であり、父性に対応する。水、やはり純粋ではあるが受動的であり、母性である。それらの結合したものは両方の性質に関係のある元素になる。だが、どちらとも違っている。錬金術師はこれを「風」と呼ぶ。

古代と中世の哲学者が用いた術語は、今日使われているのとは全く別の意味であることを、いつも頭に入れておかなくてはならない。「水」は、彼らにとって化合物H_2Oの意味ではない。ものすごく抽象的な概念で、いたるところに存在するとされている。鉄の延度は水の特性である。(注)「元素《エレメント》」という言葉は化学元素のことではない。一連の概念を指し、いろいろな特性、特質を概括しているのである。

学生に言葉の意味を解き明かすようなやり方で、これらの術語を定義することは、ほとんど不可能に思える。絶えず繰り返し考え、その術語が自分にとって何を意味しているのか、自分で発見しなくてはならない。当然、皆が同じ考えに到達するというわけではない。だが、ある考えは正しく、別の考えは間違っているというのではない。誰もが、全く自分一人だけに属する宇宙をもっていて、その宇宙は誰か他の者の宇宙と同一でないからである。Aが見る月は、傍らに立っているBが見る月ではない。この場合は、その差異が極めて微小であるので、実際には問題にならないが、それでも違いがないわけではない。しかし、もしAとBが画廊で絵を見るとすれば、その絵が二人の眼に同じように映ずるはずがない。Aは、何千枚もの他の絵を見た経験から、絵を観察する訓練ができていようし、またBのほうは、おそらくAとは全く違った絵をいろいろ見てきているはずだ。数少ない有名な絵についてのみ、二人の経験は一致していることだろう。このほか、他のいろいろな点で、AとBの心には本質的な違いがあろう。だから、Aがヴァン・ゴッホを嫌うなら、BはAを気の毒に思うだろうし、Cがブグロ〔一八二五―一九〇五。甘美な神話画で有名なフランスの画家〕に感嘆していても、Dは肩をすくめるかもしれない。なにごとによらず、良いとか悪いとか断定できるものは全くないのである。最も厳密な科学の問題においてさえ、このことは当てはまる。対象についての科学的記述は例外なく正確であっても、個々の観察者の受けとめ方は必ずしも一定していない。

娘と呼ばれる事象はいろいろな意味に理解される。いま説明したのは、父性と母性の合体の結果できる霊的構成要素としてである。だがこれは、ほんの一つの解釈にしかすぎない。

タロットと四大

古代人は火、水、風を純粋な基本要素と考えた。それらは、先述した存在、知識、歓喜の三特性と結びついている。それらはまた、ヒンズー教徒が「三つのグ

注＝(同様に) 鉄の磁性的価値は、火のそれである。その伝導性は風で、重量と硬度は地である。だが、重量は「時空連続体」のゆがみの一機能でしかない。つまり「地は霊の王座である」。

ナー――サットヴァ、ラジャス、タマス」と呼ぶものとも対応している。訳せば、おおよそ「平穏」、「活動」、「怠惰な闇」となろう。錬金術師も同様に、エネルギーについての三原則をもっていた。実在する事象はすべて、硫黄、水銀、塩から成ると考えたのである。この「硫黄」というのは、活動、精力、欲望である。「水銀」は流動性、知能、伝導力である。「塩」とは、前二者の伝達手段であるが、両者に影響を与える性質をもっている。

　研究者は、こういう三部分から成る分類法を全部、心に留めておかなくてはならない。場合によって、ある分類法が他の分類法より役立つことがある。だがさしあたっては、火・水・風の系列に注意を集中しよう。これらの要素は、ヘブライ語アルファベットでは「シン」、「メム」、「アレフ」で表わされる。カバリストはそれらを「三母字」と呼ぶ。この特定グループの当該三要素は、純粋エネルギーの完全な霊的形態である。この三要素は、意識に突き当たることによって、意識される経験のなかに姿を現わすだけである。その際、カバリストが「地」と呼ぶ、第四番目の基本要素のなかに具体化するのである。この「地」は、アルファベットの最後の文字「タウ」で表わされる。そこで、これが娘の概念の、もう一つの全く違った解釈となるのである。娘はこの場合、三角形から垂れさがったものとして考えられている。図の七、八、九から下に垂れた十である。

　この二つの解釈は両方とも覚えておかなくてはならない。カバリストは、タロットを案出し、父性・母性・息子・娘という極めて抽象的な概念を表わす絵を描きはじめた。そして、その絵を「王《キング》」、「女王《クイーン》」、「王子《プリンス》」、「王女《プリンセス》」と名づけた。大変紛らわしいが、「騎士《ナイト》」、「女王」、「王」、「王女」と呼ぶこともある。また時には、王子、王女が「皇帝《エンペラー》」、「女帝《エンプレス》」となる。

　この混乱の原因は、伝説上のさすらい人である、タロット・カードの「愚者《フール》」の教義と関係がある。これは国王の娘を獲得する話で、あらゆる競争相手を負かして王女を勝ちとる能力によって、国王の後継者を決めるという、古くからある、ことのほか賢明なプランと繋がりをもつ伝説である。（フレーザーの『金枝篇《ゴールデン・バウ》』はこの主題に関する権威書である。）

　現代版としては、父、母、息子、娘の系列を表わすのに、「騎士」、「女王」、「王子」、「王女」という言葉を採用するのがよいと考えられてきた。カードに内在する教義は途方もなく錯綜していて難解であるが、これらの用語のほうがうまく当てはまるからである。父性は、馬に乗ったものとして表現されているので「騎士」である。それによって、二つの主要体系――ユダヤ教的方式と異教的方式が、別々に実在している（また、これまでずっとそうだった）かのように、さらに明確に記述できるだろう。

　ヘブライ人の方式は率直で変更がきかない。父性と母性を前提として、その結合から息子と娘が現われるとする。そこで終わりである。のちになってやっと、哲学的思索の結果、紛れもない結合から父性＝母性を一対にして取り出すようになり、またさらに時代が下がって、その結合の源泉を無のなかに求めるようになった。このヘブライ方式は、限定された具象的なもくろみであって、未熟であるため、充分な理由なく始まり、不毛な結末を迎えている。

　異教徒の方式は、循環的、自然発生的、自己育成的、自己更新的である。それは、リムに父性＝母性＝息子＝娘が付いている車輪である。それらは、零という静止した軸の周囲を回っている。そして随意に結合し、次々に変化してゆく。軌道には始めもなければ終わりもない。どれも他のものより高くもなく低くもない。等式「零＝多＝2＝1＝全＝零」は、この方式におけるいかなる様相にも、暗に含まれている。

　この考え方は難しいけれど、大変望ましい結果が、少なくとも一つ達成されている。タロットには、三枚でなく四枚の絵札《コート・カード》がある理由が説明できるのである。それはまた、なぜ四種の組札《スート》があるのかの説明にもなる。この四種類のスートは次のように名づけられている。火の属性をもつ「棒《ワンド》」、水の属性をもつ「杯《カップ》」、風の属性をもつ「剣《ソード》」、地の属性をもつ「円盤《ディスク》」（これは「コイン」とも、「万能章《パンタクル》」とも言われる）である。研究者は、この四の数の相互影響と置換とに注目されたい。また配列が十倍になってさえ、四という数は役割があるのに気づくことが大切である。生命の樹も四つの水準《レベル》に分けることができる。数の一は火に対応し、二と三は水に対応し、四から九までは風に対応し、十は地に対応する。この区分は人間の分析に対応するものである。一は霊的本質であって、質とか量とかをもっていない。二と三は、創造力と伝導力、それに精力と知能を表わす。四から九までは、人格に集中している精神的、倫理的特性を述べる。譬えて言うなら、六は一の精巧な具象化である。そして十は、地に対応し、一から九まで全体の物質的伝達手段である。霊のこれらの役割の名称は次のようになっている。一はイェヒダー、二と三はヒアおよびネシャマー、四から九まではルアク、最後の十はネフェシュである。

　改めて言うなら、これら四つのレベルは、いわゆる

「四つの世界」に対応する。もちろん、それ相応の条件はいろいろ付くが、どの世界の性質がこのプラトン的体系にどう適用されるかを理解することができる。一はアツィルト、粗型世界である。だが一の動態面である二は、実践的属性である。三はブリアー、創造世界である。この世界で、父性の意志が母性の受胎を通して具体化する。精子が卵子に受精させて親の似姿を創出するのと同じである。四から九まではイェツィラー、形成世界にあたる。このなかで理知的イメージ、概念という認知できる形が生まれる。そしてこの理知的イメージが、十番のアッシャー、物質的世界で現実に知覚できるものになるのである。

　倦むことのない忍耐とひるまぬ精力をもって、これらのいろいろ頭を混乱させる（時には一見矛盾した）属性を詳しく調べたうえで、初めて明快な理解に到達する。どんな知的な説明によっても到底なしえない、限りなく明徹な理解が得られるのである。これが研究開始にあたっての基本課題である。浅薄な合理主義者なら、こういった属性やら半ば哲学的仮説、あるいはまた仮説めいたものの欠点を捜し出すのは、いともたやすいことだろう。だが、ゴルフのボールをうまくヒットするのはとても難しいことを、数学的に証明するのもまた実に簡単なのである。

　これまでのところ、主要テーマは生命の樹——本質的には神的属性《セフィロト》であった。次にセフィロト相互間の関係を考察するのが適切であろう。（補遺Bの諸図を参照。）生命の樹の構造を完成させるため、二十二本の径《パス》が使われているのが分かる。この径がヘブライ語アルファベットの各文字とどのように対応しているかは、やがて説明することになる。幾つかの箇所で、セフィロトをつなぐ径が任意に決められているように見えるのに気づくであろう。とりわけ、哲理の働きのごく自然な基礎だと考えられる、一と四と五のセフィロトを頂点とする正三角形が目につく。だが、一と四をつなぐ径も、一と五をつなぐ径もない。これは偶然ではない。頂点が下向きの正三角形は三つあるが、上を向いた正三角形は、図のどこにもない。これは、本来の術式「父性、母性、息子」のためである。この術式は、単一性と霊性の下降する段階のなかで、三度繰り返されている。一は、これら三角形の上位にある。なぜなら、一は零の統合であって、消極の三重のヴェールから垂れ下がっているからである。

　さてセフィロトは、すでに示したように、一から発散したものであるが、カント的意味での「物自体」であろう。セフィロトを結んでいる径は、ずっと完成度の低いタイプの「自然力」である。それらは深遠さも抽象性も劣る。

二十二個のキーワード　アテュ、つまりタロットの大アルカナ

さて、広く知れ渡っている、「平衡の教義」のみごとな一例をあげよう。その等式は常に $ax^2+bx+x=0$ と書かれる。もし零にならなければ等式とは言えない。実際、どの表象《シンボル》でも、カバラのなかのある場所での重要性が減じる時はいつも、他の場所での重要性が増加する。絵札《コート・カード》と数札《スモール・カード》は、宇宙の正確な図解としての最も重要な機能の面で、タロットの骨格的構造を形成している。しかし、魔術的な術式を解くキーとしてタロット・カードがもつ、特別の意義に関して言えば、二十二枚の大アルカナが独自の重要性をもっている。

この二十二枚のカードは、どんな表象に属しているのだろうか？　組札《スート》と同じように、本質的な観念と関連しているはずがない。その役割は1から10までのスモール・カードによって占められているからである。この上なく錯雑な父性、母性、息子、娘を、特に表わしているはずもない。これはコート・カードで、すでに用は足りている。大アルカナの属性は次のようになっているのだ。三母字――シン、メム、アレフは、三つの活動的要素を表わし、七個のいわゆる複字――ベス、ギメル、ダレス、カフ、ペー、レシュ、タウは、七つの聖なる惑星を表わす。残りの十二文字――ヘー、ヴァウ、ザイン、ケス（ヘス）、テス、ヨッド、ラメド、ヌーン、サメク、アイン、ツァダイ、クォフは、十二宮を表わしている。

この配列には、少しばかり固まったところや、重なり合ったところがある。シンは火と霊両方の代わりにならなければならない。二が、いくぶん一の性質を帯びているのと、非常によく似ている。またタウは、土星と基本要素である地との両方を表わしている。これらの困難点のなかには、一つの教義がある。

しかし、この二十二個の文字を不用意にさっさと片づけてしまうわけにはいかない。建築家が見捨てた石でも、町かどの頭像になることがある。この二十二枚のカードも、それ自体の性格、とても珍しい性格をもっている。完全な宇宙をかたどっていると言えば嘘になる。宇宙のかなり不思議な面を表わしているようだ。宇宙の構成に肝要な要素《ファクター》には見えない。カードの性格が、その時の出来事との関連で、ときおり変化する。カードの題名リストを一目見ると、コート・カードやスモール・カードの、厳密に分類された、精確な哲学的・科学的スピリットが、もはや示されていないのが

分かる。芸術的な表現がパッと目に飛びこんでくる――愚者、奇術師、女司祭、女帝、皇帝、神官、恋人、戦車、欲望、運命の輪、調整、吊られた男、死、技《わざ》、悪魔、神の家、星、月、太陽、永劫《アイオン》、宇宙〔隠者が欠けている〕。明らかにこれらは、関わりのある十二宮、四大、惑星に関する、はっきりした率直な象徴的表現ではない。どちらかと言えば、それぞれと関連をもつ、いっぷう変わった神秘的事象《ミステリー》の絵文字である。タロットとは、〝易《イ・キン》〟の体系にみられる客観的方法で宇宙を全く率直に表現したものとは違うのではないかと思えてくるだろう。誇張の多いプロパガンダのようにも見えてくる。人類の運命の守護者である、大結社《グレート・オーダー》の秘密の首領たちが、宇宙の独得の様相を明るみに出したがったり、特別な教義を確立したがったり、現行の政治情勢にふさわしい仕事の方式を宣言したがったりしたかのようである。だが、そうではない。辞書の単語が、文章のなかではニュアンスが違ってくるというのと、いくぶん似ているのだ。

　大変不幸にも、今まで理屈に走らざるを得なかったが、万やむを得ないことであった。しかもその理屈たるや、カードを分かりやすく説明するための前置きとしては、だいぶ逸脱したところもあった。これまで述べてきたことを要約すれば、理解がいっそう容易になるだろう。

　生命の樹の構想を簡単に表現すると、こういうことになる。十個の数、つまり「物自体」は、消極の三重のヴェールから連続的に流出したものである。スモール・カードの1から10まではセフィロトに対応する。これらのカードは四重の形式で示されている。純抽象的な数ではなく、便宜上四大の形で類別される顕現された宇宙での、それらの数の特定の表象であるからだ。

　コート・カードは四大そのものを表わしていて、また、各基本要素がさらに四つの要素に分割されている。理解しやすいように、カードのリストを載せておく。

棒の騎士、　火の火
棒の女王、　火の水
棒の王子、　火の風
棒の王女、　火の地

杯の騎士、　水の火
杯の女王、　水の水
杯の王子、　水の風
杯の王女、　水の地

剣の騎士、　風の火
剣の女王、　風の水
剣の王子、　風の風
剣の王女、　風の地

円盤の騎士、　地の火
円盤の女王、　地の水
円盤の王子、　地の風
円盤の王女、　地の地

タロット・カードの大アルカナの数は二十二枚であって、セフィロト、つまり物自体のあいだの要素を表わしている。したがって生命の樹におけるカードの位置の意味は重要である。少し例をあげよう。「恋人」と呼ばれるカード――その秘密のタイトルは、「声の子、万能の神の神託」である――は、三から六に通じる径である。六は人間の人格で、三は霊的直観である。それゆえ、三の六に対する影響は、直観的ないしは霊感的な声の影響であるというのは、当然なことであり、また重大でもある。それは、偉大なる母が精神と心とを照らすことである。

もう一枚、一を六につないでいるカードを考えてみよう。「女司祭」と呼ばれるカードで、月に属し、天のイシスを表わす。完全な精神的純粋さの象徴である。このカードは、究極的な神の意識から人間の意識まで下ってくる、最も秘密にして親密なる形式の秘儀伝授を意味する。下から眺めるならば、その源であるところの神に対する、人間の純粋で確固たる切望である。のちほどカードを一枚ずつ順に論じる際、これらの問題をさらに詳細に考察するのがよかろう。

前述したことから、タロット・カードは、まず第一に、宇宙的見地で生命の樹を説明していること、また二番目には、一定の公認カードを製作する際、人類の守護職をもって任じている人たちに、特に関心の深い生命の樹の諸様相を説明してくれる詳しい解説であることは、明らかであろう。それゆえ、その守護者たちにとっては、カードの表現を修正したほうがよいと思われるときには修正するのが当たり前なのである。古くから伝わるカードは、便宜的に採択された数多くの修正を受けてきた。例えば、中世版のエンペラーとエンプレスは、疑いもなく神聖ローマ皇帝とその王妃を指していた。元来、（司教冠《ティアラ》をかぶった姿で表わされる）オシリスを表わしていた「ハイエロファント」は、ルネサンス時代にはローマ教皇になった。ハイ・プリーステスは、新参者のあいだに広まっていたある象徴的な伝説的人物を表わす「ジョーン教皇」と呼ばれるようになり、さらに俗化して、説話のなかの女教皇になった。なおいっそう重要なのは、火による世界の破滅を表わす「天使」、またの名「最後の審判」である。その象形文字は、ある意味で予言的である。というのは、一九〇四年三月二十一日(注1)に世界が焼失したとき、このカードが「啓示の石碑」（カイロの博物館所蔵の石盤）によく似ている点に、人々の注意が否応なく向けられたからである。これが新しい永劫《アイオン》の始まりであるので、それを説明するのが時宜にかなっていると思われたのであった。二千年後にくることになっていた、次期永劫《アイオン》について分かっているのは、その象徴がダブル・ワンド(注2)であるということだけだったからだ。だが新永劫《アイオン》は、固定していた物事の序列に突拍子もない変化をもたらしたので、「いにしえの儀式は黒魔術なり」という古くさい言い伝えを続けていこうとするのは、どう見てもばかげているだろう。したがって、永劫《アイオン》の周期的変動に関わりのないタロットの本質的な特徴を維持し、また一方、分かりにくくなってしまったタロットの美術的および教義的特徴を現代的なものにすることが、当の筆者の努力目標になってしまった。発展させるこつは、「永遠なるもの」を損なわずにおくことだが、また、時の絶対の支配を受ける偶然の出来事に関しては、前衛的な――ある場合にはほとんど革命的とも言える立場を採ることである。

注1＝『神々の春秋分点』（前出）参照。

注2＝『法の書』第三章第三十四節参照。これは均衡の公主であるマアトやテミスに対する言及である。

III

タロットと宇宙

タロットは、古代人が伝統的な象徴主義に従って考えついた、自然力の絵画的表現である。

太陽は恒星である。その周りを惑星という名の天体が幾つか巡る。地球の衛星である月もそうである。

これらの天体は一方向にのみ回転する。太陽系は球形ではなく、車輪状である。惑星はきちっと平面上に並んでいるわけではなく、本来の平面の片方の側から他の側へ、ある程度（わりあい小さいが）振れている。その軌道は楕円形である。

現代人もよく車輪を想像するけれど、古代人はそれよりもはるかに明瞭にこの車輪を心に描いた。彼らはその想像上の外輪にかくべつ注意を払った。この外輪の範囲内で、遠いかなたの恒星は太陽の外見上の運行と特別に関係をもっていると考えた。この外輪、つまり帯状の広がり《ベルト》を、古代人は十二宮と呼んだ。このべルトの外側に見える星座は、人類に重大な関係があるとは思えなかったのである。偉大な力で回転する車輪の円周内には直接入ってこなかったからである。(T・A・R・O＝R・O・T・A＝車輪。)

古代人の理論

1. 昔は、地球が宇宙の中心であると考えた。天は地球の上方にあるので神性があると考えられた(地球の下のほうにも同様に天があることを認識できなかったのである)。そして世俗の雑事は不完全で、しかも一定でないことを認めていたので、観測結果が規則的な天体の運行は完全無欠なるものに違いないと思った。

そこで、「先験的」思考が始まった。数学者たちは、円が「完全な」形であると考えたので、(独得の神学的論法を用い)天体はすべて円周上を運行するに違いない、と唱えた。(注) この宗教的想定は天文学者に大混乱を引き起こした。天文学者の測定はさらに広範囲にわたり、もっと正確なものであったので、観測記録をこの学説と一致させるのは――少なくとも途方もなく面倒な計算をやらないでは――困難であることがしだいに分かってきた。そこで彼らは、観測された運行を説明するために、「周期」や「周転円」という言葉を作り出した。

注＝彼らは、円は楕円の一形態にすぎず、円のなかでは二つの焦点が一致しているということを理解していなかった。

結局、コペルニクスがこの厄介な問題にたまりかねて、次のような提案をした。(もし、この考えがそれほど不埒なものでさえなければ)系の中心が地球ではなく、太陽であると仮定すれば、実際問題として大いに都合がいいだろう、と。

数学の分野では、確定している事実はなにもない。バートランド・ラッセルは、この主題に関しては「誰も自分が何のことを話しているのか分かっていないし、また、自分が正しいのか間違っているのか、誰にとっても別に問題ではない」と言っている。

例えば、月が宇宙の不動の中心であると仮定してみよう。誰もそれを否定できない。その考えにうまく合うように計算法を切り替えるだけのことである。これに対する現実的な難点は、船乗りが航海しにくくなるということである。

この考え方を心に留めておくことは大切である。さもないと、現代科学哲学の精神を充分に把握できないだろう。それは真実を志向しているのではない。(普通の意味での)真実を可能なものとも思っていない。それが目指しているのは最大限の便宜性である。

2. 太陽系の場面に戻ることにしよう。太陽は車輪の轂《こしき》である。最も遠い惑星が車輪の縁《へり》に載っている。そして、はるかかなたに、だがその縁からはみ出すことなく、十二宮をなす十二の星座がある。

なぜ、十二なのだろう？

まず四季に応じて、円はざっと四つに分割される。この分け方には、地水火風の四大の影響があったのかもしれない。（前述したように、現在使われる地水火風とは別の意味である。）

たぶん古代人は、三のような聖なる数を天空のあらゆるものに当てはめるのが必要だと考えたからであろう、でなければ、観測した星座がたまたま十二のグループに自然に分かれていたからだろう、彼らは黄道帯に、各季節につき三宮ずつ、十二宮を配した。

太陽が地球に及ぼす影響は、太陽が十二宮を通過するに従って変化することが観察された。日の出から日没までの時間測定のような極く単純なこともそうであった。

「太陽が白羊宮（牡羊座）に入る」という意味は、もし地球から太陽まで直線を引き、それを星座まで延長すれば、その線は牡羊座の起点を通るということである。例えば、春の第一日目が満月であったとすれば、月のうしろに、白羊宮と反対側にある天秤宮の起点の星々が見えるのである。

満月から次の満月までは、ほぼ二十八日かかることが観測され、その一日一日を宿《しゅく》と名づけた。月の神秘的な影響がそれぞれの宿で変化すると考えられた。この理論は直接にはタロットと関係がないが、問題を紛糾させようとしている、ある混乱状態を解決するのに役立つことは、言っておかねばならない。

3．初期の天文学者たちは、太陽が十二宮を一巡するのに三百六十日かかると計算した。これは、学者たちの厳重に守られた秘密であった。だから彼らは、それを神の名ミトラスに隠した。ギリシアの慣習（M＝40、I＝10、*Th*＝9、R＝100、A＝1、S＝200）に従えば、ミトラスは合計三百六十になる。さらに精密な観測がなされ、三百六十五日のほうが正確であると証明された。そこで学者たちは、これを「アブラクサス」と呼ぶことにした（A＝1、B＝2、R＝100、A＝1、X＝60、A＝1、S＝200）。他の者たちがこの秘密を見破ったが、彼らも前者に倣《なら》った。そしてミトラスの綴りをメイスラスに改めた。メイスラスは、（アブラクサスと同じように）合計三百六十五になる。だがこれでもまだ、ほぼ六時間の誤差がある。それゆえ、何世紀ものあいだ、カレンダーは間違い続きだった。現在の形が採択されたのは、グレゴリオ教皇の時代になってからであった。

いま述べたことの要点は、彼らが十二宮の円周を三百六十に区切ったことで、これは計算上の便利な基礎になっている。

十度区切りの単位は、それぞれ十分角《デカン》と呼ばれる。これが三十六個あるので、十二宮の各宮は三つの部分に分かれる。宮の与える影響は、最初のデカンのときが、非常に迅速、激烈で、二番目で力強いがバランスがとれ、三番目になると浄化されていて儚いと考えられた。

またちょっと横道に逸れるが、古代人の最も重要な信条の一つは、大宇宙、小宇宙の概念であった。人間はそれ自体、小さな宇宙であって、大きな宇宙の微小なコピーである。もちろん、この論法は逆も成立する。ゆえに、前述した宮の三デカンの特性が決まったのは、おそらく人間の一生をそれに当てはめたのであろう。

4．これまで述べたことで、古代人が恣意的に、あるいは概して恣意的に表明した宇宙について、相当完全な知識が得られる。まず第一に、四大があった。この基本要素は万物にみなぎっている。太陽に関して、おおむね次のように論じられた。太陽はすぐ分かるとおり、主として火である。だがそのなかに、流動性という風の特性もそなえている。イメージを創り出す力が、水の役割を示している。地の役割は、その限りない安定性である。

同じように、蛇については、その殺害能力を火、動きの速さを風、波のような動きを水、習性を地と呼んだ。

これらの記述は明らかに不充分そのものである。すべての対象物は、惑星の特性や十二宮の特性をもっていると考え、その記述を補完しなければならない。かくして、金牛宮は地の宮となる。これは、太陽が春季に通過する三宮のうちの真ん中の宮である。しかしまた、牛の性質はおとなしさでもある。そのため、金星が金牛宮を支配していると言われた。さらに牝牛というのは、ミルクを供給する主な動物である。そこで古代人は牝牛を偉大な母なる女神と呼び、天の母である月と同一視した（ちなみに太陽が父である）。月は金牛宮に来たとき「興」（訳注）になるという表現で、この考え方を示した。つまり、金牛宮において、月の影響力の最も慈悲深い面が発揮されるわけである。

5．これら諸要素がどのように細分され、また合体しているかに注目することは、初めのうち混乱を招くだろうが、その原則が充分に理解されれば、極めて有益であって、いろいろな解明に役立つ。これらの表象の

訳注＝「興」“exaltation”占星術用語。ある惑星が十二宮のどの宮に入るかによって、惑星特質の顕現法に差が出るという発想があり、占星術ではこれを《格式》と呼ぶ。格式は四種、

「盛」“dignity”惑星の美点発揮
「敗」“detriment”惑星の欠点発揮
「興」“exaltation”惑星の勢力増大
「衰」“fall”惑星の勢力減退

以下は現在占星術界で主流を占めている格式表である。なお、盛については《支配星》をもって代用とする場合も多い。

惑星	盛	敗	興	衰
☉	♌	♒	♈	♎
☽	♋	♑	♉	♏
☿	♊&♍	♐	♍	♓
♀	♉&♎	♈&♏	♓	♍
♂	♈&♏	♎&♉	♑	♋
♃	♐&♓	♊&♍	♋	♑
♄	♑&♒	♋&♌	♎	♈

どれでも一つを理解するには、その表象が合成されている姿――程度の差こそあれ、他のいろいろな表象から成っている姿を思い描くことしかない。こういう具合に、惑星のいずれもが、どの対象物に対しても影響を与えるのである。この思考習慣により、他の方法ではほとんど成し遂げられない（正しい霊的高揚を伴った）自然力の統一の理解が可能となる。その理解が内面的調和を生み出し、結局、生命と自然力とを受容することになる。

さて、これらの表象の伝承に基づく特性を分析し定義をくだしてもいい頃合だ。だがまず第一に、今まで触れないできた二の数を考察し、確かな基礎に立って話を進めるのがよいだろう。

宇宙には、作用は二つしかない。分析と統合である。つまり、分割することと結合することである。錬金術は、これを「分解し、而して融合せよ《ソルウェ・エット・コアグラ》」と呼んだ。

もし何かを変えるとしたら、それを二つに分割するか、別の単一体をそれに付け加えなければならない。この原理が、あらゆる科学的思考と作用の基礎になっている。

科学者が最初に考えたことは、分類と測定である。「このオーク〔カシワ・ナラ・カシなどブナ科ナラ属の樹木の総称〕とあのオークの葉は似ているが、このオークの葉とこのブナの葉は似ていない」から出発するのである。この事実を会得するまでは、科学的方法論をのみこめるようになったとは言えない。

古代人はこの考え方に充分気づいていた。とりわけ中国人は、この根源的無の基本分割に、哲学の全体系の基礎を置いた。無から始めなくてはならないのである。さもないと、「この自明のこととして仮定されたものは、どこから来たのか」という疑問が起こるであろう。それゆえ彼らは、0＝（＋1《プラス》）＋（−1《マイナス》）という等式を作った。

「プラス・ワン」を陽、つまり雄性原理、「マイナス・ワン」を陰、つまり雌性原理と呼んだ。そこで、両者の比率は異なるが共に結合し、完全に均衡のとれた天と地、不完全な均衡を保つ太陽と月、均衡の破れた四大という概念が生じる。（図表、中国人の宇宙観参照。）

中国人のこの配置法は、かように十要素から成り、この書で考察してきた体系にいみじくも合致することが証されたのである。

6．四大、惑星、十二宮に関する古代の配列は、カバリストによって生命の樹に要約された。

二体系間のこの同一性は、つい最近まで（注）、次のよう

注＝筆者が〝易〟の研究中（まだ未完成であるが）にこの事実を発見した。

な事実があったため覆い隠されていた。それは、中国人が倍加方式を継続し、八組の卦《け》を六十四個の六芒星に変えたことと、一方では西アジアの学者たちが、生命の樹の十個の数を二十二の径《パス》で連結したことである。

こういうわけで中国人は、生命の樹の二十二の径に対して、六十四の主だった表象をもっている。だがカバリストには、たいそう微妙な解釈と取り扱いができる連鎖状の表象がある。その基本要素の内的関係を述べることも、いっそう相応しかろう。その上、各要素は、意のままに増加させたり細分したりできるのである。

生命の樹

1．この図形は極めて慎重に研究しなくてはならない。タロットの由ってきたる全体系の基礎となっているからだ。だが、この図形を徹底的に説明することは全く不可能である。（一つには、）それが完全に普遍的なものであることに因る。ある人にとって生命の樹が意味していることは、他の人には当てはまらない。Aの人の宇宙はBの人の宇宙と異なるのである。もしAとBがテーブルの反対側に向き合って坐っているとすれば、Aが見ているのはロブスターの右側であり、Bが見ているのは左側である。もし二人が並んで立ち、星を眺めるとする。二人の星を見る角度が極く微小ではあるが、違っている。だがタロットは、科学的事実や公式が万人にとって同一であるのと同様、いかなる人にとっても同じである。ここで次に述べることは非常に重要で記憶に値する。科学的事実というものは、理論上はあまねく真実であるが、それでも観察者が異なれば正確に同じであるというわけにはいかない、ということである。たとえ、知覚反応の速さが全く同じ二人の人物が、同一の場所で共通の対象を観測するとしても、まさしく所要時間がぴったり一致することはあり得ない。何十分の一秒という短時間でさえ、対象ならびに観測者が動くには充分であるからだ。

この事実は強調されるべきである。なぜなら生命の樹を全く固定した方式と考えてはならないからである。生命の樹は、限りなく融通性があるがゆえに、ある意味で宇宙の永遠の基本型《パタン》である。そして自然とその諸勢力の研究に役立てなくてはならない。独断的主張の弁明に用いるのはいけない。さてタロットは、できるだけ人生の早い時期に学ぶべきである。タロットは記憶のための支柱であり、精神のための図式《シェーマ》である。毎日用い、絶えず学びつづけねばならない。タロットはあまねく融通無碍であり、またその使用が理知的になるに比例して成長してゆくからである。このようにして、タロットは全存在を正しく認識するための精巧ですぐれた方法となる。

2．生命の樹を創案したカバリストがピタゴラスから示唆を受けたか、または両者がなおいっそう古い時代の共通の根源から知識を得たかしたのは確からしい。いずれにせよ、両学派は一つの自明の基本原理をとることに意見が一致している。その原理とは、「究極的事実は、数とその相互作用とによって最もうまく記述される」である。現代数理物理学が、最終的に、これと類似の想定をせざるを得ないのは興味深い。その上、この学問は明確な言葉ただ一個で事実を述べようとする企ては放棄してしまっている。現代の考え方は、可能性《ポテンシャル》、物質《マター》など十個の概念が環状につながったイメージを用いて事実を説明するのである。各術語は、それだけではなにも意味をもたない。他の語と関連してのみ理解することが可能である。このことは、最初のほうで述べたように、惑星や四大や十二宮が互いに関連し合い、それぞれが互いに構成要素になっているという結論とまさに同じである。

しかし、事実に達しようとする試みがさらになされ、カバリストはこれらのかなり不明確で仰々しい概念を十進法の数に関連させ、その特性を要約した。

注＝すでに、この書物で説明した概念を、ここでまた他の言葉で繰り返すのは、ある意図があってのことである。

そこで、数が、この生命の樹の体系で示される事実への最も近い研究方法となる。一例として四を考えてみると、この数はことさら、三に一を加えたり、二を二乗したり、八を二等分したりしてできたものではない。それ自体が一つのものであって、倫理的、実際的、知性的など様々な特性を具えている。四は法、抑制、力、保護、安定といった概念を象徴しているのである。

カバラの体系では、本来の概念は零である。(注) この零は三つの形をとって現われる。(中国哲学で) 道《タオ》が徳《テ》によってだんだん明らかに示されてきたり、(ヒンズー教の体系で最良のもののなかで) 破壊と絶滅の神、シバが、無限のエネルギーの女神、シャクティによって示されるようなものである。カバラの体系では、アイン——「無」と、アイン・ソフ——「無限」と、アイン・ソフ・アウル——「無限光」である。

いまや、観察用の点を選ぶため、この「光」のなかに何らかの点を仮定しはじめてもよかろう。そうすることによって、点が積極性をもつ。ここから1が生じる。この1はケテル、「王冠」と呼ばれる。その他の数は、次表に説明されているように、思考上必要があるため発生する。

ナポリ式取り決め（注）

61＝0
61＋146＝0　限定されていないもの（空間）として。
61＋146＋207＝0　可能な振動の基礎として。

1．点：明確だが定義できない。
2．点：一個の他のものと区別できる。
3．点：二個の他のものとの関係によって限定される。
深淵《アビス》——理想と現実のあいだのもの。
4．点：三本の座標軸によって限定される：物質。
5．運動（時間）——へー〔ヘブライ語アルファベットの第五字〕、子宮。運動によってのみ、また時間を経てのみ、出来事が起こりうるから。
6．点：いまや自意識がある、上記の表現でそれ自身を限定できるから。
7．歓喜（アーナンダ）の点としての概念。
8．思考（シット）の点としての概念。
9．存在（サット）の点としての概念。
10．7、8、9によって決定されるように、その補足物のなかで充分に発揮されるそれ自身。

注＝ナポリで、初めて完成したのでこのように呼ばれる。

上述したことから、これら十個の明確な数によって——だが数が一つでも少ないと駄目である——どんな特定の対象や概念でも明確に記述できることが理解されよう。

これまでのところ、厳正な数学的基盤の上に立ち、話の形を整えるためほんの少しだけ哲学的思索を織り混ぜて、論述を進めてきた。しかし、思考と感覚の対象を記述するために、星占い師と手を結ばざるを得ないのは、この点においてである。さて問題点は——付随する倫理的概念を純粋数に割り当てることである。これは一つには経験の問題であり、いま一つにはより古い経験から引き出された伝統の問題である。伝統をすっかり蔑んで捨ててしまうのは賢明ではないだろう。なぜなら、すべての思考は精神機能そのものの法則によって束縛されているし、また精神は祖先が積み重ねた思考がもとになり、何千年という長い年月をかけて各人のなかで発展を続け、形成されてきたものであるからだ。現在に生きるすべての人々の脳細胞は、器官や四肢が発達してきたのと全く同じように、過去の偉大な思索家たちのあとを引き継いで成長してきたのである。

今日ではプラトンやアリストテレスの名を耳にしたことのある人は極く少ない。そのなかでも、彼らの著作を——翻訳されたものであっても——読んだ者となると、千人に一人、いや一万人に一人もいないだろう。だがまた、現に見られるとおり、その思考が、この二人の人物の考え方に左右されない人も大変少ないのである。

　そういうわけで、生命の樹には、理想と現実を結び付けようとする最初の試みが見てとれる。例をあげてみよう。カバリストの言うところでは、7には金星の、8には水星の概念が含まれ、1と6をつなぐ径は月に、3と6をつなぐ径は双子宮に関係がある。

　それでは、これらの惑星と十二宮の、真実というカテゴリーにおける本当の意味は何であるのか。ここでまた、正確な定義は不可能であるという事実に突き当たることになる。なぜなら研究の可能性は無限にあるからだ。それにまた、いかなる研究のいかなる瞬間にも、一つの考えが他の考えと合体して、イメージの正確な定義を曇らせる。だがもちろん、これも所期の目的から外れていない。いずれもみな、「偉大なる光」へ向かう手さぐりの歩みである。この光に達すれば、それぞれが全く違っているがどれも必要である各部分を具えた、一つのものとして宇宙が理解されるのである。

　けれども、この仕事を始めるのは全くたやすい。初歩的な古典知識さえあればこと足りる。手始めに、大雑把な言い方をすれば、惑星の諸性質は、人間界の出来事に影響力のあった昔の占星術の考え方に従い、惑星の命名源である神々の性質に基づいて述べられている。それほどではないが、同じようなことが十二宮についても当てはまる。その性質については、利用できる情報はあまりない。だが、どの惑星がどの宮に対して支配的であるか、また、どの宮にあるとき惑星は興になるか、に注目することは役に立つだろう。個々の恒星はタロットの体系には入っていない。

タロットと生命の樹

　タロットは、これまで述べた理論的属性に基づいている一方、カバラにより予測、予言を行なうための実際的な手段として立案された。ゆえにタロットには抽象的概念が入りこむ余地はほとんどない。この著作の主題——タロットは『トート即ちタヒュティの書』と呼ばれる——は、「十個の数と二十二個の文字が人間に与える影響、および、それらの力を巧みに操作する最良の方法」である。それゆえ、生命の樹を記述する際に論じられた、消極の三重のヴェールについてはなにも言及していない。タロットの記述は、1から10までの「スモール・カード」で始まる。これらは四大に応じて四種の組札に分かれている。

　かくして、棒のエースは「火の力の根源」と呼ばれる。それはケテルに関係があり、火の概念の最初の明確な表明であると言われている。

　棒の2はコクマーと関係がある。しかし、2には、もはや火の概念の単一性はない。行動や顕現の概念は、もう純粋概念ではないのだ。

　このカードは、火星に支配される火の宮、白羊宮の最初の十分角《デカン》に属している。そして、激しい攻撃的な力の概念を与える。それゆえ「支配の主」と呼ばれている。この火の概念の低下は、カードの数が大きくなるにつれ徐々に進んでいく。5になるまでしだいに概念性が減じ、現実性が増していく。しかし、全体系の中心である太陽に対応する6になると、火の概念が埋め合わされて甦る。この6から複雑ではあるが純粋になる。この6をすぎると、人馬宮の十分角《デカン》の勢力下に入り、力がおのずと消費される、つまり霊性を帯びはじめるのである。だが火の力が最も定着するのは9である。この数は生命の樹の構成の基礎になっている。こういうわけで、9のカードは「力の主」と呼ばれる。火が浄化され、霊性化され、安定した状態になったのである。しかし10になると、完全な物質化と過剰を示し、火の効果はぎりぎり一杯のところまで押しやられる。その消滅が差し迫っている。だが火はこれに対して、外見は恐ろしい「抑圧の主」として姿を現わし、できるだけ反抗する。それでも、すでに発芽している凋落の種子はいかんともしがたい。いま述べた概要は、他の組札《スート》にも簡単に応用できる。

　絵札《コート・カード》の数は十六枚で、各組に四枚あることになる。そこで各組に四大要素がそれぞれ付与される。騎士《ナイト》は火の要素を表わす。したがって棒の騎士は火のなかの火の部分であり、杯の騎士は水のなかの火の部分である。同様に、王女（女帝とも言う）は地を表わすので、円盤（コインとも、万能章とも言う）の女帝は地のなかの地の部分を表わす。

　これらのカードは自然現象と多くの関わりをもっている。ゆえに、棒の騎士は白羊宮の属性をもち、素早い猛攻、「稲妻の閃き」を表わす。一方、火のなかの風の部分は、獅子座、エネルギーの一定した力、「太陽」に一致する。最後に、火のなかの水の部分では、人馬宮と調和している。この人馬宮は衰えていく霊性化した反応、つまり火のイメージの半透明化を示す。そして、このことは「虹」を暗示する。（三宮〔十二宮中、互いに一二〇度離れた三つの宮の一組〕表——十二宮の三幅対参照）。

タヒュティのアテュ(注)

一名、叡智の二十二宮
また一名、大アルカナの二十二枚

二十二というのは、ヘブライ語アルファベットの数である。それは『形成の書《セフエル・イエツィラー》』にある径《パス》の数でもある。これらの径は生命の樹の一から十までをつなぐものである。

なぜ径が二十二本あるのだろうか。二十二がヘブライ語アルファベットの文字の数だからである。一つの文字が一つの径に対応しているのである。

なぜ、そうでなくてはならないのだろう。なぜ、これらの径は図に示されている配列になっているのだろう。2と5を結ぶ径と、3と4を結ぶ径が、なぜあってはいけないのか。

こういう質問に答えることは不可能である。「ユダヤ人は言った、いかにしてAは、Gのように駱駝ではなく、雄牛にする許しを得たのか」（ブラウニング）。誰に分かろう。タロットを創案したのが誰であろうと、その人たちが採択し、一般に行なわれるようになった配列である、ということしか分かっていない。

さらに悪いことには、タロットはとても紛らわしく厄介にみえる。そのため、これらの偉大な賢人たちに対する信頼がぐらついてしまう。だが少なくとも、そういう心配をする必要はない。

ヘブライ語アルファベットの文字は二十二個である。四大に対する三個の「母」字と、惑星に対する七個の「複字」と、十二宮に対する十二個の「単」字である。

だが基本要素は三個でなく四個である。また、霊《スピリット》の要素（新参入者にとっては大事な問題である）も含めれば、五個になる。

それゆえ、アルファベットのうち二個は、二重の働きをしなくてはならない。火の要素は霊の概念に大変似かよっている。したがって、火に属する文字シンは霊も意味していると考えてよい。それには特別の理由がある。もっとも、時代が下って、霊は四大を支配するという教義が導入され、ヘブライ語のＩＨ*Sh*ＶＨ、イエヘシュアと関係のある「救済の五芒星」が形成されてからの話であるが。

地に関して言うなら、土星に属する文字タウは、地にも対応させるのが妥当であると考えられた。

このように一文字の役割を追加しているのは、約二千年前に魔術（*Magick*）における新発見を主張するため、タロットに一定の恣意的処置を加えた、動かない証拠である。ヘブライ語の体系以上に厳格な体系は

注＝アテュ：古代エジプト語で、宮つまり鍵のこと。タヒュティ：エジプトの神で叡智、魔術、科学、それに幻想を司る。コプト語〔古代エジプト語から発達した言葉であるが、今では廃れてただコプト教会の典礼にしか用いられない〕のトート、ギリシア語のヘルメス、ラテン語のマーキュリーに当たる。これに相当するヒンズーとスカンジナヴィアの神は穢れている。

ないからである。そしてセフェル・イェツィラーの体系は、ヘブライ語の体系の全要素中、一番深く根ざした要素であり、最も教義に関係が深い要素である。

　タロットの正当性は信念によるものではなく、その働きによっている。本来の干からびたカバラを変更する場合、それは経験によって正当化されてきた。他の数ではなく、ある一定の数を結ぶために径が選ばれるやり方についての（上にあげた）要点は、秘儀参入の事実と関係のある大切な教義を述べるために見つけ出される。タロットは、事実を記録するための地図帳であるばかりか、事前に知られていないこの国々の旅行の仕方を教えてくれる案内書でもある。

　中国を旅する人は、ユンチャン〔雲南省西部の町〕からピュペンまでは一〇〇里あるが、ピュペンからユンチャンまでは四〇里しかないと聞くと、初めはいくらか当惑する。そのわけは、里とは行進する時間の単位であって距離の単位ではないからである。この数値の違いから、ピュペンは山道をずっと登ったところにあることが分かる。

　タロットについても全く同じことが言える。棒の6は獅子宮の木星《ジュピター》と関係があり、勝利の主と呼ばれる。このことは、勝利とはどんなものかを示すだけでなく、勝利を獲得するために果たされなければならない諸条件をも示している。棒のもつ火のエネルギー、6が示す調和、獅子宮の不屈の勇気、それに木星が影響する、天秤を傾けるためのちょっとした幸運も必要である。

　こういう考慮は、アテュ、つまり大アルカナを論じる際に特に重要である。惑星は生命の樹のなかの数、すなわちセフィロトに、すでに表現されている。だが同時に、径の幾つかにも属している。

　その性向に取り立てて見るべきもののない語源学者たちが、宮を意味する言葉アテュに、フランス語の「*atout*」（切札）の語源を求めようとしたことがあった。「*atout*」が、「何の役にでも立つ」という意味の「*bon à tout*」を略したものであると示唆するのは比較的容易であると思えるのかもしれない。なぜなら、大アルカナはどれでも、どの組のどの札にも対応するからである。

　叡智の主であるタヒュティのアテュは、また鍵《キー》とも呼ばれる。それは行動への指針である。それは天国の地図を与えてくれるし、力ずくでそれを手に入れる最良の方法も教えてくれる。どんな神秘的な問題でも、完全に理解できてこそ、解決が可能になる。外側からの研究、外側からの行動は常に失敗に終わる。

　大アルカナの、この極端に特殊化した性格を理解するのは、この上なく重要である。

女帝と呼ばれるカード・ナンバーIIIの大アルカナが金星《ヴィーナス》を表わすということは、もし金星を厳密に占星術的観点から研究するなら、見かけよりも、ずっと少なくもずっと多くも見える、何かを意味するのである。

人は、実際の利益が部分的なものであっても、それを得るために全体的なもくろみを二の次にしてしまうものである。戦術と戦略の違いがまさにそれである。偉大な将軍は理屈中心に戦争を考えたりはしない。用兵に関しては厖大な知識をもっているだろうが、そのうちの極めて小さい範囲にだけ注意を集中する。特定の時間と場所に部隊を配置し、敵に対して部隊を最も効果的に使う方法を考えるのである。もちろんこのことは、大アルカナばかりでなく他のどのカードにも当てはまる。そしてどんな専門的研究についても言えるに違いない。もし店に入っていって、ある国の地図を求めても、完全なものは手に入らない。なぜなら、地図が完全なものに近づくにつれ、当然、世界に関連のあるものになるからである。一国の特質は隣接する国々などによって絶えず修正されているのが現状である。また、ごく普通の実際的な面で役に立つ地図であっても、完全なものを求めれば混乱が生じる。店員は、客が望んでいる地図が地質学的なものか、山岳用か、商業用か、人口分布を記載したものか、戦略的なものか、知りたがることになるだろう。いつもそういうものである。

それゆえ、タロットの研究者は、特定のカードに関する諸事実の注意深い選択、全く明確な魔術的目的のためになされる選択、それ以外に何かを見つけようと期待してはいけない。

けれども、タロットは、たった一枚の絵画的表象のなかに、その概念の有用な諸面のうち、できるだけ沢山のものを、本当に要約しようとしているのだ。どのカードを研究するにあたっても、その属性のいずれも無視すべきではない。なぜなら、どんな種類の属性も、そのカードの形態と色彩、ならびにその用法をまさしく限定するものであるからだ。この小論では、一節ずつカードを順番に記述していくが、対応するものをできるだけ数多く取り入れるよう努力するつもりである。

大アルカナのローマ数字(注)

大アルカナは、セフィロトのアラビア数字と混同するのを避けるため、ローマ数字の番号が付いている。この数字が0からXXIにまで及んでいることが、伝統に従うタロット研究家たちを悩ませてきた。0は愚者であると推定するのが適切であろうと思われていたらしい。愚者は価値のない存在で、なんの役にも立たない

注＝この部分の幾つかの節では、先に述べた言いまわしや陳述が、わずかに異なる言い方で繰り返されている。これは目的あってのことである。

からである。彼らは、カバラの意味する零の秘密の教理をただ知らなかったがために、このように推定した。彼らには数学の初歩が分からなかった。数学者たちが十進法を零から始めるのを知らなかったのである。

どういう理由でか想像もつかないが、彼らは〈愚者〉をXXとXXIのカードのあいだに入れた。このために真の秘儀を授かった者たちの目に、彼らが〈愚者〉と呼ばれるカードの意味を理解していないことが明白になったのである。それから彼らはIのカード、〈奇術師〉を文字アレフに配属した。この簡潔にして巧妙なやり方で、彼らはXXIの〈宇宙〉のカードを除いたすべてのカードの配属を誤ったのであった。

一方では、真の属性は聖域で充分に保護されていた。それが公開されたのは、「黄金の夜明け団」のプラクティカスの位階のメンバーに交付されている、秘密の文書が、一八九九年と一九〇〇年に同団の英国支部に起こった破局と、一九〇四年三月と四月に見られる全体としての団の再建の結果、世に発表された時だけである。0の記号の付いたカードを、数学者なら誰でもそうするように、適切な場所に置けば、すべての属性は自然な順序に収まり、それはどのような調査を通しても確認される。

けれども、ロープに一箇所ねじれがあった。

注＝これらのカードの古い表題《タイトル》は、それぞれ「力《ストレンクス》」と「正義《ジャスティス》」であった。適当でなく誤解のもとである。

調整《アジャストメント》と呼ばれるカードにはⅧと記されている。欲望《ラスト》と呼ばれるカードはXIになっている。自然の順行を維持するためには、欲望は天秤宮に、調整は獅子宮に属さなければならない。(注)これは明らかに間違いである。調整のカードには、実際に剣と秤を手にした女性が描かれているし、一方欲望のカードは女性と獅子の絵であるからである。

この転倒がなぜ起こったのかは、一九〇四年の三月と四月に事件が持ちあがるまでは全く理解できなかった。これについては『神々の春秋分点』に詳しい説明がある。ここでは引用文をただ一つあげておけばよかろう。「わが〈書〉に記された古《いにしえ》の文字はすべてまことのものなり。だが、צ《ツアダイ》は〈星〉ではない」(『法の書』第一章第五十七節)。このことが闇をいっそう深くしていた。「星」を第十八番目の文字ツァダイに帰するのが満足すべきでないことは明らかであった。そこで問題が生じた。その座に着くであろう別のカードをどうやって見つけ出すかである。このことに関し、信じられないほどの量の作業がなされたが、徒労に帰した。だが、かれこれ二十年後に解答が現われた。

スターはヌイト、つまり星をちりばめた天空を意味するのである。「私は〈無限の空間〉であるから、更には〈無限の星々〉」でもある(『法の書』第一章第二十二節)。彼女は二つの壺と一緒に描かれる。光の象徴である水を、一つの壺からは自分の身体に、もう一つの壺からは地球に注いでいる。これが〈宇宙の摂理〉の絵文字である。それは絶えずエネルギーを注ぎ出し、また絶えずそのエネルギーを再吸収する。永久運動の実現である。部分的に見れば決してそうではないが、全体的には間違いなく永久運動である。もしそうでないとすれば、何かが消滅して無に帰するわけだからだ。それは数理的に不条理である。カルノーの原理(熱力学の第二法則)は、有限の方程式においてのみ当てはまるのである。

「星」と取り替えられねばならないカードは「皇帝」である。皇帝のナンバーはⅣであって、権力、権威、法を意味し、白羊宮に属すると見なされている。これは大変満足すべきものと判明した。また、これによって、剛毅《ストレングス》と正義《ジャスティス》に関するいま一つの神秘も明らかになることが分かるや、この置き換えはいっそう申しぶんなく満足すべきものになった。というのは獅子宮と天秤宮は、この交換によって、十二宮の六番目の宮、処女宮の周りを回るものとして示されるからである。そしてこのことが、十二番目の宮、双魚宮の周りの白羊宮と宝瓶宮の回転と釣り合うのである。これは、ゴッドフリー・ヒギンスやその一派の人たちによって非常に深く研究された、古代人たちの独得の秘密に関連がある。ここで、その問題に深入りしても無駄である。しかし、その状態は、添付の図表によって充分明らかにされている。いまや、初めて完全な対称がタロットにおいて確立されていることが、一目で分かるだろう。

その交換の妥当性は、語源を考えれば明白である。偉大なる母《グレート・マザー》が*Hé*《ヘー》に帰属するのは当然である。ヘーはテトラグラマトンにおける偉大なる母の文字である。一方ツァダイは、ザー、ツアー、カイザー、シーザー、シニア、セイニャー、セニョール、シーニョアー、サーの語で示されているように、原初の音声体系における、皇帝の本来の文字である。

タロットとMAGICK《マジック》

マジックとは、意志に従って発生する変化を引き起こす、科学にして技法である。言い換えれば、それは純粋科学であり、また応用科学でもある。

この題目は、博士のJ・G・フレーザー卿により、充分に練り上げられたものである。しかし一般の語法では、*Magic* という語が、普通の人々が理解し難い分野の知識を意味するのに使われてきた。MAGICKという言葉がこの小論のなかで使われているのは、主として、先に述べた意味に限ってである。

科学の任務は自然を探究することである。最初に出てくる疑問は、「これは何であるか」、「どうやって実在するに至ったか」、「他の物体との関係はどうなのか」などである。習得した知識は、次には応用科学で使うことができる。そこで問題になるのは、「我々にふさわしく思える目的に合うように、これこれしかじかの事柄やら考えを、どうやれば一番うまく利用することができるか」である。一例をあげれば、それが明瞭になるかもしれない。

昔のギリシア人は琥珀（当時の人はエレクトロンと呼んだ）を絹の上でこすると、紙の小片のような軽い物体を引き寄せる力を得ることに気づいていた。しかし、そこまでしか彼らは手をつけなかった。彼らの科学は先験的タイプの神学論や哲学論によって眼を眩まされていた。この現象が他の電気的現象と関連づけられたのは、優に二千年を経てからだった。計測という概念は、アルキメデスや、天文学者たちのような数学に詳しい人々以外には、ほとんど知られていなかった。今日理解されているように、科学の基礎は二千年前には全く成立していなかったに等しい。莫大な量の知識はあったのだが、ほとんどみな、計測に基づかない質的な知識であった。諸現象の分類は、主として空想的類推によった。「一致」とか「特徴」の原則は非現実的類似に基づいていた。コルネリウス・アグリッパはイルカと渦の間の「反撥」について書いた。もし売春婦がオリーヴの樹の下に坐っているなら、その樹には、もうこれ以上実がならないであろう。もし何かが他のものに似ているなら、なぜかはよく分からぬが、その特性を共にしたのである。

このことは、今日、多くの人にとって、単なる迷信的無知とか戯言《たわごと》と思われるが、必ずしもそうではない。昔の分類体系は、それ自体、有効な場合もあれば不適当な場合もある。しかしいずれの場合も、あまり役立たなかった。とはいえ自然哲学者の生まれながらの独創力は、彼らの理論上の弱点を大部分埋め合わせたのである。そして結局彼らは、計測の概念を導入する気持ちになったのである（特に錬金術によってである——この分野では仕事の性質上、観念論的所見に現実を付加する必要があったからである）。現代科学は、その革新に伴う実際面の成功に酔いしれているが、測定不可能な事柄には単に門戸を閉ざしているだけだ。保守主義者はそれを論じるのを拒んでいる。だがその損失は計り知れない。厳密に物質的特性だけにすがり付いて離れない観念が、真の人間的価値観すべての妨害となっている。

タロットという知識体系は、この昔からの考え方にそっくり根ざしている。タロットに関わり合う推定事項は極めて明確であるが、比較し難いものや計量しえないものを忘れ去ることは決してなかった。

　アニミズム説は、常に中世の職人たちの心中に存在していた。どのような自然物も物質的特性を所有するだけでなく、その物質が依存する、多少とも明白な観念の顕現であった。プールが水溜まりであるのは間違いのないところだが、同時に水の精《ニンフ》が住む場所でもあった。そのニンフは上級のニンフに従属していた。そして上級のニンフは、特定のプールに属するというよりは、プール一般に所属していた。そういう具合で最高位の水の公主まで行きつく。もちろん彼女は、全四大の全般的支配者に従属していた。巡査の上に巡査部長、警部、警視、総監がいるのと全く同じことである。上に行くにしたがって次第にぼやけて関係が薄くなり、ついにははっきりしない内務大臣に到達する。そして内務大臣自身は、国民の意志と呼ばれる、完全に摑みどころのない厖大な幻影の奉仕者である。

　これらの存在の擬人化が、古代人たちによって、どの程度まで実在として考えられたかは疑わしい。しかし理屈では、一対の眼を具えた人は誰でもプールを見ることができるが、何かの偶然によらなければニンフを見ることはできないとされていた。しかし優れた人たちは、追求し、研究し、実験することによって、この全体に及ぶ力を獲得するかもしれないと考えられた。この分野でさらに進んだ人は、いっそう敏感であるので、上級の種類の生命と真のつながりを持つことが可能だろう。その人は自分の眼前に、その生命体を物質的な形態で出現させることがたぶんできるのであろう。

　この考えは主にプラトン的観念論に基づいている。この観念論は、どんな物体も、ある理想的完成状態の、純粋でない不完全な複製であると主張した。それゆえ、精神科学や哲学の面で進歩したいと願う人たちは、純粋概念を自分自身のために明確な形で表わそうと常時努力を続けた。彼らは個別から普遍へ進もうとした。そして、この原則が、通常の学問に非常に役立ったのであった。$6+5=11$とか、$12+3=15$とかいった数式は、いずれも取るに足りない。一般項で方程式を記すようになって、やっと進歩が見られた。$X^2-Y^2=(X+Y)(X-Y)$が、ある数の平方から別の数の平方を減じる、あらゆる場合を包含する。それゆえ、無意味と思えるものや抽象的なものが理解される場合は、よく分かるものや具体的なものより、はるかに大きな意味をもつ。

　これらの考察は、タロット・カードにも当てはまる。棒の5の意味は何であろうか。このカードは火の主の支配を受ける。なぜなら、このカードは魔法の棒《ワンド》であるからだ。また数が5であるため、ゲブラーのセフィラに従属する。それはまた、獅子宮と土星に属する。そのわけは、この惑星と宮が棒の5の性質を決定するからである。譬えて言えば、ドライ・マティーニには、杜松《トショウ》、アルコール、白ワインと香料植物、レモンの皮、氷が入っていると言うに等しい。それは様々な成分がよく調和した合成物で、一度混ぜ合わされると、そこから原料を分離することは極めて難しい。だが、各成分がその混合物に必要なのである。

それゆえ、棒の5は一つの個性《パーソナリティ》である。その特性は「闘争」という名でタロットのなかに要約されている。

占いにおいて、消極的な意味では、このカードは「争いが起ころうとしている」であり、積極的な意味では、正しい行為は闘うことである、となる。しかし、このカードには、それ以上の特徴がある。二人の天使によって支配されているのである。一つは光の時間の天使で、もう一つは闇の時間の天使である。それゆえ、このカードの特性を用いるには、関係する天使と意思を疎通させ、彼の機能を働かすよう説き勧めるのが、一方法である。こういうふうに、三十六枚のスモール・カードにあてがわれた、七十二人の「天使」がいる。この天使たちは、シェムハムフォラッシュという名の、七十二種の「神の偉大なる名前」に由来する。

シェムハムフォラッシュとタロット

この語は、分割された名称、を意味する。その「名」とは神名を示す四文字、I・H・V・Hであって、普通にはイェホヴァと呼ばれる。全宇宙を根本的に構成する四大の最高神である。

「出エジプト記」にある三節（第十四章第十九・二十・二十一節）は、それぞれ七十二文字から成っている。まず第一の節を書き留め、その下に次の節を前後を逆に記し、さらにその下に最後の節を普通に書き写すと、各三文字の縦の行が七十二個できる。これらを上から下に読む。その語が男性であればALを、女性であればAHを語尾に添える。この天使たちは、また、十二宮のクワイナリー、つまり五度分角にそれぞれ属している。しかし他にも数え切れないほどの天使、悪魔、神秘的化身、各三宮の主、下級天使やら、またそれらに対応する悪魔もいる。これらの配属関係をすっかり学んでも全く役に立たない。何か特別の意図で彼らの一人と実際に通じ合いたい場合にのみ必要となるであろう。これらの事柄は、完全さを欠かないようにするため、ここで引き合いに出したのである。学問を衒《てら》うために脇道に逸れることを辞さない人には、タロットの生命力はすべて失われてしまうであろう。

タロットと儀式魔術

こういうわけで、タロットは召喚《インボケーション》や喚起《イーボケーション》の、純粋に魔術的な技法と密接に結びついている。召喚によって、活動させたい自己の一部の最高で最も純粋な形態への熱望が意図される。

喚起のほうははるかに現実的である。完全な共感を必要としていない。呼び起こされた天使に対するこちらの態度に、表面的には敵意が見えることさえあろう。もちろん、その場合、秘儀伝授に立ち会う先達が高位であるほど、敵対観念は心中に起こらなくなる。「すべてを理解することは、すべてを許すことである」。こうして、ある特定のカードを理解するために、差し当たり、自己を相手と完全に同一視しなければならない。そして、これを行なう一つのやり方は、そのカードを支配している天使に説き勧めるか、無理矢理にか、こちらの五感で感じられるよう姿を現わしてもらうことだ。というのは、上述したように、宇宙についての古代の理論には、自然界のいかなる物体にも霊的守護者がついているという命題が含まれているからである。大雑把に言えば、この論は炉床や楣《まぐさ》石の神々、またそのほか、剣や槍に関心があると考えられる天使や妖精の作ったものには適用されるが、例外はあるものの、大量に製造された物体にはあまり当てはまらない。とりわけ強力な武器は、全く人間の手では製作されず、火山や妖精の世界で鍛造され、そのために超自然的な力が具わっている、という噂があるようだ。幾振りかの剣には名前がついていて、生命をもつものと見なされていた。もし所有主が、その剣にふさわしく人を切らずに、いい加減に扱う場合は、剣は窓から飛び出しがちであった。

タロットとアニミズム

それゆえ、至極当然のことだが、諸概念の表現が、絵画によるにせよ文字によるにせよ、極く少数の者は別として、一般の人々の理解を超えていたり、書かれた書面自体が魔術的だと思われたり、(現行の)印刷術は悪魔の発明であると考えられたりする場合には、人々は象形文字(書かれたもの、描かれたものの別なく)を、内部に力を秘めた生あるものときっと見なすであろう。今日でも、謎めいたシュロップシャー州の何軒かの家では、来客がバイブルの上に別の本を載せると、二度と敷居をまたいでくれるなと言われる。また、生命のない物体に習慣的な働きがある、と各地で考えられている。例えば戸口につける蹄鉄型の魔よけである。そういう迷信が、そっくり揃っている。どういうわけで迷信が生じたかの問題は、必ずしも満足がいくようには解明されていない。「十三人が食卓に着く」という無意味な迷信は、最後の晩餐の言い伝えに（莫迦げているが）由来している。（ところで、その十三人が食卓に着いたのは、それが初めてではなかったろうに。）

しかし本当に原始的な迷信は、そう簡単には説明できない。あまりにも数少ない事実から概括するという、非科学的習慣（これが科学者のあいだでは極めて普通のことになっていた）から迷信が発生したというのが、いっそう当たっているようだ。満月の夜に出発した狩人が短期間のうちに何人も死ぬということが、偶然に起こるかもしれない。昔から言われている虚偽である前後即因果の虚偽《ポスト・ホック・プロプター・ホック》が生じ、村人たちは、「満月に狩りに出かけるのは縁起が悪い」と言うだろう。これが数世代にわたって繰り返し言われると、精神的怠惰のおかげで影響力が増すようになる。そして、それを妨げるものはなかろう。なぜなら、タブーがあるため、元々の偶然の一致が再び起こりそうもなくなるからである。けれども、類似したことが新月の夜に起これば、新しい迷信が生じるだろう。やがて、月に関するタブーは完全に結び付くことになる。

最近の実例をあげよう。故S・L・メイザースが、『術士アブラメリンの聖なる魔術の書』を翻訳し、一八九八〜九年に少部数の私家版で出版した。数百人の人々がそれを買い求めた。そのうち、訳者が直接観察していた特別のグループは全員、もしくはほとんど全員、不運に見舞われた。一年経たないうちに、その本を自宅の書棚に置いておくのはひどく危険である、と人々は言うようになった。

この理屈は統計学的な調査に耐えることができたろうか。誰に分かろう。しかし全く奇妙な話なのだが、一九三八年になり、うっかり放っておかれた一冊が、人目につかない書棚の隠れ場所から取り出された。するとただちに、当事者の大部分に災難が降りかかったのである。また当事者と親密な関係にあった人々も同じ目に遭ったのである。ポスト・ホック・プロプター・ホック。しかし、誰が確信をもちえよう。

生命体としてのタロット・カード

超自然力に対する勝利で意気揚々たるヴィクトリア朝の自然科学が、測定不能のものを「領域外」と宣言したのは全く正しかった。技術上の立場から、そう言う権利を有していた。またサイエンス攻勢の戦略上、必要であった。しかし、その領域を限定したために、窮地に立った。哲学からの最も致命的な攻撃に、わが身をさらしてしまった。そのあと、自陣営の戦略家たちが、特に数理物理学の角度から、その教条主義を露呈した。今日の科学の本質は、ライプニッツ、スピノザ、ヘーゲルの不明瞭な推測以上にはるかに不可解である。現代の物質の定義を読むと、リュブリュキ、ベーメ、モリーノスのような神秘主義者が述べた、精神の定義を否応なしに思い出す。現代の数学者の心にある宇宙の概念は、奇妙なことに、ウイリアム・ブレイクの戯言《たわごと》を思わせる。

　しかし神秘主義者たちは、敬虔であった点で、全員間違っていた。自分たちの考える神秘が、分析の対象としては神聖すぎるという見解を抱いていたのだ。彼らは計測の概念を導入すべきであった。正しくこのことを、魔術家とカバリストはやってのけた。その困難点は、計測単位自体にいくぶん融通性があったことである。そのため、結果が文章表現になりがちであった。彼らがくだした定義は、今日の物理学者の定義同様、回りくどいものであったが、後者ほど移ろいやすいものではなかった。彼らは正確に測定しようと努めたが、その方法が経験的であったばかりでなく、使用可能な精密測定法と標準的装置が欠如していた。なぜなら、彼らは真の科学的理論をまだ編み出していなかったからだ。

　しかし、彼らが成功したものは多数あった。そのすべてが、個人的技量に依るものであった。だがどちらかと言えば、病気の吾が身を託すのは、バトル・クリーク〔測量技師たちとこの土地のインディアンとの衝突が一八二四年にあった〕の測量技師よりも、生え抜きの医者にしたいだろう。

　昔の化学と現代化学の大きな相違の一つは、自然な状態にある物質には、どういうわけか生命がある、という錬金術師の考えが入っているかどうかである。現代の傾向は、計測可能にこだわることである。博物館に行くと、幾列にも並んだ球形のガラス器やガラス瓶が目につく。そのなかには、人体を構成する化学物質が入っている。しかし、そこに収まっている物質は、とても人間とは言えない。まして、それでもって、トムノディ卿とビル・サイクスとの違いを説明できるわけがない。十九世紀の化学者は阿片を分析してアルカロイドを分離しようと骨身を削っていた。どちらかと言えば、時計を動かす原理を探ろうとして、時計をばらばらにしている子供のようであった。化学者たちは成功したが、それほど有益な結果は得られなかった。モルヒネには、阿片よりも催眠作用のずっと直接的な効果があった。その作用は速やかで激しかった。しかしまた、モルヒネは非常に危険な薬物で、しばしば悲惨な結果を招いた。その作用は、阿片のなかに存在する、他の二十余種のアルカロイドによりかなり緩和される。アルコールの酔いの効果は、二十九年産のリシュブールを飲むか、合成ジンを飲むかに応じて違っている。さらに驚くべき例がヴェネズエラから届いている。この国では、飛脚がココ椰子の葉をよく噛み、一日に一〇〇マイルを走り、そのあと疲れがとれるまで眠るという。副作用はなく、習慣性もない。だがコカインとなると話が違う。タロットの達人ならいとも簡単に言ってのけるだろう、「人間は生きており、植物も生きている。したがって、我々は植物と親しくなることができる。まず初めに植物を殺す人は、厄介事を求めようとしているのだ」と。

今ここで述べていることはすべて、タロット・カードの制作者と使用者、彼らの自然の取り扱い方、実験をする際に早く終わらせようと思いすぎないこと、などを弁護するためである。彼らは、激しく沸騰させれば何もかも台無しになるであろうと考慮して、何週間も何カ月も、混合物を太陽の光や月の光にさらすであろう。自然による処理（彼らはそう呼ぶだろう）は、ゆっくりしていて穏やかである。自然のやり方を真似よう！

たぶんこういう考え方には、充分な根拠があったのだろう。経験からその結論に達したのである。

この文は、タロットを理解するのに肝要な論文への序説として書いている。ある意味では、それぞれのカードに生命がある。そして、一枚のカードと、その周りのカードとの関係は、吾人が外交的と呼ぶ関係である。タロットを学ぼうとする人のために、これらの生命をもつ宝石を積み上げて、生命ある聖堂を築くのである。

第二部

アテュ

0．愚者（注）

このカードは、ヘブライ語アルファベットのアレフに対応する。アレフの意味は雄牛であるが、ヘブライ文字の字型により、鋤の刃を表わすとされる。したがって、本来的には男根を表わす。ヘブライ語の三母字、アレフ、メム、シンのうちの最初の文字である。この三つの文字は、タロットのいろいろなカードのなかで、三つ組で様々な意味を表わす。火・水・風、父・母・息子、硫黄・塩・水銀、ラジャス・サツトヴァ・タマスなどである。

このカードで重要な点は、番号がゼロということである。したがって、「生命の樹」より上の消極、すなわち万物の根源を示している。それはカバラのゼロである。すなわち、宇宙の平衡であり、対立物の最初である。最後の均衡なのだ。それゆえ、このカードでは、風は第五元素的な意味での空《くう》である。

中世の版では、このカードの名は、ル・マトである。これはイタリア語で狂人あるいは愚者を意味するマット（Matto）からきている。この名称の妥当性については、後に詳述する。しかしここに別の補完的ともいえる説がある。タロットの源は、エジプトにあるという説であり、マト（このカードは全カードの要《かなめ》である）は、マウトを象徴していると考えるのである。マウトは禿鷲の姿をした女神である。マウトはヌイトの観念を修正して表現したものであり、この点イシスよりも古く、より崇高である。

禿鷲に関連した二つの伝説がある。一つの伝説では、この鳥は渦巻形の首をしていると考えられている。このことは、宇宙の形、つまり宇宙というエネルギーの形は渦巻形であるとする理論と関連があるようだ（最近アインシュタインがこの理論を復活させたが、ゾロアスター〔紀元前六〇〇年ごろのペルシアの宗教家〕もその神託でこれに触れている）。

もう一つの伝説は、禿鷲は風を媒介にして、種を繁殖させるという考えである。換言すれば、元素〈風〉は、あらゆる存在物の父と考えられているのである。これと同じ考えが、ギリシア哲学のアナクシメネス派に見られる。

したがって、このカードは、言葉の最も抽象的な形において、父と母の両者を表わす。これは決して混同ではなく、男性、女性の同一性を深く洞察したもので、生物学に照らしても正しい。受精卵は当初、性別がない。性別が決まるのは、その後の発生の過程で働く未知の決定因子によるのである。

最初は奇妙に思えても、この考え方になじむことが

注＝「愚者《フール》」の語源は、「フォリス」（風の袋）である。語源学でも空気と関連づけられている。また、頬をふくらませて息を吐き出す仕種《しぐさ》は、ナポリの手話では、ひと騒ぎ起こす覚悟があることを示す。さらに品のない例としては、英国の民主主義の擁護者たちが他人に愚行の責を負わせる際に発する「レロレロ」音があげられる。

必要である。物事の女性的な面を思い浮かべようとすると、ほとんど同時に、釣り合いをとるかのように男性的な要素が思考のなかに現われる。この同一性は、哲学的に言って完全である。ただし、後にゼロの公式「(+1)+(−1)」の問題を考えなければならない。その結果は、テトラグラマトンの考えの術式化である。

テトラグラマトンの術式

本書では、タロットは全面的に生命の樹に基づいており、また生命の樹はテトラグラマトンと根源は同じであると述べている（四三、五九頁その他参照）。これを以下のように要約することができよう。

父と母の結合により双子が生まれ、息子は娘のところへ行き、娘はそのエネルギーを父に戻す。この変化の循環によって、宇宙の安定と永遠性が確保される。

タロットを理解するのに必要なのは、母権制（および異族結婚）の時代まで歴史を遡ることである。その時代の王位継承は、王の長子によらず、王女を通じて行なわれた。すなわち王は世襲でなく、征服者がなったのである。最も安泰な王朝では、新王はすべて、よそ者か異国人であり、しかもその男は旧王を殺して、王女と結婚しなければ、王になれなかった。この方式により、王たる者はみな力が強く、有能であった。よそ者は、王女を得るために公開の競技で優勝しなければならなかった。最古のおとぎ話のなかでは、この主題が絶えず繰り返される。野心家のよそ者は、吟遊詩人が多く、ほとんどの場合変装しており、それも醜い姿が多かった。美女と野獣の典型である。対照的に、王女のほうもしばしば姿を変えていて、シンデレラとか、魔法をかけられた王女の例がある。アラジンの物語は、技巧的な魔術の話を折りこんで巧妙に構成された、寓話であった。ここに見られるのが、さまよえる王子の伝説の原型であり――その者が、常に「一家のなかの愚か者」である点は注目に値する。愚かさと聖なることとの間には伝統的な関係がある。一家の持て余し者に、坊主にでもなれ、というのは単なる戯言《ざれごと》ではない。東洋では、狂人は「霊にとりつかれた者」すなわち聖人、あるいは予言者とされている。この同一性は、一般的になっており、実用上の言葉に折りこまれている。“Silly”（愚かな）は空《から》を意味し――真空――ゼロ――「底ぬけバケツ、つまり役立たず」のように使われる。そして、この silly は「神聖な、至福の」を意味するドイツ語の selig から出ている。無邪気さが、愚者の最も顕著な特徴である。後でも触れるとおりこの論点は重要である。

王位継承を確実なものとするため、工夫されたことが二つある。第一は、王にふさわしい血が、王の血筋となることである。第二は、外部の強い血を入れることによって血統を強化し、うち続く近親結婚によって衰亡することがないように配慮したことである。

ある場合には、この考えが遠くへ追いやられることもあった。変身した王子に、大変な策略が用いられていたことも考えられる。もしかすると、父王が、ひそかに王子に紹介状を持たせていたかもしれない。要するに、そのような原始時代にあっても、それ以前からよくみられた政略が通用していたのである。

この慣行が発展していく様子を調べた、みごとな作品が、フレーザーの『金枝篇』である。(枝が王女の象徴であることは疑いない)。「王女の身体は輝き、精巧な金細工の衣装を着ていた」。

どうしてこのような展開が可能であったのか？

政略を弄することに対する、反動があったのであろう。讃美の対象は、まず「強盗紳士」であったが、最後には単なる悪党の首領となったのは、昨今のヴィクトリア時代に対する反動の風潮と同じである。「さまよえる王子」の信用度は、つぶさに調べられた。逃亡犯でなければ、競争者として選ばれる資格はなかった。公開の競技で優勝して、王女を手に入れ、なに不自由なく暮らし、旧王が死ぬと円満に王になるというのでは不充分で、みずからの手で旧王を殺さなければならなかった。

一見して、この図式は極端に男性的な、巨大なブロンドの野獣と、極端に女性的な、羽布団に豆が一つでも入っていたら眠れないというような、たおやかな王女との結合のように思えよう。しかし、そのような象徴性は自滅し、軟は硬に変じ、粗野は柔和に転ずる。図式を詳しく調べると、対立物の同一性がよく分かるようになる。鳩は、ウェヌス(イシスまたは聖母マリア)の鳥であるが、また聖霊の象徴つまり最も昇華された形での男根の象徴でもある。したがって父と母の同一性を見ても、驚くにはあたらない。

崇高な観念が世俗化すると、その象徴が外面にはっきり表われにくくなるのは当然である。神官の職掌は密儀の開陳と解釈である。しかし偉大な神官といえども、全く曖昧な象徴に直面すれば、それを「犬にでもわかる」形にまで落とすしかない。これを行なうにあたって神官は第二団の象徴、つまり第二団の秘儀参入者たちの知力に適した象徴を示すことを余儀なくされる。しかし、普遍的でなく、並みの表現では説明できない象徴の場合は、知的能力の高い特別の人々――神官はこのような者こそ参入させなければならない――に適用されるべきである。このような事実が、俗人の目には、おとぎ話や寓話や伝説、場合によっては教義のように映るのである。

「愚者」の包括的な象徴を考えるにあたって、全く異なった言い伝えが幾つかあるが、いずれも明快であり、歴史的にも非常に重要である。

以下にそれらを別々に取り上げるが、その目的は源流の考えを理解することにある。

春の祭りの「グリーン・マン」。「四月ばか」。聖霊。

この伝承は、平均的農民の理解に適した、原始的思想を表現している。グリーン・マンは、春の自然現象を生じさせる、神秘的な作用が人格化されたものである。その理由は説明困難であるが、事実そうなのである。無責任、気まぐれ、理想主義、空想、現実ばなれした夢想などの考えと、深い関わりがある。

愚者は、春がめぐって来るたびに、人々の心のなかに目覚める。皆がとまどい困惑ぎみでいる時、儀式的な方法で意識下の衝動を発散させるのは、有益な風習であると考えられてきた。それが、容易に告白できるようにする方法なのであった。また、これらの祭りは完全な自然現象を、いっさいの自己反省なしに、最も単純な形で表現したものということができる。特に注目すべき風習は、復活祭の飾り卵と「四月ばか」である。(救世主の魚のことは、本稿中で別途論じる。春分点歳差の作用で、春の始まりは、太陽が白羊宮に入った時であるが、記録の残っている最古の時代には、太陽が双魚宮に達した時が、春の始まりであった。)

ケルト族における「偉大なる愚者」(ダルーア)

この考えは、前述した純然たる自然のままの現象がかなり進歩したものである。偉大なる愚者には明確な理論がある。世界は常に救世主を求めている。そして当該の理論は哲学的に理論以上のものである。すなわち単純な事実である。救済は、どのような意図のものであれ、〈筋の通った〉言葉では説明できない。理屈をもってすれば行きづまり、破滅する。狂気、聖なる狂気のみが、解決を与えてくれる。大法官の法律は役に立たない。立法者として相応しいのは、モハメッドのようなてんかん質の駱駝使いか、ナポレオンのような誇大妄想狂で田舎者の成り上がり者か、カール・マルクスのように亡命者にして、学識と狂気が三対一の割合で混じっている、ソーホー地区の屋根裏部屋の住人のような者たちである。彼らに共通しているのはただ一点、みな気違いである——別な言い方をすれば、霊感を受けているという点である。ほとんどの原始人には、それほどはっきりした形ではなくとも、伝統的にこの傾向がある。彼らは、さまよい歩く狂人を尊敬する。神の使者であるかもしれないからだ。「これが怪しい流れ者か？　丁寧にもてなそう。天使かもしれないのだから」。

この考えと密接な関係があるのが、父性の問題である。救世主が求められている。その資格として確実に求められるのは、並みの人間であってはいけないということである。（福音書に出てくる人々は、イエスをメシアと認めることに難色を示した。それは、彼の出身地がナザレという、誰ひとり知らぬ者はない町で、しかも、母親も、家族のことも、よく知られていたからである。要するに、彼らの言わんとするところは、イエスは救世主としての資格がないということであった。）救世主は、特別に神聖な人でなければならない。普通の人間であるということは信じがたい。少なくとも、母は処女であり、これと釣り合うには、父親も並みの人間であってはならない、つまり神でなければならない。神は実体のない脊椎動物であると考えられているため、何か具現化する必要がある。狼の姿をしたマルスでもよいし、ユピテルの姿が牛でも、金の雨でも、白鳥でもかまわない。あるいはイェホヴァが鳩であっても、何か空想上の生き物でもよろしい。なるべくなら、何か動物の姿が望ましいというだけである。この伝承は、さまざまな変形があるが、一つだけ共通しているのは、救世主の出現は、完全に常軌を逸した、何か異常な事件の結果である点である。このことで、理屈がからむと話が根底からくずれてしまう。そして、何か具体的な像を求める向きに、答えとして示されたのが愚者である。（聖書でも同様な要求に応えようとしている。ヨセフとイエスの「彩れる衣」が注目に値する。道化役の服を着た男（注）が、民を捕われの身から解放するのである。）

後述するが、この考えと深く結びついて二つの考えがあって、その一つは父性の神秘であり、もう一つは、〈大いなる業《わざ》〉の一段階における、錬金術による水銀の真珠光沢である。

「富める漁師」、パーシバル

パーシバル〔アーサー王宮廷の騎士〕の伝説は、救世主、魚神、聖杯などの神秘と同じ部類に属するが、その起こりについては諸説がある。そもそもの発祥の地はブルターニュである。ブルターニュというのは、魔術を愛好する土地で、マーリン〔アーサー王を助けた有徳の魔法使い・予言者〕やドルイド〔古代ガリア・ブリテン・アイルランドのケルト族の間に行なわれたドルイド教の

注＝彼を「ハーレクィン」と呼べば、聖家族を茶化したテトラグラマトンが現われる。まず、パンタローネ。これは年老いた、「旧式の道化役」である。次はクラウンとハーレクィン、すなわち道化師《フール》の二つの姿である。続いてコロンバインすなわち聖母である。しかし、茶番化が進むにつれ、伝承が混乱してしまい、まじめな意味がなくなってしまった。その例をあげると、中世の宗教劇「ポンティウスとユダ」が、「パンチとジュディ」という道化芝居になった。それもその時々の話題を取り入れた変形が多い。

祭司。予言者・詩人・裁判官・魔法使いなどでもあった）や、ブロセリアンドの森の地である。一部の学者の推測では、この伝承のウェールズ版が、アーサー王伝説に重要な役割を果たし美をそえたが、その出現はブルターニュ版より古い、ということである。このことは、ここではあまり関係はないが、大切なのは、フールの伝承同様、この伝承の起源が完全に異教徒のもので、ラテン系キリスト教本を経由して伝わってきたことである。ノルディック系の伝承にはその片鱗も見られない。（パーシバルとガラハッド（円卓の騎士中最も高潔な騎士）は純潔であった。純潔は、聖杯の守護天使の条件であった）。さらに、救済の山、聖杯の故郷《ふるさと》、聖杯守護の騎士団の砦であるモンサルヴァットはピレネー山脈にあることも注目に値する。

ここで、パーシバルの人物紹介をするのが適当であろう。彼が、フール伝承の西洋的類型の代表であり、その伝承の詳細は、学究的な秘儀参入者によって作られたからである。（ワーグナーの楽劇「パルシファル」の筋書きは、当時のO∴T∴O∴の長が書いたものだった。）

パルシファルの原型は、デル・ライネ・トールすなわち純粋なフールである。パルシファルの最初の役柄は、白鳥を射殺することである。それは、無邪気な気まぐれである。第二幕においては、無邪気さのおかげで、クンドリーの園で女たちが仕掛ける誘惑に打ち勝つ。クリングゾールは、悪い魔術師で、みずからを不具にして生きるための条件を守ろうとするが、自分の帝国に対する脅威を受けて、聖槍（救済の山から盗み出したもの）を、パルシファルに投げつける。しかし、その槍はパルシファルの頭上に浮いたままである。パルシファルは、これを手でつかみとる。つまり思春期に達したことを意味する。（この変身が、象徴的な別の寓話にも出てくることは後述のとおりである。）

第三幕では、彼の純潔さは神聖な段階にまで高められる。入会して聖職者となり奇跡を行なう。聖金曜日、すなわち暗黒と死の日である。パルシファルはどこに救いを求めるのか？　モンサルヴァット、救いの山を長いあいだ探し求めるが見つからない。槍を拝むと、長らく閉ざされていた道が開く。場面が急転回するので、彼は動く必要もない。そして聖杯のある聖堂にたどりつく。本当の儀式宗教はすべて、太陽崇拝、男根崇拝の性格をもつ。アムフォルタスの傷によって聖堂の霊験はなくなる。（アムフォルタスは、死にゆく神の象徴である。）

したがって、難局を切り抜け、死を亡ぼし聖堂を再び聖別するためには、槍を聖杯に突き刺すだけでよかった。そして、クンドリーのみならず自分自身をも救ったのである。（この教理を充分に認識できるのはO∴T∴O∴第九位階〈グノーシスの至高聖所〉のメンバーだけである。）

「鰐」（セトの息子のマコ、またの名はセベク）

前に述べたのと同様に、最も純潔なものが最も豊穣であるという教理が、古代エジプトの鰐の神セベクの象徴に見られる。この伝承によれば、鰐は種の維持のための機能を授かっていない（前出の禿鷲マウトの場合と比較せよ）。これにもかかわらずではなく、まさにこのゆえにこそ、セベクは創造力の最高の権化とされた。（フロイトが、この明らかなアンチテーゼを説明しているので後述する。）

ここで再び、動物たちに登場ねがい、救い主の父になってもらうこととする。ユーフラテス河の岸辺で、人々は魚神オアネス、別名ダゴン（ペリシテ人の半人半魚の主神。ダゴンを女神としたのはアタナシウス・キルヒャーであってそれ以前は男神である）を崇拝した。父性あるいは母性、すなわち生命の維持の象徴としての魚は、繰り返し現われる。アルファベットのN（ヌーンは、ヘブライ語で魚の意）は、魚の意味を表わした原始の象形文字である。この文字を繰り返すことによって、心にある種の精神作用がひきおこされる。このように多くの神や女神、名祖《なおや》となった英雄達の伝承は、アルファベットのNの動きを表わしている。（この文字に関しては、アテュXIIIを参照。）これと関連があるのが、「北」である。それゆえ、北極星周辺の星空や、北風にも関わる。また、水の徴候に関係がある。こういうわけでNは洪水や魚神の伝承に現われる。注目すべきは、ヘブライ神話における英雄はノアである。魚が象徴として選ばれたのは救い主つまり男根を表わすからで、その助けにより、人は水死を免れるのである。現在の南部イタリアおよびその他の地方で共通してこの神にたてまつられている名前は、イル・ペスケである。そして、対応する女神クティスは、ヴィシカ・ピスキスすなわち魚の浮き袋で表わされ、その形は数多くの教会の窓に示され、儀式用に司教がはめる指輪にも見られる。(注1)

ユカタン半島の伝承では「羽毛に覆われ海からやってくる年老いたもの」のことである。この伝承は人間が海棲動物であるという事実に関連ありとする者もいる。我々の呼吸器には、退化した鰓《えら》が今でも見られる。

ホール＝パアル＝クラアト(注2)

複雑な神々の系譜には、この教理の具体的象徴が見

注1＝
「IXΘYCは魚の意味で、キリストをみごとに象徴している。」
―『ザ・リング・アンド・ザ・ブック』
この語は、イエス・キリスト、神の子、救世主（Iesous Christos Theou Huios Soter）のノタリコンである。

注2＝愚者《フール》はまた、牧神《パン》の姿をしている。これについてはアテュXVで詳述する。文字は半母音のアインであり、アレフと同類である。

られる。ハーポクラテスは、沈黙の神であり、この沈黙は特別な意味がある。（補遺参照。）第一はケテル、純粋な「無」を表わす形として作られた純粋な存在物である。その顕現法によれば、ケテルは、「1」でなく、「2」であるが、本質は、「0」であるから、単なる「1」である。彼は存在する。「エヘイエー」が彼の神名であり、「我あり」または、「我あらん」の意味であるが、彼は「存在しない」という言い方の別な表現にすぎない。「1」はその生まれたなにもない所に通ずるからである。したがって、顕現法としては、「2」を用いるしかない。そしてその表示は無音でなければならない。なぜなら「3」すなわちビナー——理解——の数はまだ明確にされていないからである。言い換えれば、母がないのである。「1」のすべては、この顕現の推進力である。それは、沈黙裡に行なわれなければならない。すなわち、推進力以外にはなにもなく、それは明確に表現できるものではない。それが解明された時に、はじめて言葉、ロゴスとなる。（アテュI参照。）

　ここで、ハーポクラテスの伝統的な姿を考えてみよう。ハーポクラテスは、赤子、すなわち純潔であり、思春期に達していない。パルシファルを単純化した姿で、淡紅色で表わされる。それは、夜明け——訪れようとする光の兆しであるが、決して光ではない。黒色の髪は巻き毛となって耳もとに垂れている。それは神がブラクマンドラ・チャクラに下りる時に垂れたものである。耳は、精気、アカーシャの媒質であり、彼の唯一の顕著な表象である。黒髪は、ハーポクラテスが単なる毛のない赤子ではないことを示す。ぼやっとした淡紅色のなかでの唯一の色だからである。一方、親指は、下唇に触れているか、口にくわえているか、はっきりしない。ここに二つの思想学派間の争いがある。下唇をつき上げているのであれば、沈黙を強調し、口にくわえていれば、エヘイエーの教理「我あらん」を強調していることになる。しかし、結局のところ両教理は同一なのである。

　この赤子は青の卵に入っており、その卵は明らかに母の象徴である。この子は、ある意味では、生まれていない。青は空間の青である。卵は、蓮の上に載り、蓮はナイルに生えている。そして蓮も母の象徴であり、ナイルは父の象徴であって、女陰《ヨーニ》なるエジプトに受精させる。（しかし、ナイルはまた、鰐のセベクの棲み処で、鰐はハーポクラテスを脅かす。）

　しかし、ハーポクラテスは常にそのように描かれるわけではない。ある派では、立った姿で表わす。彼がナイルの鰐の上に立っているのである。（前述のように鰐は相互に対立する二つのものの象徴である。）これに似た例がある。ヘラクレスを思い出すとよい——幼児のヘラクレス——彼は、女の館で糸車を紡いだ。しかし、強い男となり、純潔であったが、最後には狂って妻子を亡ぼしてしまった。象徴として同種である。

ハーポクラテスは（ある意味で）ナイルの夜明けの象徴であり、目覚めの行為に伴う生理学上の現象（朝の勃起のこと）の象徴である。考えをめぐらせると、このシンボルが前述の王位継承に関連あることが分かる。ハーポクラテスのシンボル自体は、純粋に哲学的傾向をもつ。また、彼は創造の働きの神秘的な集中である。テトラグラマトンの最後の「へー」（Hé）である。ハーポクラテスは、双子の兄弟のホルスに対して受動的立場にある。同時に象徴するのは、風あるいは空気として、母神を受胎させるものという考えである。純潔であることから、あらゆる攻撃を免れた。純潔には完全な沈黙があり、それは生殖能力の本質だからである。

卵はアカーシャ(注1)であるだけでなく、生物学的な意味での最初の卵である。

この卵は、女陰《ヨーニ》の象徴である蓮から生まれる。

ハーポクラテスと同族のアジア的シンボルがある。それは、直接カードに現われてはいないが、関連して考えるべきである。そのシンボルはブッダ・ルーパである。彼は蓮の上に坐った姿で表わされることが多く、背景には蛇の頭部が描かれている。この頭部の形が、またヨーニなのである。（この頭部にある装飾に注目せよ。男根と果実である。）

ナイルの鰐は、セベクもしくはマコ——むさぼる人——と呼ばれる。これは漁師の考えであって、正式の儀式において、彼らは自分がトーテムとする動物の襲撃からの守護を願う。

しかし、創造者と破壊者との間には、同一性がある。インド神話では、シバがこの二つの機能をもつ。ギリシア神話で牧羊神《パン》の呼び名は「パンファージー、パンジェネター」であり、すべてを喰いつくす者、すべてを孕ませる者の意味である。（パンの数値は一三一であり、ヘブライの破壊の天使、サマエルの数と同じことに注意せよ。）

したがって、秘儀参入の象徴的意義において、むさぼり喰う行為は、秘儀参入と同一である。神秘主義者が「吾が魂は神に捧げた」と言うのと同じである。（ノアと箱船や、ヨナ(注2)と鯨その他の象徴性と比較せよ。）

常に念頭におくべきことは、象徴の二面性である。ある象徴に固有の相反する属性のいずれか一つしか認

注1＝ヒンズー学派の一派で精気の元素とされる黒い卵。これから他の元素である風、水、地、火が、この順に派生する。

注2＝ヨナのNに注意。その意は鳩である。

めないことは、精神的不完全さの証拠である。しかし、これは日常しばしば起こっていることであり、偏見のせいである。秘儀参入で用いられる簡単な試験では、象徴の理解がこの相反する意味に及んでいるか否かを試すわけである。『霊視と幻聴』〔本著作集第四巻〕のこのくだりに注意せよ。

この心臓は狂喜する心臓であり、その大蛇は知識《ダアト》の大蛇であることが私に示される。ここでは、それぞれのシンボル自体がその反対のシンボルを含んでいるので、すべてのシンボルは相互に置き換えることが可能だからだ。そして、これが深淵の上方にある天界の偉大な神秘なのだ。深淵の下の方では、矛盾は分割である。しかし深淵の上では矛盾は統一である。そして、矛盾自体に含まれる矛盾による以外は、真なるものはなにも存在できない。

高邁な哲学論に共通した現象であるが、ある理論が形成されても、相反する考えが出現すればたちどころに消滅してしまう。ヘーゲルやニーチェはこのことに気づいていて、そのすべてが『智慧あるいは痴愚の書』に簡潔に述べられている。（補遺の引用を参照。）

鰐に関するこの問題は、非常に重要である。タロットで「愚者」の伝統的なものには必ず鰐が描かれているからである。このカードに関しありきたりの解釈をしている古典評釈者の説明によると、この絵は陽気で、無頓着な若者を表わし、その若者は愚行と幻想に満ち、崖ふちを踊りまわりながら、カードに描かれている虎と鰐が今にも自分に襲いかかろうとしているのに気がついていない。これではけちくさいプロテスタントの解釈である。しかし、秘儀参入者は、鰐が描かれているおかげで、このカードを本来のカバラのゼロへの復帰であると解釈することができる。これは、テトラグラマトンの術式の最後の「へー」である。手首をひと振りすれば、彼女は、変身して、初めのヨッドの姿にもどることができ、最初から全過程を繰り返す。

純潔すなわち生殖能力という図式が、鰐を導入することにより再び取り上げられている。この図式は、生物学上の一つの仮説であり、それに基づいて、神統系譜学が成立したのである——すなわち鰐は、禿鷲同様、ある種の神秘的な種族維持の方法をもっている、というのである。

ゼウス・アルヘノテルス

ゼウスを調べてすぐ突き当たるのが、男性と女性の混在である。ギリシア・ローマ伝承では同様の事例は多い。デイアヌスとディアーナは、双子の愛人である。女性とされていても、すぐに男性との同一性が現われる。反対のこともある。このことは、自然の生物学的事実に照らしても正しい。ゼウス・アルヘノテルスにおいて、はじめて一体化した両性具有的象徴が見られるのである。このことは、非常に重要な事実である。この神のイメージは錬金術において再三再四繰り返されるので、特に当面の目的にとって大切である。それを明快に記述することは困難である。「深淵の上」の心的能力に関する概念であるからだ。双頭の鷲が、象徴の周りに群れつどっている図はこの概念の描写である。究極の意味は、本来の神は男女両性で、このことはカバラの根本原理だということである。そして、後世堕落した旧約聖書伝承（注1）に関して最も難解な点は、二つの女性的要素にもかかわらず、男性としてのテトラグラマトンを表わしていることである。ゼウスは、有名になりすぎた結果、伝説も多くなりすぎた。しかし、ここで重要なのは、ゼウスが特に四大の風《ふう》の神だという点である。（注2）古代、自然の根源を探求した哲人は、その根源を元素の一つに求めようとした。（哲学史は、アナクシマンドロスと、ゼノクラテス、後のエンペドクレスとの論争について述べている。）推測されるのは、タロットの原作者は、諸物の根源は風であるという教理を広めようとしたのではないかということである。もし、それが事実であれば、我々の知っているタロットのすべては崩壊してしまう。諸元の順序は、火を第一の父とするからである。風はゼロとして、二律背反の調停役を果たす。

　ディアヌスとディアーナが風の象徴であるというのは正しい。そして、サンスクリットのヴェーダによれば、嵐の神〔マルト神群のこと〕が神の元祖である。もし、嵐の神が、我々の知っている宇宙の上に住んでいたとすれば、それは火の嵐であったのは確かである。このことは天文学者も同意している。しかし、この理論は、風と火の同一性を意味し、両者はあたかも光の元、すなわち太陽のように考えられていた。創造力の元、すなわち男根である。この考えが暗示することは我々の最も合理的な教理に反する教理の存在である。それは、元素の混乱のもとであるトフ＝ボフを、秩序のかなめとして強調するもので、秩序の素材となる可塑的な集塊を排している。

　真のカバラのシステムにおいては、風は伝統的な意味で根源的な元素とされていないが、アカーシャは精神の卵で、黒もしくは暗青色の卵である。それはハーポクラテスの姿を暗示する。その場合、「風」は「精神」を意味することになる。しかし、実際の象徴は、

注1＝未開の放浪者たちが、自然の素朴なデミウルゴス（造物主）を神としたのは種族としての必要によるものであった。定住民族のもつ複雑さと床《ゆか》しさは、弱さでしかなかったからだ。種族が、ソロモンのもとで、約束の地と神殿を手に入れるとすぐ、王は「偶像崇拝の女たちに心を奪われるに至った」ことに注目せよ。このため、頑迷固陋な予言者たちは怒り、数年のうちにユダとイスラエルの間には不和が生じ、そのため災厄が連続することとなる。

注2＝初期の説明によれば、三元素は次のように関連づけられている。すなわちディス（プルートー）は火、ゼウス（ジュピター）は風、ポセイドン（ネプチューン）は水の神とされた。〔著者のギリシア神話とローマ神話の神名の表記に混乱が見られる〕

はっきりしており、正しく適用されるべきである。

ディオニュソス・ザグレウス、バッカス・ディフュエス

二つの神を一つに扱うと都合がよい。ザグレウスがこの目的に重要である理由は二つある。一つは、角があることであり、もう一つは（エレウシスの秘儀において）タイタンにより引き裂かれたとされることである。しかし、アテーネーは彼の心臓を救い、彼の父のゼウスに届けたのである。母はデーメーテールであった。彼は天と地の結婚の賜物である。これで彼の本性がテトラグラマトンのヴァウと分かるが、その「死」の伝説は、秘儀参入に関わるものであり、このことはむさぼる者の教義と一致する。

しかし、このカードでは、伝統的にはバッカス・ディフュエスのほうを表わすことが多い。バッカスは、より皮相な形の崇拝を象徴する。この神は、無我夢中になる性質があり、神秘的というよりは、魔術的である。バッカスのまたの名はイアカスであり、一方、バッカスの母はセメレーで、ゼウスが稲妻となって彼女に接したため、殺されてしまう。しかし、彼女は、ゼウスによってすでに懐胎しており、子供はゼウスが助け出す。思春期に至るまで、ゼウスの「腿」（すなわち男根）に隠されて育つ。ヘラは、夫がセメレーと不義をはたらいたことに対する報復として、この子を狂わせる。このことが、このカードに直接関係がある。

バッカスの伝説によると、何よりもまず、彼はディフュエスつまり二重の性格を具えていたということである。その意味は、両性具有というより両性愛的ということであろう。その狂気は、陶酔の一つの表われであり、これは酒神としての性格上当然と言える。バッカスは大勢の取り巻きを伴って、アジア中を踊り歩く。すべての者が熱に浮かされ気違いじみている。皆が携えている杖は、握り部分が松の実であり、蔦が巻きついている。そして彼らは、シンバルを打ち鳴らす。またある伝説では、剣を持ち、それに蛇が絡みついていたりする。森の半神たちは皆、メナード巫女の男友達である。バッカスは酔顔で、男根《リンガム》は萎えたように描かれているが、これは既述の鰐の伝説と結びつきがある。いつもつき従うのは、虎である。そして、現存する最良のカードではいずれも、虎または豹が後方から彼にとびかかろうとしている様が描かれている。片や、鰐は前方からいつでも喰いつく構えを示している。アジア旅行伝説では、彼は驢馬に乗っていたことになる。そのためプリアポスと関係があるとされ、彼がアフロディテに生ませた子が、プリアポスであるといわれる。これで想起されるのは、聖枝祭の日の、主のエルサレム凱旋入京式である。イエスの寓話的誕生に際し、聖母が雄牛と驢馬のあいだに表わされるのは不思議であり、アレフの文字が雄牛を意味することに思い至る。

バッカス崇拝には神々の代表という意味があった。彼は若さと剛健さをもつが、めめしい点もあったから選ばれたのである。何世紀も経つうちに、この崇拝は堕落してしまった。本来の形に別な考えが加わり、祭式のばかさわぎ的性格も影響して、愚者の概念は、決定的な形をとった。このため、愚者は明らかに男根を意味する道化師帽をかぶり、まだら服を身にまとった姿で表わされるようになった。これはまた、イエスとヨセフが着た彩れる衣を思い出させる。これが象徴するのは、水星ばかりか黄道十二宮でもある。十二人兄弟や十二使徒を従えたヨセフとイエスは、十二宮の中心にいる太陽を同じように表わす。ずっと時代が下ると、あらゆる錬金術上の意味の根源にされたり、ルネサンスの学者たちが、極くつまらない象徴に何か深刻な意味を付けようとする、その対象になった。

バフォメット

この神秘的な姿は、それと同じ概念が発展して、多くの象徴になったものを魔術的に描いた像であることは疑いない。これに対応する姿をもつ者としてはゼウス・アルヘノテルスとベイバロンがあり、初期キリスト教の聖像の遺物にも、並外れて猥褻に描かれた聖母がある。この問題は、ペイン・ナイトがかなり詳細に検討し、象徴の起源と、名前の意味を究明している。フォン・ハンマー・プルグスタールが、バフォメットを雄牛神あるいは、むしろ雄牛を殺すミトラ神の姿と想像したのは明らかに正しい。その理由は、バフォメットの正確な綴りは語尾に「r」をつけなければならず、それは「父なるミトラ」を意味する語が転化したものであることは明らかであるからだ。また驢馬とも関係がある。バフォメットは驢馬の頭をした神で、聖堂騎士団の崇拝の対象となっていたからである。

初期のキリスト教徒は、驢馬もしくは驢馬の頭をした神を崇敬したかどで非難された。これは、荒野の野生の驢馬、すなわちセト神と関連がある。セトはサトゥルヌスおよびサタンと同一である。(後出、アテュXV参照。)セトは南の神であり、ヌイトが北の神であるのと対である。エジプト人は砂漠と海をもっていたのである。

【要約】

愚者の概念の主要なものを幾つか、便宜上個々に見てきたが、伝説の重なりや合体を妨げるような試みは一切しなかったし、またすべきではない。表現の違いが、時に一見矛盾があっても、知性の昇華、超越により、象徴の直観的な理解を促進する。大アルカナに関わるこれらの象徴はみな、つきつめると理性を超えた領域に存在する。これらカードの研究の最も重要な目的は、思考力を訓練し、この高揚したやり方で明快に整然と考える力を身につけることにある。

　これは今までずっと、祭司たちが理解してきた参入儀礼の特色である。

　ヴィクトリア朝の物質偏重の、混迷した教条的時代にあっては、科学は、真実を探求するための合理的方法を乗り越えようとする、あらゆる企てを疑ってかかる必要があった。しかし、科学自体の発達に伴い、こういう相異なる方法が再統合されてきた。

　今世紀初頭から、機械技師や工学者によって実用科学が進歩した結果、否応なく数理物理学における理論的根拠づけがなされるに至った。

　数学は、これまでずっと科学のなかで最も厳密であり、抽象的、論理的であった。比較的初等の学校数学でも、虚数や無理数が取り扱われている。進んだ数学理論では、無理数や無限級数は基礎的な問題である。数理物理学の構想の極致とも言うべきは、理解可能な単一の概念で真実を発見しようとした誤りを認めたことである。「何かとは何か？」という問いに対する現代の回答は、それは一連の十個もの概念に関連があり、どれか一つの解釈をするにも残りの概念の助けを借りなければならないということである。グノーシス派が「一連の十の永劫《アイオン》」と呼んでいるのは、このことに相違ない。これら十個の概念を、背景にある真理の姿と決して誤解してはならない。計算の前提として仮定した直線が、実は曲線であるのが分かるように、その存在を点と把握していたものが、実は輪であったりする。

　観念の外の世界を対象とする、無宗教の科学が、秘儀参入者の神秘的な智慧に、絶えず近づきつつあることは疑いない。

＊＊＊

　今日使われているカードは、これまでに述べた主な概念を取り入れている。愚者は風の黄金色である。彼には、ディオニュソス・ザグレウスの角が生えており、その間には白い光の円錐の男根がある。白い光は王冠（注）から愚者に注がれる力を表わす。背景は、宇宙の夜明け時の風であり、愚者の様子は、思いもよらず、この世に飛び出してきたかのようである。

　着衣は、春の伝統的な緑色だが、靴は男根の色である黄金色である。

注＝ケテル（王冠）。生命の樹におけるアレフの径の位置を見よ。

右手に持つのは神の棒で、先端に白い角錐が付き、左手には燃える松かさを持つ。その意義は棒と同じであるが、よりはっきりしているのは植物の成長を示している点である。左肩からは、紫色の葡萄が一房たれ下がる。葡萄は、豊穣、優しさ、法悦の基盤である。この法悦は、伸びて螺旋形になった、虹色の葡萄の茎で示される。宇宙の姿である。これは愚者の介在によって、分割された光のなかに現われている「消極の三重のヴェール」を暗示する。この螺旋形の渦巻の上に、神に関わりのあるものが若干見られる。つまりマウトの禿鷲、ウェヌス（イシスまたは聖母マリア）の鳩、および帰依者にとって神聖な蔦である。また多彩なそよ風に舞う蝶と、双子の蛇が絡む、翼の付いた球体がある。これらの象徴は、中間の螺旋に抱きついている双子の幼児によって響き合わされ、強められる。幼児の上には、一にして三なる祝福の花が垂れ下がっている。虎が愚者の脚にじゃれつき、その足下、蓮の茎の見えるナイル河には鰐が蟠踞している。図柄の中央部で、彼の多くの外観や、多彩なイメージのすべてを要約している、この小宇宙の中心が、輝く太陽である。全体の画像が、光による創造力のある絵文字である。

Ⅰ．奇術師

このカードはアルファベットのベスに対応する。ベスの意味は家で、水星に配属される。〈奇術師〉に関連する諸概念は複雑で多様であるため、一般的記述のほかに、このカードの諸様相に関係ある資料を付け加えたほうがよかろう。それら全体を研究し、瞑想し、使用すれば、カードの完全な解明のための充分な基礎が得られるであろう。

中世版のフランス語の題名は、“Le Bâteleur”つまりバトンの携帯者である。(注) 水星は棒を持つ者として目立っている。エネルギーを放射するのである。ゆえに、このカードの意味するのは、智慧、意志、言葉、それに宇宙の根源たるロゴスである。（ヨハネによる福音書第一章参照。）神意を象徴しているのだ。言い換えれば、神意を具現する神の子である。そして、司祭に対応する男性でもある。ここで混同しないようにしよう。基本的な教理では、太陽と月は、男根《リンガム》と女陰《ヨーニ》の第二倍音とされている点である。創造的な水星が、太陽の性質をもっているからである。このことは、『パリ活動』〔クロウリーがパリで行なった魔術の行法〕からの引用でも明らかである（補遺参照）。しかし、水星は、ケテルからビナー（理解）に至る径《みち》である。そ

注＝変形。LE PAGAD. 語源不明。示唆(1) PChD、恐怖（特に恐慌《パニック》）ゲブラーの一つの主題。さらに太腿《もも》、すなわち男根。アラビア語よりの類推では、PAChD、恐怖を与える者。数値は93!!

示唆(2) パゴダ。男根の記念物。男根の意。

れゆえ、神々の使者であって、あのリンガム、その言葉が沈黙であるところの〈創造の言葉〉を正確に表わしている。

水星は、あらゆる形と相の運動を表わし、流動的に運動を伝達する基となる。宇宙力学理論にあっては、水星は物質そのものである。近代物理学流に言うと、充電であり、前述した十個の漠たる概念の環の具現化されたものである。常に創造する存在である。

また論理学的には、彼は言葉である。ゆえに、道理の法、あるいは必然か偶然かの法である。法とは、言葉の隠れた意味であり、言葉の本質であり、発言の条件である。以上のとおり、特にその二重性により、彼は真実と虚偽、智慧と愚かさを表わす。思いがけない存在である彼は、既成の概念を混乱させ、そのため狡猾な印象を与える。創造的であるため善悪の観念に欠けている。正攻法でだめなら、不正手段を使ってでも目的を達する。それゆえ、若いメルクリウスの伝承は、悪賢さの物語である。彼は無意識の意志であるため、理解困難である。生命の樹での彼の位置は、第三のセフィラのビナー（理解）を示すが、まだ定式化はされていない。まして、〈偽の〉セフィラのダアト（知識）ではない。

以上から明らかとなるのは、このカードが王冠からの二番目の流出だということで、ある意味で、第一の流出が成長した段階である。第一の流出は愚者、その文字はアレフ、統一である。それは、高度な思想上の微妙、微細な概念であり、定義づけは困難である。むしろ定義はすべきでない。流動的なのが、これら諸概念の本質であるからだ。せいぜい言えるのは、いかなる象形文字も、極めて多様な概念のうちの特定なものを表わすにすぎないということである。このカードでは、ベスの径の創造性と二重性格が強調される。

伝統的なカードでは、奇術師の姿で描かれている。中世版のカードでは、奇術師の描き方が最もあか抜けせず不充分である。普通は数学の無限大記号のような頭飾りをつけて描かれる（この頭飾りは、「円盤の2」というカードに詳しく示されている）。彼が持っているのは、両端に握りがついた魔法の棒である。このことは、電気の両極性に関連があると思われる。またこの棒は、プロメテウスが天から地に火を運ぶ中空の棒である。奇術師が前に立つテーブルすなわち祭壇には、他に三つの必須の武器がある。

「棒もて奇術師は創造する
杯もて奇術師は保存する
短剣もて奇術師は破壊する

硬貨もて奇術師は贖罪する」

魔術師の書vv 7―10

現在のカードの構図は、主としてギリシアとエジプトの伝統による。当時この地域では相互の哲学が影響し合い、他に類を見ないほどこの概念が発達したからである。

ヒンズー教のハヌマンは、メルクリウスに相当するもので、猿の神であり、甚だしく下等である。彼の祭式には、なんら高度な象徴は見られない。その達人《アデプト》の目的は主として、部族の女たちを年に一度ジャングルに送りこんで、一時的な神の化身をつくることであったようだ。精神性の高い、深遠な伝承は見当たらない。確かにハヌマンは、トートの猿ぐらいのものでしかない。

タヒュティつまりトートは、エジプト型のメルクリウスであり、その主な特徴は、第一に鴇《トキ》の頭をしていることである。鴇は、〝集中〟の象徴である。ずっと一本足で動かずに立っていると考えられるためである。これはまさしく瞑想する精神の象徴である。またオシリスの永劫《アイオン》の中心的神秘性とも多少関連があると思われる。子供を作るには、男の介在が必要だという世俗的な考えと違う点が、その秘密である。この姿のトートは、生殖による復活を表わす不死鳥の棒《ワンド》を持っている。彼は左手にアンク〔輪頭十字章〕を持つ。アンクはサンダルの革紐を意味する。つまりいろいろな世界を巡っての進歩の手段であって、神の特色を示す印である。しかし、このアンク（クラックス・アンサータ〔輪頭十字章〕）の形は薔薇と十字の変形であり、このことは、現代のエジプト学者が、考古学の男根崇拝派への反駁に熱中するあまり人々に吹きこもうとしている考えほど、突飛ではないだろう。

トートの別な姿は、彼が本来、智慧と言葉であることを象徴する。彼は右手に尖筆を、左手にパピルスを持っている。彼は神々の使者である。そして、神の意志を秘儀参入者によく分かる象形文字で伝え、神の働きを記録する。しかし、古くから言葉は、話にせよ文書にせよ、よくて曖昧さ、悪くすれば虚偽の始まりであった。したがって、トートは猿や狒狒《ひひ》を従えて描かれ、もっぱら神の言葉をゆがめ伝える者とされた。神の言葉の冒瀆であり、それをまねて人を欺くことであった。哲学的な言い方で、「表明には幻想が含まれる」ということがある。この教理はヒンズー哲学にあって、いま問題にしているタヒュティの姿はマヤンと呼ばれる。またこの教理は、大乗仏教の中心的かつ代表的な像《イメージ》にも現われている（実際、シバとシャクティの教理と同一である）。これを描写した文書が「幻影の主」（補遺参照）である。

現在のカードは、上述の概念をすべて表わそうとしている。しかし、正確に像を描くことは全く不可能である。理由は、第一におのおのの表象だけでは必然的に間違いである。第二に、運動は永遠のものであり、運動の速さは、極限のCすなわち光の速度であるので静止したものとして描くこと自体、このカードの意義と矛盾するからである。したがって、この絵は、備忘録程度のものでしかない。これらの概念を構図として表現したものの多くは、『パリ活動』からの抜粋に詳述してある。（補遺参照）

II．女司祭

このカードは、アルファベットのギメルに対応する。ギメルの意味は駱駝である。（駱駝の象徴性については後述する。）

このカードは月を指す。月（一般的な、女性の象徴で、ヨーニがリンガムに対するように、太陽に対応する第二順位の象徴である）は普遍的であって、最高点から最低点まで動く。月はこれらの神聖文字によく現われる。初期の大アルカナでは深淵《アビス》の上の自然と関連があった。女司祭は、天上の三つ組を六つ組と結びつける最初のカードである。そして図に示されている径が、最も崇高な姿の神と、最も完全に描かれた神の子を直接結びつける。この径は中央の柱にあって正しく調和している。それゆえ、ここに最も純粋で高度な月の概念がある。（天秤の反対の端にはアテュXVIIIがある。同項参照。）

このカードは、永遠の処女イシスの、最も精神的な姿を表わす。イシスは、ギリシア神話のアルテミスに相当する。彼女が身につけているのは、光を発するヴェールだけである。高位の秘儀参入では、光を永遠の精神の完全な顕現としてではなく、その精神を覆い隠すヴェールと見なすことが重要である。光は、その類いない眩いばかりの輝きのために、ますますそのような効果を示すのである。（注）このように彼女は光であり、光の実質である。彼女は光のヴェールの向こうにある真理である。彼女は光の魂である。彼女は両膝にアルテミスの弓を載せているが、それは楽器でもある。彼女は楽の音で獲物を魅惑して狩りをするのである。

ここで、この概念を光のヴェールの背後から見てみよう。根源の無の第三のヴェールの後ろからである。この光は顕現の溶媒であり、女神ヌイトであり、造形の可能性である。この、女性の本質の第一にして最も精神的な顕現は、実現性を予期するいかなる幾何学的

注＝ヒンズーの神秘主義諸派の伝統は、明確な並行論を用いる。完全な悟りの究極の障害となるものは、まさしく、この混沌とした光輝の幻影である。

な点でも他と関係なく作り出すことによって、男性的対応物を自分に引きつける。この処女神は、潜在的に豊穣の女神でもある。彼女は、すべての形あるものの背後にある概念である。三つ組の影響が、深淵下を深く降下すると、具体的な概念が完成する。

『虚言の書』（誤ってそう呼ばれている）の次に引用する章は、瞑想によってこの教理を理解する一助となろう。

塵悪魔

心の《風》の中に《私》という名の乱流が生まれる。
それは折れる。不毛な思念が流れ下る。
あらゆる生命は窒息する。
この砂漠は《深淵》であり、ここに《宇宙》がある。
《星々》はその荒野のあざみに過ぎない。
しかしこの砂漠は至福の世界に於けるただ一点呪われた場所である。
時折、《旅人たち》が砂漠を横断する。彼らは《大いなる海》より来り、《大いなる海》へ行く。
彼らは過ぎゆきながら水をこぼす。いつの日にか、
砂漠は灌漑され、花を咲かせよう。
見よ！《駱駝》の五つの足跡を！　V・V・V・V・

訳注＝『虚言の書』はその題名が示すとおり、あらゆる意味に取れる矛盾命題を散文詩としたものであり、クロウリーの体系ではいわば臨済禅の公案のごとき使い方をされる。ゆえに翻訳は不可能に近いものであるから、原文を紹介し、解釈例をあげておく。93頁および110頁の『虚言の書』引用文も同じ。

DUST DEVILS

In the Wind of the mind arises the turbulence called I.
It breaks; down shower the barren thoughts.
All life is choked.
This desert is the Abyss wherein is the Universe.
The Stars are but thistles in that waste.
Yet this desert is but one spot accursèd in a world of bliss.
Now and again Travellers cross the desert; they come from the Great Sea, and to the Great Sea they go.
And as they go they spill water; one day they will irrigate the desert, till it flower.

V・V（訳注）

（深淵の古典的記述に関しては、第四一八の書『霊視と幻聴』、特に第十アエティールを見よ。『春秋分点』第一巻第五号補遺）〔第四一八の書は『30のアエルムの書』である〕。

それゆえ、このカードの下部には発生しようとする諸形態、渦巻、結晶、種子が描かれている。それらは生命の始まりを象徴している。それらの中央には、引用した章で触れた駱駝がいる。このカードには、粗型イメージの世界と形成の世界をつなぐ一つの環がある。

この径に関して、ここまでは王冠に発していると考えられる。しかし、大望を抱く人にとっては、つまり、聖なる守護天使の知識と会話に到達していて、すでにティファレトに達している達人《アデプト》にとっては、これは上方に通じる径である。そして、このカードは、ある系統では、銀の星の女司祭と称されているが、守護天使の思考（あるいはむしろ、知性的な放射）を象徴する。要するに、最高の秘儀参入の表象なのである。さて、秘儀参入の条件は、そのキーが、キーを所有する人々から、真に大望を抱くすべての人に伝達されることである。したがって、このカードは奇妙にも、〈銀の星〉〔大いなる白き同朋団の内陣〕の業《わざ》の記号でもある。

この術式についての概念は、『虚言の書』の次にあげる章に示されている。

蠣

A∴A∴の《兄弟たち》は《子供》の《母》と一体である。

《多》が《一》にとって崇敬すべきは、《一》の《多》に対するのと同様である。《これら》の《愛》は次の如し。創造・出産は《一》の《至福》であり、交接・分離は《多》の《至福》である。

かくの如くして《これら》に織り込まれた《全》も《至福》である。

《至福》を越えるものはなし。

《男》は《女》と合体を喜ぶ。《女》は《子供》との分離を喜ぶ。

A∴A∴の《兄弟たち》は《女》である。A∴A∴への志願者たちは《男》である。

See! Five footprints of a Camel! V. V. V. V. V.

解釈例

第二行目の〝I〟は「私」であると同時に、ヘブライ語のIに相当するヨッド、すなわち男根を象徴する。それが折れ、不毛な思念が流れ下るとは、この場所すなわち砂漠すなわちギメルの径において男性原理が無意味であることを示す。《星々》はヌイトすなわち空間と対立する概念であり、男性原理である。それがアザミ（第二十六の径すなわち『悪魔』の札に配属される植物。堅くて棘がある。『悪魔』の札を見ても分かるとおり、明らかに男根的）にも象徴される。《大いなる海》から来る《旅人たち》はビナーに到達した《神殿の首領》であり、砂漠の灌漑と咲く花は性に関する暗喩である。《駱駝》はギメル、五つのVはクロウリーの《神殿の首領》としてのモットーの頭文字である。

無論、以上は解釈の一例に過ぎない。読者各位の解釈もまた正しいのである。

このカードが完全に女性的であり、処女性をもつことを熟考することが肝要である。というのは、カード自体、影響力と顕現（あるいは、下位からの到達）の方法を表わしているからである。それは床入りも始まらないうちに次の段階が始まる可能性を示している。

特に、連続する三文字、ギメル、ダレス、へー（アテュII、III、XVII）が、三位一体の女神を構成する三形態における、女性の象徴（陰《イン》）を示すことは注目されねばならない。この三位一体に相応する補完的な三つの父性、ヴァウ、ツァダイ、ヨッド（アテュIV、V、IX）が直ちに続いている。大アルカナの0《ゼロ》とIは両性的である。残りの十四枚の大アルカナは、これら〈原初の存在の精髄〉が連結・機能・顕現する様子を表わしている。

III．女帝

このカードは、アルファベットのダレスに対応する。ダレスの意味は扉、関連する惑星は金星である。表面的には、皇帝《エンペラー》と対をなすが、エンプレスの属性は広汎である。

生命の樹において、ダレスはコクマーからビナーに至る径であり、父と母を結ぶ。深淵の上にある三つの径のうちの一つである。さらに金星という錬金術上の象徴もある。金星の惑星記号は生命の樹の全セフィロトを含有する唯一のものである。内包される教理は、宇宙の基本術式は愛だということである。［円は、1、2、4、6、5、3のセフィロトに接し、十字は6、

9、10を結んでできる直線と、7、8を結ぶ直線が交差してできたものである。」

彼女は絶えず姿を変え無限に生まれ変わるので、彼女の象徴の意味を要約することは不可能である。「多くの王位をもち、多心、多策の女神、ゼウスの娘」。

このカードに表わされている彼女の姿は、最も普通のものである。彼女は、最高に精神的な資質を、最低の物質的なものと結びつける。したがって、彼女にふさわしい象徴は、錬金術上のエネルギーの三つの形のうちの一つたる、塩である。塩は、自然の不活性原理であり、硫黄からエネルギーをうけて、宇宙の回転の均衡を保つ。絵のなかの腕と胴体は、したがって、塩の錬金術的な表象を暗示する。彼女が表わす女性は、王冠と礼服を身につけ、王座に坐っている。王座の背もたれの部分は、青い炎のゆらめきを暗示する。炎は、彼女の生まれたところが女性的な流体の水であることを象徴する。右手には、イシスの蓮を持ち、蓮は女性すなわち受動を表わす。その根は、水面下の地中もしくは水中にある。だが花弁は、太陽を象徴する聖杯の胴部に向かって開く。したがって、それは太陽の血で浄められた聖杯の本当の姿である。炎を表わす王座の背もたれには、彼女の聖鳥すなわち雀と鳩がとまっている。この象徴の起こりは、カトゥルスとマルティアーリスの詩にある。彼女の礼服には蜜蜂がとまっており、ドミノ仮装衣には連続した螺旋状の線が描かれている。両者の表わす意味は似かよっている。

黄道十二宮が、彼女の腰の周りを、帯のように取り巻いている。

王座の下の床には、タペストリーの絨毯が敷かれ、表面にアイリスの花と魚が刺繍されている。そして、王座の台に描かれている「秘密の薔薇」を礼拝しているかのようである。これらの象徴の意味は既に説明した。このカードでは、表象されたものが単純で純粋なため、すべての象徴は同種である。また矛盾もない。均衡のための対立があるだけである。このことは回転する月で示される。

女帝の紋章は二重である。片面には、伝承のペリカンが自分の胸の血を餌として雛に与えている図が、もう一面には、錬金術師の白鷲が描かれている。

ペリカンの完全な象徴性については、O∴T∴O∴の第五位階会員にしか開示されないことになっている。一般的な言い方をすると、その意味は、ペリカンが聖母と神の子、すなわちテトラグラマトンの術式による娘と同一だということである。娘が成長したのち王位に就くことができるのは、その母の娘だからである。換言すれば、生命の継承、血の繫がりがあり、それが

THE OYSTER

The Brothers of A∴A∴ are one with the Mother of the Child.
The Many is adorable to the One as the One is to the Many.
This is the Love of These; creation-parturition is the Bliss of the One; coition-dissolution is the Bliss of the Many.
The All, thus interwoven of These, is Bliss.
Naught is beyond Bliss.
The Man delights in uniting with the Woman; the Woman in parting from the Child.
The Brothers of A∴A∴ are Women; the Aspirants to A∴A∴ are Men.

解釈例

A∴A∴の兄弟たちとは第三団の達人たちを示すと同時に、「銀の星」すなわち大アルカナ二番「女司祭」の秘密の称号に関連する言葉である。《子供》の《母》とは聖母マリアを指し、「多」と「一」は通常の交合による生殖と聖母の処女懐胎を表わす。これは同時にヌイトよりハディトが生じる［太極

自然界のあらゆる形のものを結びつけるのである。光と闇には、断絶がない。「自然は塩を作らない《ナトゥーラ・ノン・ファキット・サルテム》」。これらの考えを充分に理解できれば、量子論と電磁平衡論の調和が可能となる。

この大アルカナの白鷲は、対をなすカード、皇帝の赤鷲に対応する。ここで、前に学んだところを振り返ってみる必要がある。これら最高のカードには、完全な象徴が示されているからである。すなわち、原初の完全な自然と最終的に完成された人工の両方であり、イシスだけでなくネフティスでもある。したがって詳しくは、後出のカード、特にアテュVI、アテュXIVに譲る。

カードの裏面には、アーチすなわち扉がある。それはアルファベットのダレスの語義である。このカードは、ひとことで言えば天国の門である。しかし、象徴が美しく、さまざまな形が描かれているため、これに幻惑された研究者は判断を誤ることがある。他のカードと異なり、このカードでは、細部にこだわらず、全体に心を集中しなければならない。

Ⅳ．皇帝

このカードはアルファベットのツァダイに対応し、黄道十二宮の白羊宮《アリエス》を表わす。この宮は火星に支配されており、ここでは太陽が興になる。すなわち、最も物質的な形をとったエネルギーが権威の概念と合わさったのが、この宮である。TZもしくはTSの、古い擬音的な形によって、このことが表わされていた。そのルーツはサンスクリットにあって、頭や年を意味したが、今日でも残っている語に次のようなものがある。シーザー、ツアー、シルダール、セネート、シニア、シーニョアー、セニョール、セイニャーなどである。

このカードは、王冠を戴き礼服をまとい、王笏を持つ男の姿を表わす。彼が坐っている王座の柱頭は、ヒマラヤの野生の雄羊の頭である。アリエスは牡羊座を意味するからである。男の足もとには、頭をもたげてうずくまっている子羊と旗がある。したがって低次領域に属することは確実である。雄羊は、野生の動物で、勇敢であり、孤高を愛する習癖がある。しかし飼い慣らされて緑の牧場に寝そべるようになってしまうと、御しやすく、臆病になり、群れつどって、肉づきのよい獣になり下がる。これは統治の理論である。

皇帝は錬金術上で重要なカードの一枚でもある。アテュIIおよびアテュIIIと共に、硫黄、水銀、塩の三つ組を構成する。彼は両腕と頭で、上のほうに三角形を形づくる。下のほうでは組んだ足が十字を表わす。この姿は、硫黄の錬金術的象徴である。硫黄は、男性的

は無極より生ず」をも示す。「至福を越えるものはない」は「無は至福を越えたところにある」とも解釈できる。

で燃えるような宇宙のエネルギーであり、ヒンズー哲学のラジャスに相当する。これは敏捷で創造的なエネルギーで、すべての生物の根源である。皇帝の力は、普遍化された父の力である。このことから、このカードに示されている蜜蜂やアイリスの花が象徴として使われる。この力の本質について言えば、突然の、一時的で激しい活動を表わすものであることに、注意されたい。長く続きすぎると、燃え尽きてなくなる。アレフおよびベスの創造的エネルギーとは区別せよ。すなわちこのカードは深淵の下のものであるからだ。

　皇帝は、前述の理由により、雄羊の頭を上端に飾った王笏と、マルタ十字架の付いた宝珠を持つ。その意味は、彼のエネルギーが成功をもたらし、彼の政府が創設されたということである。

　さらに重要な象徴がある。彼の盾は深紅色の円盤を頭上に戴く双頭の鷲を表わす。これは錬金術師の赤の色合い、すなわち金の性質を表わすもので、アテュIIIの白鷲が、彼の対応者の女帝に関連するものであって、青ざめ、銀の性質を表わすのと対照的である。

　最後に、彼の頭上に降りそそぐ白い光が、生命の樹におけるこのカードの位置を示すことに注目すべきである。彼の権威はコクマー、すなわち〈創造の智慧〉〈言葉〉に由来し、ティファレト、すなわち組織された人間に及ぶ。

V．神官

　このカードは、アルファベットのヴァウに対応し、ヴァウは釘を意味する。九本の釘がカードの上部に見える。絵の中心人物の後ろに、出窓を取りつけるのに使うのである。

　このカードは金牛宮に関連する。したがって、神官の聖座は象に囲まれている。象は金牛宮の性質をもつからである。そして、彼は実際に雄牛の背に坐っている。その周りには四聖獣すなわちケルブが控え、カードの四隅に一匹ずつ位置する。彼らはどこの聖堂ででも守護役である。しかし、あらゆる魔術の働きのうちで、最も肝要なものは、特別の〈自然界の秘密〉に関連している。つまり、小宇宙と大宇宙の統合である。したがって、出窓は霞み、神秘の顕現者の前には、大宇宙を示す六芒星が現われる。その中心には、五芒星があり、踊る男児を表わす。これは童神ホルスの新しい永劫《アイオン》の法を象徴する。ホルスは、二千年にわたって世界を支配し、今は臨終を迎えた神の後を継いだのである。その前には帯剣した女性がいて、新しい時代の位階における〈緋色の女〉を表わす。この象徴は出窓においても現われ、男根の形の冠《かぶ》り物の後ろに、五弁の薔薇が咲いている。

　蛇と鳩の象徴は、『法の書』第一章第五十七節の、次の一節に関連がある。「愛といってもいろいろあるからだ。鳩もいれば蛇もいる」。

　この象徴は大アルカナのXVIに再現する。

　カード全体の背景は、ヌイト神の星夜の暗青色である。そのヌイトの子宮からあらゆる現象が生まれる。

　このカードが示すのは黄道十二宮の金牛宮である。その宮自体、雄牛獣、すなわち、最も強くて均衡のとれた地球の姿である。

　この宮の支配星は金星である。神官の前に立つ女性の姿で表わされる。

『法の書』第三章第十一節に、

「私の面前で女の腰に剣を帯びさせるのだ。」とあり、この女性が、新しい時代に生きるウェヌスを表わす。彼女はもはや、対になる男性の、単なる伝達手段ではなく、武装して戦うのである。

　この宮では、月が「興」になる。その影響力は、女性のほかに、九本の釘でも表わされる。

　現時点では、このカードを完全に説明することはできない。いろいろな出来事の推移のみが、秘儀参入の新しい流れがどのように進んでいるかを示しうるからである。


　現在は童神、ホルスの永劫《アイオン》である。神官は寛大そうな表情で微笑しており、子供も無邪気にふざけまわって喜んでいるようだが、神官の表情は、神秘的で悪意があるようにさえ見えるのは否めなかろう。彼は誰かを犠牲に選び、ひそかに笑い種にして愉しんでいるのかもしれない。このカードには、明らかに加虐的様相がうかがえる。このカードの根源はすべての雄牛神伝説の原型たるパシファエーの伝説だから、あながち不自然ではない。これらはシバ教などの諸宗教に名残りをとどめており、（多段階の変質を経過した後）キリスト教にすら残っている。

　棒《ワンド》の象徴は特異である。その頭頂の交差した三つの環は、イシス、オシリス、ホルス、の三つの永劫《アイオン》を、その魔法の術式を組み合わせた形で表わしている。上の環は深紅でホルスを示し、下の二つのうち緑の環はイシスを、淡黄色はオシリスをそれぞれ示している。この三色の基調は濃藍色である。それは時間の主、土星の色である。神官が行動するリズムは二千年刻みである。

VI．恋人［または兄弟］

　このカードと、その双子であるXIVの技《わざ》はアテュのなかで最も意味が曖昧で難しい。これらの象徴は、いずれも二重性をもち、意味も多岐に分かれているので、このカードの統一化のためには、融合、同一化を繰り返し、半陰陽のような形態にもっていかなければ駄目である。

しかし、その属性の本質は単純である。アテュVIが示すのは水星の支配をうける双子宮である。その意味は双子である。対応するヘブライ語の文字はザインで、その意味は剣である。したがって、カードの縁どりは剣のアーチでなされ、その下では王家の結婚式がとり行なわれている。

剣は、主として分割の道具として使われる。知的世界――すなわち剣のスートの世界――では、剣は分析を表わす。このカードとアテュXIVによって、錬金術の普遍的な格言、「分解し《ソルウェ》、而して《エット》融合せよ《コアグラ》」が構成される。

したがって、このカードは、タロットの基本的なカードの一つである。複数の人物が描かれているカードのうちで最初のものである。「アテュIのトートの猿は、単なる影にすぎない。」このアテュVIは元来の形では、創造の物語であった。

歴史的関心に応えるため『四一八の書』から、このカードの原型の描写を引用すると以下のとおりである。

「アッシリアの伝説で、魚を持った女の話がある。また、イヴと蛇の伝説がある。カインは、イヴと蛇の子であって、イヴとアダムの子ではないからである。ゆえにカインが弟を殺した時、（神は彼の）額にしるしを付けた。彼は最初の殺人者であり、生きている者の命を自分の神に生贄として捧げたのである。カインの額のしるしは、黙示録に言及される野獣のしるしであり、入門儀礼のしるしである。

「血を流すことは必要である。神は、血が流されて初めてイヴの子の言葉に耳を傾けたからである。それは顕教である。カインは血を流すまでは神と語ることもなく、額に入門儀礼のしるしも付けず、そのため人々はみな彼を避けていた。そして、その血は自分の弟のものであった。このことはタロットの六番目のアテュの謎である。このカードの名は恋人ではなく、兄弟とすべきである。

「カードの中央にカインが立っている。右手に弟を打ち殺したトールの槌を持つが、それは血で濡れている。左手は、無実の証として開かれている。その右側には母のイヴが立っている。蛇が身体に絡みつき、後頭部には蛇の口が迫っている。また、カインの左側には、ヒンズーのカーリに似ているが、カーリよりはるかに魅惑的な人物がいる。それはリリスである。カインの上方には大きな矢の記号が下向きに描かれ、その先端は子供の心臓を貫いている。その子供がアベルである。カードのこの部分の意味は明瞭ではないが、タロットのカードの絵としては正しい。また、魔術的寓話としても正しい。完全なる秘儀参入者でないヘブライ人の筆写者たちは、没落とそれに続く出来事に関するこの伝説を盗用した」。

　非常に意味深いのは、右に引用した文のほとんどが、先に述べた内容と逆になっているように見えることである。反作用は、常に作用と等価で反対だからである。この等式は、知的世界では、あまりタイム・ラグなしに、ほぼ同時に成立する。そこでは、ある考えが生まれるとすぐに、その反対の考えも生まれる。ある命題は、そのなかに反対のものを暗示している。このことは、宇宙の均衡を維持する上で、必要である。この論理は、アテュI、奇術師のところで説明したが、ここで再び強調しておきたい。このカードの解釈に有用だからである。

　その鍵は、このカードが世界の創造を表わすということである。教団指導者たちは、この秘密を最高に重要なものとしている。したがってタロット・カードを発行して、オシリスの永劫《アイオン》での使用に供した秘儀参入者たちは、先に『霊視と幻聴』からの引用で述べた当初のカードを別のものと取り替えた。彼らは、自分たちの新しい宇宙を創造することに専念した。彼らは科学の父であった。その仕事は錬金術と総称されたが、それぞれの流派の秘伝は公にされなかった。興味深いのは、最近五十年の現代科学の発達を慎重に検討すると、科学の全体的な傾向が、錬金術の目的と（必要な変更が加えられた上での）方法に復帰していることが分かるということである。錬金術師が秘密を守らざるを得なかったのは教会権力の迫害のためであった。教会が内部抗争にあけくれながらも、一致して力を入れたのは、まだ未発達段階にあった科学の息の根を止めることであった。放置すれば、自分たちの権力と富の基盤である無知と信仰が消滅する、と本能的に察知していたからである。

　このカードの主題は分析と統合である。科学で最初に出される疑問は、「物は何でできているか？」である。この答えが出ると、次の疑問は、「それを、我々の役に立つように再構成するには、どうすればよいか？」である。これは、ほかならぬタロットのやり方である。

　このカードの中央部のフードをかぶった人の姿は、隠者のまたの姿である。隠者については、アテュIXで後述する。彼はアテュIで述べた、メルクリウス神の一つの姿である。吾が身をすっかり覆い隠しているので、あたかも、はっきりと見えたり分かるところには、物事の根源的道理は存在しないと言っているかのようである。(他の箇所でも説明したとおり、二つの作用——分析と統合のみが最終的に有効である)。彼は入場者の合図をして立っており、創造の神秘的な力を放射しているかのようである。小脇に抱えるのは巻物で、それは〈言葉〉の象徴である。〈言葉〉は彼の真髄であり、彼の予言である。しかし、入場者の合図はまた祝福と聖別のしるしである。このカードでの彼の役割は、錬金術の結婚の祝福役である。彼の背後に見えるのは、イヴとリリスとキューピッドである。これらの像は本来のカードにあったもので、それを保存し、その由来や過去を継承していることを示すために描かれている。キューピッドの矢筒には、テレマの語、すなわち法の言葉が刻まれている。(『法の書』第一章第三十九節参照)。その矢の柄《つか》は〈意志の量〉を表わす。このようにして、魔術の根本術式たる分析と統合が幾年代《アイオン》も続くことが表わされている。

ここで、錬金術の結婚について考えてみよう。カードのこの部分は、『クリスチャン・ローゼンクロイツの化学の結婚』の内容を簡単に表現したものである。原文は長すぎるので、ここに引用すると冗長になる。しかし、彼の分析の真髄は、対立する概念が絶えず移り変わることである。それは二重性をもつ絵文字である。登場する王族は、金の王冠を戴いた肌の黒いムーア人の王と、銀の王冠をかぶった白人の女王である。王は赤のライオンを従え、女王は白い鷲を引きつれている。これは、自然の男女の原理を示している。それゆえ、男女は、あらゆる場面で対等に描かれており、太陽と月、火と水、風と地がその例である。化学では、酸とアルカリ、(より本質的に言うと)金属と非金属であり、哲学的な広い意味での水素と酸素も含まれる。この点、フードをかぶった姿は、炭素の変幻自在な要素、すなわち、すべての有機的生命の発生源を表わす。

さらに、男と女の象徴は、王と女王の武器で表わされる。王の武器は聖なる槍であり、女王のそれは聖杯である。両者の空いたほうの手は結ばれており、結婚の合意を示す。武器は対をなす子供たちが支えるが、二人の位置は入れ替わっている。白人の子は杯のほかに薔薇も持ち、黒人の子は父の槍と、それと同意義の棍棒を持つ。絵の下のほうには、結婚の成果が最も原始的かつ、多様な形で表わされている。翼の付いたオルフェウスの卵がある。これが象徴するのは、男女の原理に基づいて生まれる生命の本質である。それは、王のローブに刺繍された蛇と、女王のマントの装飾である蜜蜂の姿で表わされる。卵は灰色で黒と白が混じり、生命の樹の三つの至高のセフィロトの協力を意味する。蛇は紫色で、女王の色階では水星に当たる。それは自然のなかに姿を現わした神の影響である。一方、翼は深紅色に染まっており、その色は、(王の色階では) 偉大なる母、ビナーの色である。したがって、ここでは神の御業《みわざ》が始まるのに必要な均衡が、絵文字によって完全な形で示されている。しかし、最後の神秘に関しては、未解決のままである。生命創造の仕組みは完璧であるが、生命の本質は明らかにされていない。どんな形をとることも理論上は可能であるが、いったいどんな形であろう。それは妊娠中に与えられる影響によって左右される。

空中に見える姿は解釈が難しい。伝統的な解釈によれば、これはキューピッドである。しかし、キューピッドが双子宮と何の関係があるのか、初めは分からない。生命の樹の径を研究して、この疑問を解こうという試みはまだなされていない。双子宮は、ビナーからティファレトに通じるからである。ここに、キューピッドに関するすべての問題がある。ローマの神々は、その源流であるギリシアの神々よりも、肉体的な面が強調されている。キューピッドはギリシア神話のエロスである。彼は、アフロディテの息子であるが、伝承によっては、父がアレースであったり、ゼウスやヘルメスであったりする——ローマ神話のマルス、ユピテル、メルクリウスである。しかし、このカードの彼の容貌は、ヘルメスが本当の父であることを暗示している。その証拠に、キューピッドと子供時代のメルクリウスを見分けるのは全く容易でない。両者には、気まぐれ、無責任、いたずら好きという性癖が共通しているからである。しかしこの絵姿にはいっぷう変わった特徴が描かれている。彼は黄金色の矢筒に、弓矢を入れている。(松明を持って描かれていることもある。) そして黄金色の翼があり、目隠しされている。このことから明らかなのは、誰とでも一体になりたいという、分別のある (同時に、無意識の) 意志である。このことは、孤独の苦しみに関する一般的対処法のところで説明したとおりである。

錬金術上では、キューピッドは特に重要視されていない。しかし、ある意味では、彼はあらゆる行動力の源である。すなわち零を二と表わすリビドーである。見方を変えれば、彼はビナーがティファレトに及ぼす影響の知的な面とも考えられる。(ある流派では) このカードの表題を「声の子、万能の神の神託」と名づけているのである。これからすると、彼は、王と女王の間を取り持つフードをかぶった予言者にくだる、霊感の象徴である。彼の持つ矢は、錬金術の実験に必要な知恵を表わし、実験に対する単なる意欲を示すものではない。一方、矢は方向の象徴であるから、矢筒にはギリシア語の「テレマ」をつけるのが相応しい。さらに注目すべきは、これと対になっているカードのサジタリウス（人馬宮）の意味が、矢の持ち主、すなわち射手であり、アテュXIVには姿を見せないことである。二つのカードは相互に補完性が強いため一緒に研究しないと完全な理解は難しい。

VII・戦車

アテュVIIは黄道十二宮の巨蟹宮、すなわち太陽が夏至に到達する宮に関係がある。（注1）巨蟹宮は、水の元素の活動宮で、（注2）この元素の、最初の激しい奔流を表わす。またこの宮は、偉大なる母ビナーから、ゲブラーに至る径を表わす。すなわち、水（つまり血である）のヴェールを通して人間のエネルギーに作用し刺激する、天上からの影響力である。こうして巨蟹宮は、生命の樹の逆の側にいて、コクマーの火を下にもたらす神官に照応する。（図参照。）

エリファス・レヴィが描いた大アルカナが、現代のこのカードの図柄に大きく影響している。

戦車の天蓋はビナーの夜の空の色である。柱は、テトラグラマトンの支配する宇宙の四本の柱である。緋色の車輪は、回転運動を起こさせる、ゲブラーの根源のエネルギーを表わす。

この戦車を牽くのは四頭のスフィンクスで、それぞれが四つのケルブすなわち雄牛、ライオン、鷲、人間から成る。各スフィンクスのなかでケルブの組み合わせが入り混じり、全部で十六通り〔この算出法不明〕になる。

戦車の御者は、この宮にふさわしく琥珀色の甲冑を身につけている。彼は御者席に坐っているだけでよく、指揮をとる必要はない。運行は完全に釣り合っているからである。彼の唯一の役目は、聖杯を捧げもつことである。

彼の甲冑には十個のアッシャーの星が付いており、それは母から受け継いだ天上の露である。

この宮にふさわしく、蟹が冑の羽飾りに使われている。冑の眉庇《まびさし》は下げられている。その顔を見た者は死ぬからである。同じ理由で、身体のどの部分も露出していない。

巨蟹宮は月の室である。（訳注）このように、このカードと神官のカードには、幾つかの類似点がある。しかしまた、木星も巨蟹宮で興になる。ここで想い出されるのは、「運命の輪」と呼ばれるカード（アテュX）が木

注1＝ケスの数値が418――ケスが8、ヨッドが10、タウが400――であることに注目せよ。この数字は、『法の書』のキー・ナンバーのなかで最も重要な一つである。これは〈永劫《アイオン》の言葉〉、〈アブラハダブラ〉の数値であり、〈大いなる業《わざ》〉の暗号の数なのである。（『神々の春秋分点』の一三八頁、および『ソロモン王の神殿』を参照せよ。）この言葉についてだけで、一冊の本が書けるであろう。

注2＝このため、聖ヨハネ洗礼祭や、その他さまざまな儀式が水に関係している。

訳注＝室。上昇点（ある個人が出生した時間に東の地平線を上昇してきた宮の角度）を起点に天球を30度ずつ12等分して、12の室を作る。室はそれぞれ個人の人生の諸局面を表わし、そこに入る惑星との関係で運命を占う。

第1室――天命（基本的な運命、人生）
第2室――金銭
第3室――知識（学問）
第4室――家庭、住居
第5室――創造、娯楽
第6室――勤務、健康
第7室――結婚

星に属するということである。

　このカードの特徴のうち、中心となる最重要なものは、絵の中央部にある聖杯である。それは、混じり気のない紫水晶《アメシスト》で作られている。木星の色だ。しかし、その形は満月とビナーの大海を暗示する。

　中央部には血が光輝を放っている。闇のなかの光に、精神的生命が感じられる。しかも、これらの光線は回転することによって、表象のもつ木星的要素を強調している。

Ⅷ・調整

　このカードは、古い版では正義と呼ばれていた。この正義という語は、全く人間的であり、それに関連した意味以外にはなにもない。したがって、自然の事実の一つと誤解してはならない。自然は、いかなる神学的、倫理的な概念に照らしても正義とはいえない。自然は〈正確〉なのである。

　このカードは、金星に支配される天秤宮を表わす。天秤宮では土星が興になる。これによって、万物の均衡が象徴されている。これはテトラグラマトンの術式の最後の調整である。娘が神の息子と結婚して名誉を回復し、母親の王位を引き継ぐ。こうして最後には、「全ての父の長《おさ》なる者」の目を醒まさせるのである。

第8室――遺産、死
第9室――精神、意識
第10室――天職、現世
第11室――友人
第12室――障害

けれども、惑星や黄道十二宮に関する考慮のすべてを超えて、最大の象徴的意義をもつのは、このカードが、愚者に対応してそれを補完する女性である、という点である。というのは、アルファベットの、アレフとラメドが、『法の書』の秘密の鍵の構成要素となるからである。そして、このことが、他のどの体系よりも深遠にして崇高なる、完璧なカバラ体系の基礎である。この体系の詳細はまだ明らかにされていない。しかし、この二枚のカードの図柄を同等であると見れば、カバラ体系の存在が暗示される、という考えは正しいとされてきた。したがって、天秤宮が金星の宮であるというだけでなく、彼女が愚者のパートナーだという理由で、この女神はおどけ者《ハーレクイン》であることを暗示して踊っているように描かれている。

　それは、若くすらっとした女性がつま先立った、正確にバランスのとれた姿である。彼女はエジプトの正義の女神のマアトの、駝鳥の羽飾りを髪にさし、額には生と死の主である蛇をかたどった記章がある。また、仮面をつけているが、その表情から、宇宙の不均衡の要素すべてを支配していることに、ひそかに心から満足している様子がうかがえる。この状態は、彼女が両手で持つ魔法の剣と、宇宙の重さを量る秤、すなわち球体で象徴されている。最初の球アルファは、最後の球オメガに対してきっかり釣り合っている。これらは、最後の審判の審判官と証人である。特に、証人は、審判の秘密の推移の象徴であり、それによって現実の経験はすべて吸収され、よりよいものに変質し、剣の働きのおかげで、さらに進んだ姿になる。これらのすべては、隠された後光が形づくる菱形のなかで起こる。この崇高で調整された経験は、後光を通り抜けて次の顕現へと進むのである。

彼女は、球体と角錐（その数は四個。法と制約を表わす）から成る王座の前で体の平衡を保っている。完全に非人間的な世界であるが、すべての作用が生じる枠組みのなかで、その球体と角錐自体が、彼女自身の公正さと同じ公正さを維持している。その枠組みの外でも、カードの隅のところだが、光と闇の均衡した球体が示され、これらの球体から発する釣り合いのとれた光線が、絶えず一種の幕を張りめぐらしている。その幕は、彼女がまとめ裁定する、それらすべての作用が交錯したものである。

さらに深く、哲学的に考察する必要もある。この大アルカナは〈充ち足りた女性〉を表わす。平衡はいかなる個々の偏見にも関与しない。それゆえ、このカードの表題はむしろ、フランス語 Justesse（正しさ）を用いるべきであろう。この意味では〈自然〉の在り方は全く公正である。一本のピンでも落とすと、すべての星に、それに対する反応が起こる。この行為が宇宙の平衡を乱したのである。

この女神はハーレクィンである。彼女は〈愚者〉のパートナーであり補完者である。彼女は、究極の幻想が表明されたものである。彼女は、生命そのものの、楽しく過ごされる多彩な舞踏である。空間と時間の、見せかけの外観のもとで、絶えずぐるぐる回り、あらゆる可能性を楽しむ。つまり、万物は実在し、魂はうわべである。正確には、この調整によって、両者が即座に相殺されるからである。万物は調和であり、美である。万物は真実である。それらは釣り合うからである。

彼女は女神マアトである。頭布に、二重の真理の、駝鳥の羽毛を飾っている。

この王冠は極めて精巧なので、かすかな思考のそよぎでも、王冠を揺るがすに違いないが、そこから原因の鎖によって、天秤が吊るされていて、その皿の上では第一の球体アルファが最後の球体オメガと完全に釣り合っている。均衡のとれた天秤は、あらゆる言葉をつかいこなす二人の証人である。したがって、彼女は、すべての行為の長所を評価し、また、正確な償いを要求していると考えられる。

さらに、彼女は〈二〉の完全な術式である。AL《エル》という語は、『法の書』の表題であり、その数は31である。これは同書の数に関する鍵のなかでも極秘とされているものである。彼女は、均衡する対立物によって常に置きかえられる顕現を表わす。

彼女は神秘のマントに包《くる》まっている。それは半透明であるためいっそう神秘的である。しかし、彼女は秘密をもたないスフィンクスである。それは、彼女が純粋に計算の問題だからである。東洋哲学では、彼女はカルマである。

彼女の属性に則って、さらにこの命題は展開していく。金星は、天秤宮を支配する。つまり「愛は法なり。意志下の愛こそが」という術式を示すことである。しかし、土星は、とりわけ時間の要素を表わし、それなくしては調整は起こりえない。すべての作用とその反作用は時間のなかで生じるからである。それゆえ、時間自体、現象の条件にすぎないため、すべての現象が、置き換えがきかず、無効である。

充ち足りた女性。奔放強烈に踊るので、マントから手がのぞいている。その手は魔術師の男根に似た剣の柄を握っている。彼女はみずからの太股にその刃を挟む。

これがまた、「愛は法なり。意志下の愛こそが」の絵文字である。あらゆる形態のエネルギーを、正しく導き、定めどおり、充分に納得のいくよう、完全に適用すべきである。

IX. 隠者

このカードはアルファベットのヨッドに対応し、ヨッドは手を意味する。このため、特に抜きんでた道具としての手が、絵の中央部に描かれている。ヨッドは、アルファベットの基本であり、これを種々の方法で組み合わせることによって、他のすべての文字ができた。

ヨッドはテトラグラマトンの名の最初の文字で、父の象徴である。父は智慧であり、水星の最高の姿であり、全世界の創造者たるロゴスである。したがって、肉体生活における彼のシンボルは、精子である。このため、このカードは隠者と呼ばれる。

隠者の姿から思い浮かぶのは、ヨッドの字形である。そして彼のマントの色は、彼を懐胎するビナーの色である。

彼が手に持つのはランプで、その中心には太陽が偉大な火の王の印《シジル》に似せて描かれている（ヨッドは秘密の火である）。彼は緑色がかったオルフェウスの卵を熟視している——ある意味では、敬慕している——ようである。その卵が宇宙と同じ領域にあるからだ。一方、卵に巻きついた蛇は、水星の玉虫色を思わせて多彩である。彼が、宇宙の生命である光の、創造的にして、かつ流動的な精であることによる。

したがって、このカードの象徴のなかで最高のものは、最も高度な意味における〈肥沃〉である。そのため、このカードは性質が同じものの、もう一つの局面である処女宮を表わす。処女宮は大地のしるしであり、特に穀物を意味する。それゆえ、カードの背景には小麦畑が描かれる。

処女宮は、大地の最も低い、最も受容力のある、最も女性的な形を表わし、〈地下界《ハーデース》〉の覆いとなる。処女宮は水星に支配されるだけでなく、水星は、処女宮で興となる。小アルカナの円盤の10と、「物質への下落の極点は、精神による復活のしるしである」という不変的教理を比較せよ。それは、王女の術式であり、〈大いなる業《わざ》〉の達成の様式である。

このカードにより想い出されるのは、ある教義を内にもつ、ペルセポネーの伝説である。宇宙のいたるところに満遍なくいき渡る光が、水星のなかには隠されている。隠者の別名の一つを、サイコポンパスといい、霊魂を下界へ導く案内役をする。これらの象徴は、彼の持つ蛇の棒によって示される。その棒は実際に深淵から伸び出しており、発達して有毒になった精子であり、また胎児を表わしている。後につき従うのは、ケルベロスという、彼が飼い慣らした、頭が三つある地獄の番犬である。この大アルカナで表わされるのは、極めて不可解な働きの多い生命の神秘全般である。〈ヨッド＝男根＝精子＝手＝ロゴス＝処女〉である。これらの関係は単なる等価でなく、極限、顕現、方法のいずれの面からみても完全な合同である。

X．運命の輪

このカードは惑星の木星に帰属し、占星術では「大いなる幸運」を表わす。アルファベットのカフ(注)に対応する。カフは掌であり、ある流派では、掌の線からその人の運勢を読む。木星を〈幸運〉とのみ考えるのは当たらない。運勢の構成要素を表わし、計算できない因子である。

かくして、このカードは絶えず変化してゆく宇宙を表わす。上部は星をちりばめた天空である。星の形はゆがめられているように見えるが、光輝く星も、暗い星もあってバランスがとれている。星から天空を通って、稲妻が発生する。稲妻は天空をかき回して、青と紫の上昇気流団をつくる。その中央に、十本の輻《スポーク》がついた車輪が吊るされている。この十は、セフィロトの数、およびマルクトの領域の数に応じていて、自然界

注＝カフ20＋ペー80＝100、クォフ、双魚宮。頭文字KPhはギリシア語の κτεις と φαλλος の頭文字に対応する。

の事象を支配することを示す。

車輪の上には三個の像が載っている。剣を帯びたスフィンクス、ヘルマニュビス、テュフォンがそれである。自然現象の動きを支配するエネルギーの三つの形を表わす。

これらの特性の描写には細心の注意を要する。ヒンズー哲学には、三つのグナ――サットヴァ、ラジャス、タマスがある。「グナ」は翻訳不可能である。特定の要素、特性、エネルギーの形、位相、潜在能力などを指すものではない。これらすべてを包含する概念である。ある物の本質を描写するためには、グナの要素の幾つかを用いるとよい。「タマス」は、闇、不活性、怠惰、無視、死などを表わす。「ラジャス」はエネルギー、興奮、火、輝き、不安である。「サットヴァ」は平静、智慧、明白、均衡である。三つのグナは、ヒンズーの三大カーストに対応する。

ヒンズー哲学で最も重要な格言《アフォリズム》の一つに、「グナは循環する」がある。その意味は、〈常に変化する〉という理論によれば、いずれのグナが支配的である局面でも、何物も変わらずにいることはできないということである。その物が、どんなに鈍重で不活発であっても、いつかは活動を始める時がくる。しかし、その作用力の終末の結果は、透徹した静けさであり、結局もとの不活性状態に減退していく傾向がある。

グナに対応して、西欧の哲学では三つの属性、硫黄、水銀、塩があって、それらについてはアテュI、III、IVで説明ずみである。しかし、このカードでは関連づけられるものが多少違っている。スフィンクスは、アテュVに示される四つのケルブ、すなわち雄牛、ライオン、鷲、人間から成る。その上、この四つのケルブは、魔術上の四つの徳目、すなわち〈知る、意志する、敢行する、沈黙する〉にも対応する。(注) このスフィンクスは元素の硫黄を表わし、一時的に車輪の頂点に昇る。彼女の武器は、ローマ様式の短い剣であり、ライオンの足の支えにより上体を起こしている。

車輪の左側を、錬金術の水銀を表わすヘルマニュビスが登ろうとしている。彼は諸要素が合成された神であるが、なかでも支配的なのは猿の要素である。

右側で真っ逆さまになっているのは、元素の塩を表わすテュフォンである。これらの像には、ある程度複雑な面もある。テュフォンの場合、原始社会では怪物として、火山や台風の破壊的な力や激しさの化身であった。伝説では、彼は神と人間を支配しようと企てたが、ゼウスによって雷で打ち砕かれた。また、荒々しく、熱い、有害な風の父とされ、あるいはハルピュイアの父ともされる。しかし、このカードはアテュXVIと

注＝これらは第5の元素、すなわち霊のなかに要約された四つの元素で、五芒星を形づくる。そして対応する魔術上の徳目はIre、to goである。"To go"は、サンダルの革紐、つまり輪頭十字に関して説明したように神性の印《しるし》（象徴）である。そして、それはまた、金星という占星術の象徴と同一であって、十種のセフィロトから成る。（図表参照。）

同じく、至高の達成と至福との統合とも解釈される。稲妻は破壊し、そして生む。車輪はシバの目と考えられ、その目が開くと宇宙は絶滅するといわれたり、ジャガノートの車の車輪と考えられ、信奉者はジャガノートに滅ぼされる時に自己完成を達成できるといわれたりする。

このカードの説明は『霊視と幻聴』に述べられたとおりだが、裏の意味を含めて補遺に載せてある。

XI・欲望

この大アルカナは以前は「力」または「剛毅」と呼ばれた。しかし、通常の意味の力以上のものを意味する。理論的に分析すると、このカードに対応する〈径〉は、ゲブラーの力ではなく、ケセドがゲブラーに及ぼす影響であり、〈生命の樹〉において垂直方向と水平方向に均衡のとれた径である（図参照）。このため、伝統的な呼び名は変えるべきであると考えられた。欲望とは力ばかりでなく、力を行使する喜びをも意味する。それは活力であり、活力の歓喜である。

「出《い》で来たれ、おお子供たちよ、星々の下《もと》へ。そして心ゆくまで愛を満喫するがよい！ われはそなたの上方にあり、また、そなたの内にもある。わが脱我はそなたの脱我に宿るのだ。わが悦びはそなたの悦びを観ることに等しい」

「美と強さ、はじけるような笑いと快いけだるさ、力と火、これらこそ私たちにふさわしい」

「私は、〈知識〉と〈悦び〉と輝かしい栄光を与え、人心を酩酊でかき乱す〈蛇〉である。私を崇拝しようと思うのならば、私がわが預言者に告げるつもりのブドウ酒と一風変わった薬剤を採り上げて、それから酔っ払ってしまえ！ そういうことをしたからといって、汝らに害が及ぶようなことは全くない。自己に対するこの愚行こそは虚偽である。無垢の暴露などというのは虚言なのだ。しっかりせよ、おお人間よ！ 官能と狂喜をもたらすありとあらゆることを貪欲に享受するがよい。このために自分を拒む〈神〉がいるのではないか、などと恐れるなかれ」

「見よ！ これらは重大なる秘儀とならん。なぜなら、わが友人たちのなかには隠者たらんとする者もいるからなのだ。そうかといって、森の中や山の上で彼らを見つけようなどと考えてはいかん。実は、汝らが彼らを見つけるのは紫の床《とこ》の中なのだ。そこで彼らは、巨大な手足を持ち、眼には火と光を映し、燃えあがる豊かな髪をからませてくる、女という荘厳な獣《けだもの》の抱擁を受けているはずだ。汝らは彼らが統治しているところを、勝ち誇る軍隊に所属しているところを、あらゆる歓びをかみしめているところを目の当たりにするであろう。しかも彼らの内には、これより百万倍も大きい歓びが宿っているはずなのだ。何人《なんぴと》も他の者を強制したりしないように、〈王〉が〈王〉に敵対したりすることのなきよう、気をつけるがよい！　熱く燃える心をもって互いに愛し合うのだ。下位の人間どもなどは、汝らの誇りを得たいと物狂おしいまでに渇望しつつ、汝らの懲罰の下る日に、じだんだ踏むことになる」

「汝の眼の前には光がある、おお預言者よ、望まれてはいないが最も望ましい光が。

「私はそなたの心の中で高揚せられ、星々の接吻がそなたの肉体に雨と降り注ぐ。

「霊　感《インスピレイション》〔吸息〕の肉感的なまでの充溢において汝は消耗してしまう。呼　息《エクスピレイション》は死よりも甘美で、〈地獄〉そのものの虫けらの抱擁よりも迅速で笑いを誘うものである。」

　この大アルカナは、黄道十二宮の獅子宮に対応する。火のケルブであって、太陽に支配される。黄道十二宮の十二枚のカードのなかでは最も強力であり、魔術と錬金術の働きすべてのうちで最も重大なものを表わす。

それはアテュⅥで見たような人為的なものとは対照的で、自然界に見られる本来の結婚の行為を示す。このカードには運動の方向を左右しようとする要素はなにもない。

　このカードの中心主題は、伝説、寓話の最も古い集成に関するものである。ここで、黄道十二宮の進行に結びついている永劫《アイオン》の連続についての魔術の教理に触れる必要があろう。オシリスの時代である先の永劫《アイオン》は、白羊宮と天秤宮に対応し、イシスの時代である、その前の永劫《アイオン》は双魚宮と処女宮に対応した。ホルスの時代である現在の永劫《アイオン》は宝瓶宮と獅子宮に結びついている。従来の永劫《アイオン》の中心となる密儀は化身であった。神人の伝承は、すべてこの類いの象徴的な物語に基づいている。これらの物語に必須となるのは、英雄や神人の父は人間でないということである。ほとんどの場合、父は何らかの動物の姿をした神として表わされ、どの動物を選ぶかは、その宗派の創始者たちが、その子にどんな性質を期待するかによって決まった。

　したがって、ロムルスとレムスの双子は、マルス神が処女に生ませた子で、狼に育てられたのである。ローマ市の魔術の術式全体がこのことに基づいている。

　この小論では、既にヘルメスとディオニュソスの伝説について言及した。

ゴータマ・ブッダの父は牙が六本もある象で、夢のなかで母の前に現われたとされる。

また、鳩の姿をした聖霊が処女マリアを懐胎させたという伝承もある。ノアの箱船の鳩が、洪水から世界の破滅が救われたという朗報をもたらした、という伝説もある。（箱船の住人は胎児で、洪水は羊水である。）

オシリスの永劫《アイオン》でも、各地に同様な寓話がある。その典型的な術式は〈死にゆく神〉である。

したがって、このカードでは女とライオン、あるいはむしろライオン＝蛇の伝承が扱われる。（このカードはアルファベットのテスに対応し、テスは蛇の意味である。）

オシリスの永劫《アイオン》の初期に、預言者たちはいま我々が生きている永劫《アイオン》の予兆を見て、非常な恐怖と不安を抱いた。永劫《アイオン》が摂動することを知らず、すべての変化を破局の表われと考えたのである。こう考えれば黙示録第十三、十七、十八章で獣と緋色の女を激しく非難している理由が分かる。しかし、生命の樹では、ギメルすなわち月が頂点から下りる径がテスすなわち太陽の室たる獅子宮の径を横切る。そして、このカードの女は、太陽に余すところなく照らされた月の姿と考えられ、獣とむつまじく一体となって、永劫《アイオン》の主の代理役の人間の姿に化身するとされる。

彼女は獣の背にまたがり、左手に二人の間の情熱の象徴である手綱を持つ。右手には、高々と杯をかかげる。その聖杯は愛と死の炎につつまれ、そのなかには永劫《アイオン》の秘蹟の要素が混じり合っている。『虚言の書』では一章をさいてこの象徴を取り扱っている。

ワラタの花

《それ》のハーレムにいる舞姫のヴェールは七枚。
名前は七つ、《彼女》の寝床のそばのランプも七つ。
七人の宦官が剣を抜いて《彼女》を護衛する。《男》は誰も《彼女》に近づけない。
《彼女》の杯には、《神の七つの魂》の血が七つの流れを起こす。
《彼女》が打ちまたがる《獣》の頭は七つ。
《天使》の頭、《聖人》の頭、《詩人》の頭、《淫婦》の頭、《勇者》の頭、《サテュロス》の頭、《獅子蛇》の頭。
七つの文字が《彼女》の至聖の名前となる。それは
　このとおり

Waratah-Blossom

Seven are the veils of the dancing-girl in the harem of IT.
Seven are the names, and seven are the lamps beside Her bed.
Seven eunuchs guard Her with drawn swords; No man may come nigh unto Her.
In Her wine-cup are seven streams of the blood of the Seven Spirits of God.
Seven are the heads of THE BEAST whereon She rideth. The head of an Angel: the head of a Saint: the head of a Poet: the head of an Adulterous Woman: the head of a Man of Valour: the head of a Satyr: and the head of a Lion-Serpent.
Seven letters hath Her holiest name; and it is

This is the Seal upon the Ring that is on the Forefinger of IT: and it

これは《それ》の《人差し指》にはまる《指輪》の《印章》。そして《彼女》が殺してきた者たちの《墓》に記される《印章》。
ここに《叡知》あり。《理解》を得し者をして《我らの公主》の《数》を数えさせよ。それは《女》の《数》なればなり。そして《彼女》の《数》は
百と五十と六。

『霊視と幻聴』に詳しい記述がある。（補遺参照。）

このカードには、神聖な陶酔すなわち忘我がある。女の酔態、狂態は並外れ、ライオンは欲情に燃える。そのエネルギーのタイプは、原始的で創造的であることを表わす。理性の批判の及ぶところでない。このカードは永劫《アイオン》の意志を表わす。背景には血の気のない聖人たちの像が描かれている。カードの像は聖人に乗り移る。聖人たちの全生命が聖杯に吸収されつくしたからである。

「今や汝らに知らしめん。無限の空間の祭司にして使徒となるべく選ばれた者こそ、王子＝祭司たる〈野獣〉にほかならぬと。また、〈緋色の女〉と呼ばれる彼の情婦の内に一切の力が与えられているということも。彼らには、私の子供たちを皆一緒に彼らの羊舎に入れさせよう。彼らには星々の栄光を人々の心の内へ運びこませよう。

「なぜなら、彼はいつかなる時も一個の太陽であり、彼女は一個の月だからである。だが、彼には翼ある秘密の炎があり、彼女には上方から射す星の光がある」

この秘蹟は、秘儀参入を行ない〈大いなる業《わざ》〉を完成させるための、自然科学的＝魔術的術式である。錬金術においては、内在する酵素の働きと、太陽と月の影響で行なわれる、蒸溜作用である。

獣と花嫁の姿の後ろに、十個の明るい光線の輪がある。それは潜在的で未秩序なセフィロトである。新しい永劫《アイオン》はいずれも、新しい宇宙分類体系を必要とする。

カードの一番上に新しい光の象徴と獣の角が十本描かれている。獣は蛇であり、世界を破壊し再建するため各方面に送り出されるのである。

これ以上にこのカードの研究が必要な向きは、〈第十五の書〉『グノーシスのミサの書』（『魔術―理論と実

is the Seal upon the Tombs of
them whom She hath slain.
Here is Wisdom. Let him that hath
Understanding count the Number of Our Lady; for it is the
Number of a Woman; and Her
Number is
An Hundred and Fifty and Six.

解釈例

ワラタの花とはオーストラリアに分布する植物であり、その花の形状は女陰のそれである。《それ》は男根を示す。（IとTはヘブライ文字でיとט、יは男根と精子の象徴であり、טは蛇である）。舞姫の七枚のヴェールとは当然サロメを指すのであろうが、それ以上に七は女性の数にして、またチャクラの数でもある。タントラ宗派のなかには男根や女陰に七チャクラを想定する思想があり、《彼女》の寝台のそばにある七つのランプは明らかにそれである。抜身の剣を持ってそれを守る宦官――やはりタントラにある無射精交合法を指していると思われる。誰も《彼女》に近づけないとされているが、Nomanという言葉はラテン語ではnemoであり、これは《神殿の首

践』下巻、一六二頁以下）を熟読するとよい。

XII．吊られた男

このカードはアルファベットのメムに対応し、元素の水を表わす。その象徴するのは、秘儀参入の営みにおいて水が果たす精神的な機能だと言ったほうがよいかもしれない。それは洗礼であり、死でもある。オシリスの永劫《アイオン》ではこのカードは達人の高度な術式を表わした。溺れた者あるいは吊られた者の姿は特別な意味をもつからである。両脚を組み右脚を曲げて左脚に対して直角になるようにする。両手を伸ばして正三角形をつくる。それで十字架を戴いた三角形を象徴し、闇を補うために光が降下することを表わす。このために、手足と頭部の先端に緑色の円盤――緑は金星の色であり、優雅さを表わす――がある。水面上の空気の色も緑色で、ケテルの白色光線が浸透している。全身は輪頭十字架に吊るされており、それは薔薇十字の術式のもう一つの表現方法である。一方、左の足には、創造者であり破壊者でもあり、すべての変化を司る蛇が巻きついている。（このことは次のカードに出てくる）。

注目すべきことは、補完的要素が現われるにつれて、はっきり暗さと固さが増していくことである。しかし緑は金星の色であり、愛に内在する希望の色である。その前提となるのは、薔薇と十字架の術式や、愛される者の自己滅却、すなわち進歩の条件の術式である。この下級な死の闇のなかで、新しい生命の蛇は動きはじめる。

先のオシリスの永劫《アイオン》では、その特質であった〈風〉は、水や火と対立するものではなかった。妥協がその時代の特色であった。しかし、現在では水の元素は、永劫《アイオン》の火の主のもとにあって、水が深淵下にあるかぎり明確に対抗している。結婚のうちに含まれる対立の要素は正当なものであるから別問題である。しかし、このカードで唯一の問題は、水中に没した元素の「償い」である。したがって、すべてのものが反対になっている。この犠牲の概念は、結局間違いである。

「地上における想像もできないほどの歓びを私は与える。生命《いのち》ある間にも、信仰ではなく必然性を死に付与する。名状しがたい平穏、休息、脱我を与える。また私は、供犠として何物をも要求したりはしない」。

「すべての男女は星である」。

犠牲という考えは自然を誤解したものであり、正しい解釈は『法の書』に示されている。

しかし、水は幻想の元素である。この象徴は先の永劫《アイオン》の悪しき遺産と考えられやすい。解剖学的比喩

領》を指す言葉でもある。ゆえにこの一節は「《神殿の首領》であれば《彼女》に近づけるであろう」と読める。続く《獣》は当然ながら黙示録の獣である。

ベイバロンの印章は明らかに女陰的である。これが《それ》の《人差し指》にはめられた指輪（単に輪と見るほうがいい）に刻まれるというのは、性交の比喩である。《叡知》はコクマー、《理解》はビナーであるから、陰陽和合の比喩はここにも明白である。百五十六はゲマトリアしたほうがよい。百はכלים(壺、容器)、五十はים(海)、六はビナーの神秘数(1＋2＋3)。百五十六全体はבאבאלען（ベイバロン）である。

を用いると、それは精神の虫様突起である。

オシリスを殺したのは、水と水の住民である。ホール＝パアル＝クラアトを脅かすのは、鰐である。

このカードは、遠い昔の、絶滅しかけている、奇妙な美しさを具えている。これは死にゆく神のカードで、現在の版では記念碑的な意義しかない。その言わんとするところは、「再び、新暗黒時代とでもいうべき大変な時代になったら、まともな世の中に戻す鍵はこの方法しかないのだ」ということである。しかし、まともに戻すということは、事態がまともでないということである。賢者が努力すべき目標は、自己犠牲とか、禁欲というような傲慢で不幸な考えを人類から取り除くことに置くべきである。信仰は必然性の前には儚くついえ、禁欲は歓びによって破られねばならない。『法の書』には「堕ちた者どもを憐れむなかれ！　私はそんな連中を知ったためしなど一度としてない。私は彼らのために存在しているわけではないのだ。私は慰めたりしない。慰められる者も慰める者も、私は一様に憎悪してやまぬ」と述べられている。

償いとは良くない言葉である。それは負債を意味する。どの星にも無限の豊かさがあるから、無知な者に対しては、星に関する知識の宝庫に目を向けさせるのが第一である。そのためには、動物や子供と仲よくする時の要領で振舞い、心から尊敬し、ある意味では崇拝することが必要である。

＊＊＊

先行する永劫《アイオン》に注目せよ。「吊られた男」はI・N・R・I《インリー》の達人《アデプト》の発明した――I・A・O《イー・アー・オー》の術式である。オシリスの前の、イシス（水）の永劫《アイオン》では、それは「溺れた男」である。中世版に描かれた絞首台の二本の直立した柱は、単性生殖的自然観によれば、海底であり、箱船の竜骨であった。イシスの永劫《アイオン》では、出生はすべて男性の関与しない、母神、すなわち星の女神ヌイトからの流出と考えられ、死はすべて彼女への復帰とされた。このことから説明できるのは、このアテュが本来水に由来することや、〈オウム〉（AUM）の語に見られるように、Mの音は永遠の沈黙への復帰に結びついているということである。したがって、このカードは特に神秘家に捧げられるもので、像の姿勢は「シャロームの眠り」と呼ばれる儀式の形である。

＊＊＊

このカードに見られる錬金術上の意味は、他の様々な教条的な含蓄と性質を異にするので、この点は全く別個に扱うのが賢明と考えられる。その技術的特色のため、このカードはすべての原則と関わりがない。これは厳密に科学的な問題である。研究者は、この問題に関し『魔術―理論と実践』第十二章を熟読玩味されたい。

　このアテュは「完全な童貞で知能の高い男児」——これらの言葉は最も慎重に選んだものである——の犠牲を意味する。彼の姿勢と、アンク、すなわち薔薇十字架から吊るされていること、の意味についてはすでに述べた。初期のカードでは、絞首刑用木枠が神殿の塔門、すなわち木の枝であり、その形によって、アルファベットのダレス（ד）、すなわち金星、愛を暗示していた。

　彼の背景にあるのは、小さな正方形から成る無限の格子である。この正方形は四元素の銘板で、自然の全エネルギーの名称と印《シジル》を表示している。彼の下にある暗黒の深淵にうごめく蛇で表わされるとおり、彼の働きで子供が生まれる。

　しかし、このカード自体は基本的には、水の絵文字である。メムは三母字の一つで、その数値は40、マルクトにより充分に発達させられたテトラグラマトンの力であり、マルクトはデミウルゴスの下《もと》の宇宙の象徴である。さらに、水は格別に母字の特徴を示す。他の二つの母字のシンとアレフは共に、男性の概念を表わすからである。そして自然界では、ホモサピエンスは海生の哺乳動物であり、子宮内の胎児は羊水のなかで時を過ごす。ノアの箱船と洪水の伝説は、実際にあったことを、宗教的に表現したものにすぎない。当時、達人《アデプト》たちは（何らかの意味での）人生の持続、つまり不老不死や、おそらく回春についても、絶えず水を当てにしていた。

　福音書の伝説は、槍と杯の大奇跡（イアカス神＝イー・アー・オーの奇跡）を小奇跡（イオン神＝ノア、一般にはNで始まる神の奇跡。剣で神を殺し、その首を皿もしくは円盤に載せて供える）より上位に位置づけして、次のように述べている。そして槍を持った一人の兵士が神の脇腹を刺した。そのため血と水が流れ出た。この酒は、聖ヨハネと聖母マリアが、十字架の下で待ち受け、聖杯に集めた。これが、救済の山、モンサルヴァットの聖杯、つまりSangréal（San-graal）である。［聖杯（grailまたはgréal）は、実際には深皿（dish）を意味する。古期フランス語のgraal, greal, grasalは、後期ラテン語のgradaleが転訛したと思われるが、gradale自体、クレーター（crater）の転訛した形、碗（bowl）である］。この秘蹟は巨蟹宮の天頂で興となる。アテュⅦ参照。

研究者は、像がしだいに心をとき、ついに歓喜に酔って踊りだすまで、この象徴的な輪の周りを何度も廻らなければならない。秘蹟に参加し自分のために——またすべての人のために！——〈大いなる業《わざ》〉を行なうのは、先の段階である。

しかし彼は、これら吹きさらしの音楽の回廊に閉じこめられている、現実の神秘を、それにまた、〈賢者の石〉、〈金属の薬〉、〈不老不死の霊薬〉の実際の調合法を思い起こすことも必要である。

XIII・死

このカードはアルファベットのヌーンに対応する。ヌーンは魚を意味し、水面下の生命の象徴であり、水中で動く生命体を表わす。黄道十二宮では、火星の支配を受ける天蝎宮に結びつく。火星は最低の形態における火のエネルギーの惑星である。それゆえ、刺激を与える必要がある。錬金術的には、腐敗作用を説明するカードである。腐敗とは、初めオルフェウスの卵に潜伏していた種が、最終形態に成長するまでの一連の化学的変化に、達人《アデプト》が与えた専門用語である。

黄道十二宮中、最も力のある二つの宮の一つであるが、獅子宮のような単純さと強烈さはない。形式的には三つの部分に分かれる。最も低い部分の象徴が蠍である。その場合は、古代の自然観察者によれば、火に取り囲まれるか、さもなければ進退極まった状況に陥って自殺するものと思われている。これは最も低級な形の腐敗である。環境の重圧が耐えがたくなり、圧迫を受けた要素は変化しようとする。かくして水に投じられたカリウムは、発火し水酸基に抱擁される。

この宮の中位の解釈を示すのが蛇である。そのうえ蛇は、この宮の主題である。(注)また、神聖で〈生と死の主〉である。そして、蛇の進み方が、それぞれ生と死と呼ばれる、人生の一対の局面の律動的なうねりを暗示する。また、蛇が男性の精力の重大な象徴であることは既述のとおりである。以上のことから分かるのは、このカードは、厳密な意味で、アテュXI、〈欲望〉の完結であり、アテュXIIは両者を結び付ける溶剤、つまり溶解の働きを表わす。

このカードの最高の相は、固体物質より上方への高揚を意味する鷲である。初期の化学者たちは、最も純粋な（すなわち最も希薄な）元素はガスや蒸気となって発散することを実験により理解した。今まで述べてきたように、このカードでは腐敗の三つの基本的形態が示されている。

このカードそのものは死の踊りを表わす。骸骨も大鎌も土星の象徴でもあるが、大鎌を持つ骸骨の姿が描かれている。骸骨も大鎌も土星の象徴

注＝創世記第一、二章で、カバラ主義者はこの復活の教理を具体化した。NChShすなわちエデンの蛇の数値は三五八。MShIChすなわちメシアも同数値である。したがって、彼は秘密の教理では救済者である。この理論は詳しく説くと長大なものになる。伝説の後のほうで、この教理は少し形を変え洪水の話として再現することは本試論の他の箇所で述べているとおりである。もちろん、本質的には魚は蛇と同一である。すなわち魚＝NVN＝蠍＝蛇であるからだ。獅子宮の文字、テスもまた蛇を意味する。しかし、魚は膀胱あるいは子宮、キリストなども表わす。この象徴は秘密の教理の全体に適用される。

として重要な役割をもつ。土星は天蝎宮と明白な関係がないため、これは奇妙に映る。しかし、土星は存在物の本質をなす構造を表わすのである。すなわち、物事の基本的特質であって、自然界の働きに現われる通常の変化作用で滅失することはない。さらに、彼はオシリスの王冠を戴き、アメンティの水のなかのオシリスを表わす。それだけでなく、彼は本来の神秘的な男性創造神である。アテュXV参照。「農神サトゥルヌスの統治、復帰す」。彼を老衰と魔性の象徴に変えてしまったのは、いつにブラック・ロッジが〈伝統の腐敗〉、〈セト神との混同〉、〈死にゆく神信仰〉を誤解し、醜怪化・歪曲化したために他ならない。

大鎌の一振りごとに泡ができ、そのなかで、彼が踊って作り出す新しい姿が、はっきりした形をとり始めている。これらの姿も踊るのである。

このカードでは、魚の象徴が際立っているが、魚（ナポリその他多くの土地でペスケと呼ぶ）および蛇は、ある宗派における崇拝の二大対象であり、それらの宗派では生き返りまたは生まれ変わりの教理を説く。西アジアには、オアネスとダゴンという魚神がある。このほか世界の各所に同様な宗派がある。キリスト教でも、キリストが魚として表わされた。ギリシアの作品のタイトルにもなっている『IXThUS』は、ブラウニングが述べているとおり、「魚を意味し、いみじくもキリストを象徴する」。そしてこのギリシア語は「救い主、神の子イエス・キリスト」を意味する文章の頭文字のノタリコンであると考えられた。聖ペトロが漁師であったのも偶然ではない。福音書にも、魚に関係のある奇跡が豊富にある。魚は、その冷血性、敏捷性、明敏さのため、水星に捧げられる。また、性的な象徴でもある。これで思い出されるのは死者の案内人としての、また常に弾力的な自然の元素としての、水星の働きである。

このカードは、黄道十二宮のはっきりした属性だけではなく、さらに重要で普遍性のあるものとして考えられねばならない。最も秘密の形態をとった、宇宙のエネルギーの大要ですらある。

XIV・技《わざ》

このカードは、アテュVIの双子宮の補完役かつ充足役である。黄道十二宮の双子宮に相対する人馬宮に属する。それゆえ、「別の表現法に倣えば」、双子宮に連れ添っている。人馬宮は射手を意味し、このカードは、（最も単純で素朴な形における）狩猟の守護女神ディアーナの絵である。ディアーナは、元もと月の女神の一人であるが、ローマ人たちはギリシア神話の

「処女神アルテミス」よりいくらか低く考えた。またアルテミスはエペソでも祭られているが、これは豊穣の母神で、多くの乳房をもつディアーナである。（イシスの変身──アテュII、III参照。）月と狩猟女神の関係は、弓の形で示され、人馬宮の魔術《オカルト》的意味は〈虹を貫く矢〉である。生命の樹の最後の三つの径はケシェス、つまり虹を形づくる。人馬宮は虹を貫く矢を携えている。その径がイェソド、すなわち月からティファレト、すなわち太陽に至るからである。（この説明は極めて専門的であるが、必要である。このカードが重要な科学的術式を表わし、それは一般的用語で表現することができないからである。）

このカードは、アテュVIに出てくる王室の結婚の完成を表わす。黒と白の人物が合体して単一の両性具有者となる。彼らがまとう長衣に描かれた蜂と蛇も合体した。赤いライオンは白色になり大きさと重要度を増し、一方、白い鷲も同様に大きくなり色は赤に変わっている。彼の赤い血が彼女の白いグルテンと入れ替わったのである。（これらの用語の説明は、上級の錬金術学習者にしか分からない。）

黒と白の釣り合いや交換は、この人物の内部でも完成されている。白人の婦人の頭は黒く、黒人の王の頭は白い。彼女が戴く黄金の王冠のバンドは銀色であり、王の銀色の王冠の飾り帯は金色である。しかし右側の白い頭は、その動きが、白いグルテンの入った杯を持つ白い左腕のところまで及び、一方、左側の黒い頭は、松明となって燃える血を吐き出している槍を持つ黒い右腕のところにまで及んでいる。火は水を燃え立たせ、水は火を消す。

この人物の長衣は緑色であって、植物の成長を象徴している。これは錬金術の寓話である。科学の父祖たちの象徴的表現では、すべての「現存する」物は生命がないとされた。金属を変化させることが困難であった理由は、自然界に見出される金属は成長せず、あたかも排泄物にも似た性質であったからである。錬金術の第一の問題は、金属を植物のように成育させることであった。達人《アデプト》たちは、これの正しいやり方は、自然の営みを模倣することだと考えた。例えば、蒸溜とは、ある物をレトルトに入れて焰で熱するという操作ではなく、自然状態で発生すべきもので、作業完了にたとえ何カ月を費やしても致し方ないとされた。（何カ月であっても、当時の文明では探求者が思いどおりにできた。）

現代の人が古代の人を無知と考えるほとんどの場合、現代人自身が当時の人たちのものの考え方を知らないからで、誤解によるものである。例えば、このカードの下部には火と水が調和よく混じり合って見える。しかしこれは、ある種の不完全な要素を、その同類や反対の物と同化することによって、その術式を満足させたいという願望達成に対する、精神概念の未熟な象徴にすぎない。

したがって、〈大いなる業《わざ》〉のこの状態は、互いに矛盾する要素を大釜のなかで混ぜ合わせることであった。このことは、黄金色、つまり太陽で表わされる。太陽はあらゆる生命の父であり、(特に)蒸溜を司るからである。大地の豊穣は雨と太陽によって保たれる。雨の発生は、緩やかでおだやかな過程を経て、空気の助けを得て完結する。このこと自体は、錬金術的に言えば、火と水の結婚の成果である。そして、継続する生命の辿る先は、死、つまり腐敗である。そのことを、このカードでは、大釜の上の髑髏《されこうべ》や、それに止まる大鴉で表わす。農業用語では、これは休閑地である。

このカードには特殊な解釈の仕方があるが、それを理解する立場にあるのは、O∴T∴O∴の第九位階の秘儀参入者のみである。そのなかには重要な実践的魔術の術式が含まれているので、公然と伝えることは不可能であるからだ。

大釜のなかで執り行なわれた作業の結果、一筋の光が立ち昇り、二条の虹に分かれる。その虹は両性具有者のケープを形づくる。光の中心に、一本の矢が上に向かって放たれている。これは既述の一般的な象徴性と関連があり、〈大いなる業《わざ》〉の成果の精神化である。

さらに、この虹は錬金術のもう一つの過程の象徴でもある。ある時期、腐敗の結果、多彩な光が発生する現象が見られる(「彩れる衣」は古代伝承ではヨセフとイエスが着たとされるが、このことを指す。アテュ0、まだらの服のグリーン・マンすなわち夢想家=救世主を参照せよ)。

要するに、このカードは全体として、アテュⅥで述べた〈卵のかくれた中味〉を表わしている。術式は同じであるが、さらに程度が進んでいる。本来の二重性は完全に相殺されているが、出生後成長し、思春期を迎え、清めの式に至る。

したがって、このカードでは〈大いなる業《わざ》〉の最後の段階の徴候が示されている。人物の後方には、この人物のケープを形成する一対の虹から生じたばかりの光背があり、虹の色に染まったその両縁《べり》は、次のような碑文を示している。VISITA INTERIORA TERRAE RECTIFICANDO INVENIES OCCULTUM LAPIDEMすなわち、「大地の内部を訪れよ。汝精溜により秘石を探し出すべし」《ウイシタ・インテリオーラ・テッルラエ・レクティフィカンド・インウエニエース・オックルトウム・ラピデム》。この文中の頭文字は、V・I・T・R・I・O・Lという語を作り、宇宙の溶剤を意味するが、これについては後述する。（その数値は、$726=6\times 11^2=33\times 22$ である。）

この「秘石」は〈宇宙の薬〉とも呼ばれる。石として叙述されたり、粉と考えられたり、時にはチンキと言われたりする。またその秘石は、外見によって二種に分けられる。金と銀の部類と、赤と白の部類である。しかし、本質は不変であり、その特性は経験者でないと分からない。その理由は、錬金術師が、非常に理解しにくい「実質」である、どの領域にあるのかも定かでない物質を取り扱っていたからである。現代の化学や物理学の主題について、錬金術師の目から見れば、〈生命のないもの〉の研究であるということになろう。生のあるもの、ないものの間の本当の違いは、なによりも、その作用にあるからだ。

前述の錬金術のモットーの頭文字から、Vitriol という語ができる。しかしこの語は、現代の用語から想像されるような、水素や鉄や銅の化合物である硫酸塩とは関係がない。錬金術の三要素である硫黄、水銀、塩の均衡のとれた混合を意味する。これらの名称は、一般に名づけられている同名の物質とは、なんら関係がない。既にアテュⅠ、Ⅲ、Ⅳで述べたとおりである。「大地の内部を訪れよ」という勧めは、本論で一貫した主題となっている〈業《わざ》〉の第一術式を、より高度に要約したものである。この勧告のなかで重要な言葉は、中ほどの RECTIFICANDO である。その意味は、〈真の意志〉の径を通って新しい生命体を正しく導く、ということである。哲学者の石、すなわち〈万能薬〉は、万能の護符であったり、錬金術師の〈真の意志〉を伝えるための、完全に弾力性があり、しかも完全に硬直した媒体であったりすることになる。その目的は、〈オルフェウスの卵〉を受精させ、明示されているように、この世に誕生させるためである。

このカードとアテュⅥの両方にある〈矢〉は、極めて重要である。実際に、矢は水星の最も単純で純粋な記号であり、導かれた意志を象徴する。この事実を強調するため、『霊視と幻聴』中の第四アエティール、LITから引用することは妥当である。（補遺参照。）

XV．悪魔

このカードはアルファベットのアインに対応する。アインは〈目〉の意味で、黄道十二宮の磨羯宮に関連する。しかしキリスト教の暗黒時代には、このカードは完全に誤解されていた。エリファス・レヴィが、自分の得意とする儀式魔術とのつながりから、このカードを深く研究し、バフォメットに違いないと結論づけた。バフォメットは、〈聖堂騎士団〉の驢馬の頭をもった偶像である。(注) しかし、考古学の調査はいまだ充分とは言えず、バフォメットの特質については満足な解明がなされていない（アテュ0参照）。少なくともレヴィは、このカードに描かれた山羊が牧羊神《パン》に相違ないと確認した。

生命の樹では、アテュXIIIとアテュXVは対称的に位置している。両者はそれぞれティファレトすなわち人間の認識から出て、一方は〈思考〉が、他方は〈歓喜〉が展開している球体に到達する。両者の間にあるアテュXIVは、同じように、〈存在〉を表わす球体に達する。（アテュXの注および配列図参照。）それゆえ、これら三枚のカードを要約すると、概念が具象化する過程の絵文字であると言うことができる。

このカードは最も物質的な形をした創造のエネルギーを表わす。黄道十二宮では磨羯宮が頂点を占める。それは、すべての宮のなかで最も高い位置にある。貪欲に地球の頂上にとびかかろうとしている山羊である。この宮を支配するのは土星で、自我と永続性を促進する。そして、火星がその最高の形である、燃える、物質的な、創造エネルギーとなって、この宮に上昇してくる。このカードは〈パン・パンジェネター〉、すなわち〈万物の生みの親〉を表わす。それは生命の樹であり、その背景は、絶妙に繊細に、複雑に、空想的に描かれた狂気であり、また瞑想的な冬の狂気のなかで予知されていた、神聖な春の狂気である。太陽が北向きになって、この宮に入るからである。おびただしい樹液の躍動が見えるように、木の根は透明になっている。その木の前にヒマラヤ産の山羊が立つ。額の真ん中に目が一つあり、地球上、最高で最も神秘的な山々に降り立つ牧羊神《パン》を表わしている。彼の創造のエネルギーは、首領達人《チーフ・アデプト》が持つ棒《ワンド》の象徴に隠されている。その棒は、翼の付いた球と、ホルスとオシリスの双子の蛇を頂に載せている。

「聞け、星々の神、
私は、あなたの昔からの崇拝者、
私には汚れも、悲しみも、傷もあるが、
努めて楽しくする。
聞け、白百合のような山羊よ、
いばらの茂みに似て毛はこわく、
首を飾る黄金色の襟、
角《つの》は緋色の弓と紛《まご》うばかり。」

磨羯宮は、荒々しく、厳しく、暗い。盲目的でさえある。創造の衝動は、理性も、慣習も、慎重さも無視

注＝初期のキリスト教徒は、〈驢馬または驢馬の頭をした神を崇拝する〉と非難された。ブラウニング著『指輪と書物（教皇）』参照。

する。それは神のように奔放で、崇高と言っていいほど、結果に無頓着である。「自らの意志を行なうよりほかに、汝には何らの権利もありはしない。それを行なうのだ。しかも、他の誰にも否と言わせてはならぬ。なぜなら、目的に手加減を加えることなく、それでいて結果ばかりを追い求める欲動からは解放された、純粋な意志というものは、あらゆる点で完璧なものだからである。」(『法の書』第一章第四十二〜四節)

　さらに注目すべきことは、木の幹が天を貫いていることである。その周りにはヌイトの胴体の輪が示されている。同じように、棒の先は地球の中心へ際限なく下がっている。「私が頭をもたげるならば、私とわが〈ヌイト〉とは一体である。頭《こうべ》をたれて毒液を発射するならば、その時、地上には狂喜が訪れ、私と地とは一体となる。」(『法の書』第二章第二十六節)

　そこで、このカードの術式は、万物を完全に認識することである。彼は平穏な豊穣よりは、粗野な不毛を喜ぶ。すべては等しく彼を高める。彼はどれほど嫌悪をもよおすものであろうと、いかなる現象のなかにも歓びを見出す。そして、あらゆる制約を超越する。彼は牧羊神《パン》であり、全てである。

　これ以外にも幾つかの対応関係に注目することが必要である。ヘブライ語アルファベットの三つの母音＝子音、アレフ、ヨッド、アインで神聖なる神の名、IAOができる。これら三文字については、それぞれアテュⅨ、0、XVで触れており、男性的創造エネルギーの説明を、三度も行なっている。しかし特にこのカードは、最も男らしい男性のエネルギーを表わしている。支配者の土星は、エジプトの砂漠の驢馬の頭をした神、セトである。彼は南部エジプトの神である。この名は、これらの子音をもつすべての神に関係がある。例えばシャイタン、すなわちサタンである。(『魔術―理論と実践』参照)。この象徴で重要なのは環境――不毛の土地、特に高地である。山岳信仰と全く類似している。旧約聖書では、「高地」で礼拝を執り行なった王たちへの非難がいたるところに見られる。シオン自体山であるのに、このありさまである！　この感情は〈魔女の夜宴〉の時代に至るまで持続した。その宴の場所は荒涼たる山頂が望ましく、それが不可能でも、少なくとも人手が加えられていない荒地でなければならなかった。

「サトゥルヌスの領域」を意味する〈シャバタイ〉とは〈サバト〉のことである点は注目に値する。歴史的には、魔女に対する敵意はユダヤ人への恐れに関係がある。キリスト教流の魔術形式がユダヤの儀礼に取って替わったので、キリスト教徒にとって、ユダヤの儀礼は神秘的で怖ろしいものになった。パニックになると、キリスト教徒の子供が誘拐され、生贄にされたり、喰われたりするのではないかという恐怖に襲われるのであった。今日でもこの迷信は続いている。

このカードに描かれた色々な象徴のなかには、最も高いものと最も遠いものが暗示されている。山羊の角でさえ螺旋形で、すべてに行き渡るエネルギーの運動を表わす。ゾロアスター教による神の定義は「渦巻く力をもつもの」である。ゾロアスターほど深遠でないかもしれないが、最近のアインシュタインの著作と比較してみよ。(注1)

XVI・塔［または戦争］

このカードはアルファベットのペーに対応する。ペーは口を意味する。関係する惑星は火星である。その最も単純な解釈では、壮大極まる宇宙エネルギーの顕現に関係があるとされる。絵が示すのは、存在する物を火で焼きつくす様子である。アテュXXの〈最後の審判〉、すなわち〈新しい永劫《アイオン》の到来〉の前触れと考えられよう。このため、永劫《アイオン》の主の本質的特性が示されているように思われる。(注2)

それゆえ、カードの下部には、電光、火炎、武器により既成の永劫《アイオン》が破壊される姿が描かれている。右下の隅には、ディス〔ローマ神話の地下界の神で、ギリシア神話のプルートーに当たる〕の顎があって、建造物の基礎にむけて火を噴いている。塔の上から、守備隊員たちの打ち砕かれた身体が落ちてくる。その姿は、もはや人間の形をなしていないのに気づかれよう。単なる幾何学的図形になってしまっている。

このことが暗示するのは、このカードのもう一つの（全く異なった）解釈である。これを理解するためには、ヨガの諸教理、特に南部インドで最も普及している、破壊者シバの宗派に言及する必要がある。シバは、その崇拝者の身体に乗り移って踊るものとされている。このことは大部分の西洋人には理解困難である。要約すると、究極の真実（完成）は無であるというのが、この教理の根本思想である。これによると、すべての顕現は、いかに栄光に満ち歓びにあふれたものでも、しみにすぎないのである。完成に到達するには、存在しているものはすべて、滅ぼされなければならない。したがって、守備隊の壊滅の意味は、今まで閉じこめられていた、組織化された生活という刑務所からの解放であるととってよかろう。そのような生活にしがみついているのは愚である。

前記から明らかなように、魔術の象徴を理解するに当たっては、必ず相反する二つの意味があることに注

注1＝土星と月を比較せよ。土星は〈七聖放浪者〉の末端にあり、月はその反対側にある。老年の男と若い娘――「テトラグラマトンの術式」参照。両者の結びつきは、他のどの二つの惑星をとったものよりも強い。$3^2=9$であり、また、それぞれのなかにそれ自身の概念の極限が含まれているからである。(補遺、アテュXXI参照。)

注2＝『法の書』第三章、第三―九節、第十一―十三節、第十七―十八節、第二十三―二十九節、第四十六節、第四十九節―六十節。第七十―七十二節参照。

意しなければならない。これらの考えは、このカードのいっそう高邁深遠な意味と自然に混じり合っているのである。

『法の書』のなかで、このカードを直接引き合いに出している箇所がある。第一章の第五十七節でヌイト女神が次のように述べている。「わが星々の下《もと》にわれを召喚せよ！　愛こそ法なり、意志下の愛こそが。馬鹿者どもに愛を見誤らせるでない。愛といってもいろいろあるからだ。鳩もいれば蛇もいる。汝らが良き選択をされんことを！　彼は選んだのだ、わが預言者よ、砦の法を知り、〈神の家〉の大秘奥をも心得て」(注)。

このカードで支配的な特徴は、ホルスの目である。これはシバの目でもある。この宗派の伝承によれば、その目を開けると宇宙は破滅するという。

このほかにも、極めて専門的な魔術上の意味があるが、O∴T∴O∴の第十一位階の秘儀参入者以外には知らせることができない。第十一位階とは極秘のもので、公式な記録にはその存在すら載っていない。アテュXVの目を研究することによって、この目を理解しようとするのもいけない。アラブの賢人たちやペルシアの詩人たちが、さほど慎重な構えも見せずに、この問題について述べていると申しても咎《とがめ》はあるまい。

この目の輝き（目の意味は、ここではアテュXVで述べた第三の感覚としておく）を身に浴びて、前に引用したとおり、オリーヴの枝をくわえた鳩と、蛇がいる。蛇はライオン＝蛇 Xnoubis、すなわちアブラクサスとして描かれている。これらは欲望の二つの形を表わす。ショーペンハウエルなら、〈生きる意志〉と〈死ぬ意志〉とでも呼んだであろう。それらは、女性と男性の衝動を表わす。後者のもつ高貴さは、たぶん前者の無益さを認識しているところから来ているのであろう。これがもとで、通常の意味における禁欲が、秘儀参入の第一歩として常に掲げられてきたのである。これは不必要に硬直した見解である。この大アルカナが、唯一のカードであるというわけではないし、また「生きる意志」と「死ぬ意志」とが相矛盾するものでもない。生と死が、同じエネルギーの顕現の二局面であるということが理解できれば、このことは明らかになる（アテュXIII参照）。

XVII・星

このカードは、既に説明したとおり、アルファベットのヘーに対応する。黄道十二宮では、宝瓶宮に関係する。画像は我らが星の公主ヌイトである。この文章の真意を知るには、『法の書』の第一章を理解する必要がある。

注＝このため、今日では理解しにくい古いタイトルが残った。もしこの名がなければ、このカードは戦争と呼ばれていたかもしれない。

女神の姿ははっきりと描かれている。つまり、アテュXXで示されているような、天空を取り巻く空間としてではない。そこでは彼女は連続的で多様な姿をとる純粋な哲学的概念である。このカードでは、彼女は人間の姿で表わされている。そして二つのカップを携えている。一つは黄金色で頭上高く掲げ、その水を自分の頭に注いでいる。「彼女の乳首からほとばしる星の乳、然り、彼女の乳首からほとばしる星の乳」と書かれているように、これらのカップは乳房に似ている。

宇宙は、ここでは分解されて、極限の元素に分かれる。(パスカニー湖のヴィジョン〔『霊視と幻聴』参照〕から引用してみたい。「輝く無……〈何〉が輝くのか!」)。女神の背景には、天空儀がある。そのなかで最も目立っているのは、七個の尖端をもつ金星で、あたかも自分の主な特質は愛だと主張しているかのようである。(『法の書』第一章の記述参照)。黄金色のカップから、自分の頭に天空の水(それはミルクや油や血液でもある)を注ぐ。その行為が象徴するのは、カテゴリーの永遠の更新、存在の無限の可能性である。

下におろした左手には、銀のカップを持ち、そこから彼女の命の不滅の酒を注ぐ。(この酒は、インド哲学者の言う不老不死の飲料《アムリータ》であり、またギリシア人のネペンテスと神饌《アンブロシア》であり、あるいは錬金術師の万物融化液ならびに万能薬であり、さらには聖杯の血、というよりはむしろ、その血の母というほうが相応しい神酒《ネクタール》である)。彼女は大地と水の接点にその酒を注ぐ。この水は、ビナーの偉大な海の水である。低い平面上に顕われるヌイトは、偉大なる母である。偉大なる海は、絵の右下隅の薔薇で表わされている、豊穣の大地の岸辺にあるからである。しかし、海と大地の間には、「深淵」があり、雲に隠れているが、この雲は彼女の髪が長く伸びて渦巻いてできたものである。「私の毛髪が〈永遠〉の樹木である」(『法の書』第一章第五十九節)。

絵の左上の隅にはベイバロンの星がある。「銀の星」団の記号である。ベイバロンはヌイトの原形の具象化したものだからである。彼女は〈緋色の女〉、アテュXIの公主たる聖なる娼婦である。天球儀の後方に位置するこの星からは、精神の光が螺旋状の光線となって放射されている。天空は、不滅の女神の顔を隠すヴェールにすぎない。

この絵では、エネルギーの形は全て螺旋状である。ゾロアスターは言っている、「神は鷹の頭をもち、渦巻く力をもつ」と。注目すべきは、この託宣が〈現在の永劫《アイオン》〉、すなわち〈鷹の頭をした神の永劫《アイオン》〉、またアインシュタイン学派が予測した〈宇宙の形状の数学的概念の永劫《アイオン》〉を予見しているらしいことである。放射されるエネルギーの形が直線的特性を示すのは、下のほうのカップのなかだけのことである。ここにおいて、人間が宇宙の美と驚異に全く盲目であるのは、この直線性という幻覚のためである、と主張する教理に気づくであろう。リーマン、ボヤイ、ロバチェフスキーは〈新しい黙示〉の数学的予言者であったように思われるのは意義深い。ユークリッド幾何学の基礎は直線の概念にあるが、その平行公準が証明不能と分かったために、数学者たちが、直線は事実を反映していないと考えはじめたのが発端である。(注)

『法の書』の第一章における、その結論の実際上の重要性は大きい。それは真理に到達するための明確な術式を与える。

「地上における想像もできないほどの歓びを私は与える。生命《いのち》ある間にも、信仰ではなく必然性を死に付与する。名状しがたい平穏、休息、脱我を与える。また私は、供犠として何物をも要求したりはしない。」

「しかし、私を愛することこそ、あらゆることのうちで最高の善である。もしも砂漠の夜空の星の下《もと》で汝が、私の現前するところでわが香を直《ただ》ちに薫《た》き、純潔なる心をもって私を召喚し、心中には〈蛇〉の如き炎を燃えあがらせるならば、わが胸の内にいまわせんとして少しばかり近寄らせてくれよう。一度《ひとたび》唇を交したならば、汝は自ら進んで一切を与えたいと願うようになるであろう。だが、塵《ちり》の一粒でも与える者があるならば、誰であろうとその瞬間にすべてを失うことになるのだ。汝らには諸々の品々や多勢の女たちや香料などを手中に収めさせてやろう。贅沢な宝石で身を飾らせてやろう。壮麗さといい誇り高さといい、地上の諸国などを凌駕するほどになるがよい。しかし、いついかなる時も私を愛することを忘れるでない。そうして汝らは来たりてわが歓びとなろう。汝らが一枚の外衣を纏い豊かな髪飾りで覆《おお》われた姿でわが面前に現われんことを、私は熱意をこめて命ずるものである。われは汝らを愛す！　われは汝らへ思慕の情を寄せてやまぬ！　青ざめていようと紫色だろうと、ヴェールの陰に隠れていようとあからさまに淫らであるにせよ、快楽と肉欲のかたまりで、最も内なる感覚の酩酊《めいてい》にほかならぬこの私は、そなたを欲するばかりなのだ。翼をつけて、自らの内にはとぐろを巻く光輝を奮い起こし、わが方へ来たれ！

「私がそなたと会する折りにはいつでも、女祭司にこう言わせよう――そして、その女祭司が私の秘密の神殿の中で、あらわな姿のまま法悦境に浸りつつ立っている時、彼女の両眼を欲望で燃え上がらせてやろう

注＝直線は曲線の最小極限にすぎない。例えば、直線とは焦点間の距離が「無限に離れている」楕円である。実際、微積分をこのように使えば「直線性」を確実なものとすることができる。

──私のもとに！　わが方へ！　と。そうして彼女の愛の詠唱《ラヴ＝チャント》の轟くなか、万人の心の炎を喚び起こすのだ。

「私に向かって狂喜を呼ぶ愛の歌《ラヴ＝ソング》を歌いかけてくれ！　私に向けて香料を燃やしてくれ！　私のために宝石で身を飾ってくれ！　私に乾杯するがよい。なぜなら、私はそなたを愛しているのだ！　われはそなたを愛す！

「私は〈日没〉の青いまぶたをした娘である。私は肉感的な夜空のむき出しの光彩である。

「私のもとに！　わが方へ！

「〈ヌイト〉の〈顕現〉はここで尽き果てる。」

XVIII・月

十八番目の大アルカナは、アルファベットのクォフに対応し、クォフは黄道十二宮の双魚宮を表わす。呼び名は月である。

双魚宮は最後の宮であり、冬の最終段階を表わす。復活の入口と呼ばれることもある（クォフは後頭部を意味し、小脳の潜在的能力に関係がある）。前代の永劫《アイオン》では、太陽は、冬からだけでなく夜からの復活ともされた。そして、このカードは真夜中を表わす。「真夜中には、明日の芽生えがある」とキーツは書いている。この理由から、カードの最下部には、嫌悪の図表に染められた水底に、聖なる甲虫、すなわちエジプトのケフラが下顎に太陽の円盤をはさんだ姿を見せている。この甲虫の力で、太陽が夜の闇と冬の厳寒のなかで、おとなしくしている。

水面上の光景は不吉で不気味である。血の色が混じったリンパ液の流れが見える。血の源流は二つの荒涼とした山の間の裂け目にある。不純物を含んだ血が九滴、ヨッドの字形のような雫となって、月から流れに滴りおちる。

月は、天頂にも登り最下点にも達し、しかもその間のどこをでも運行することから、最も普遍的な惑星といえる。月は、その高度の位相では、アテュIIに示されたように、人間と神の連結役を果たす。この大アルカナでは、彼女の最低の地位にあたる化身が表わされ、ネツァクの大地の領分と、物質のすぐれた諸形態の頂点であるマルクトを結ぶ。これは欠けゆく月であり、魔術や忌まわしい行ないの月である。月は毒を流したような闇であるが、それは光が復活する素地でもある。この径はタブーにより守りを固めている。それは不浄であり妖術である。丘の上には、名状しがたい謎や戦慄、恐怖が黒い塔となって立っている。偏見、迷信、旧習、何代にもわたる憎悪などが入り混じって、目の前の月の表面《おもて》を暗くする。この径を歩き出そうとするには、途方もない勇気がいる。このため、人は迷い運命が決まる。光輝は消え失せる。月には微風もない。探索の途上の騎士は、触覚、味覚、嗅覚という、低次の三感覚に頼らざるを得ない。(注1)有るか無きかの光は闇よりも恐ろしく、静寂は野獣の遠吠えに破られる。

　いずれの神に助けを求めるべきか？　それはアヌビスである。彼は薄明の見張り人、入口に立つ神、道筋に立つ一対のジャッカル神ケムである。その足下にはジャッカルそのものが見張りにつき、神を見たこともない者や、神の名を知らなかった者に襲いかかり、その死体をむさぼり喰おうと待ち構えている。

　ここは生の入口でもあれば、死の入口でもある。すべてが曖昧模糊とし、神秘的で陶酔的である。しかし、それはディオニュソス風の温和な太陽による酩酊ではなく、有害な薬物による恐ろしい狂気である。つまり、この月の毒気によって精神が壊滅し、そのあと感覚が酔ったようになるのである。次の文は創世記のなかでアブラハムについて書かれたものである。「絶対の暗黒という恐怖が、彼を襲った」。思い出されるのは、潜在意識による認識が精神に与える反響と、神秘主義者たちが〈魂の暗い夜〉を説明するに際して、いつも誉め称えてきたこの上ない不正行為とである。しかし、最高の人、本当の人物は全くそのように考えない。いかに恐怖が魂を苦しめ、いかに憎しみが嫌悪感を強め、いかに怯えが心に襲いかかろうとも、答えはいつも一つである。「冒険とは何とすばらしいことか！」。

注1＝『虚言の書』ηβ章参照。
注2＝本書の著者の家の紋章と比較せよ。

XIX・太陽

　このカードは、紋章学の専門用語でいう、「薔薇を一輪あしらった、緑色の山の上の太陽」を表わす。(注2)

　これは最も単純なカードの一つである。ヘル＝ラ＝ハ、すなわち新しい永劫《アイオン》の主が、人類に太陽として姿を見せる際の、太陽の精神的、道徳的、物質的な諸相を表わしている。彼は光、生命、自由、愛の神である。現在の永劫《アイオン》は、目標として人類の完全な解放を掲げている。

　薔薇は太陽の影響力による開花を表わす。絵の外周に黄道十二宮が正しく配置されている。例えば白羊宮は東から昇ろうとしている。自由は正常な精神をもたらす。十二宮図はヌイトの身体を子供らしい表現で描いたものであり、果てしない宇宙の我らが公主の分化、分類であり、選別された帯《ベルト》であり輪《ガードル》である。叙述の便宜上、工夫を凝らすことも許されるのである。

　緑色の小山は豊穣な大地を表わす。その形状から見るに、まるで天に届くことを切望しているかのようである。しかし小山の頂上の周りに壁が立ち並び、新しい永劫《アイオン》を熱望することが、統制の欠如によるものではないことを示している。そして、この壁の外側には双子の子供がいる。この二人は、今までに様々に姿を変えて他のカードに現われている。また彼らは男性と女性を表わし、永遠の若さ、控えめのなさ、無垢などを表わす。二人は光のなかで踊っているが住処は地球である。二人は人類が到達すべき次の段階を表わす。そこでは完全な自由が原因ともなり結果ともなって、太陽エネルギーが地上に新たに到達する。古い意味での罪とか死の考えにあった制約は取り除かれた。二人の足下には、前代永劫《アイオン》の最も神聖なる表徴《しるし》、すなわち薔薇と十字の組み合わせがある。薔薇と十字は、二人が生まれ落ちた母胎であり今も支えとなっている。

　このカード自体、薔薇と十字の考えの拡張を象徴する。いまや十字架は伸びて太陽に達しているが、十字架が元来太陽に由来することは論をまたない。太陽の光線は十二本ある――十二宮の数というだけでなく、ファという古代で最も神聖な神の称号の数でもある。（ファという語は「彼」を意味し、その数値は十二である）。常に四の数に結びつけて考える世俗的な法の制約は消滅した。法によって制約されていた十字架の四本の腕はなくなり、十字架の創造的エネルギーは自由に拡がる。その光線は我らの星の公主の身体を四方八方に貫く。

　壁について言うと、それが小山の頂上を完全に囲んでいる点に注目すべきである。これは、薔薇と十字の術式が地上の事物に対して依然有効だということを強調するためである。しかし、以前にはなかったことであるが、今は天上と密接かつ明確な結びつきがある。

　さらに注目すべき重大な点は、薔薇と十字の術式（壁を張りめぐらした小山によって象徴される）が、火の力で完全な変化を遂げ「豊かで未知なもの」になったことである。小山は緑であるが、いずれ赤くなることは容易に想像できるし、赤い壁は緑か青に変わるであろう。この象徴が示しているのは、文明の進歩によって生じた難題を簡単に偏見をもたずに解決することが、新しい永劫《アイオン》の調整面での大きな進歩の一つに相違ないということである。

　人間は、洞窟時代の社会制度（当時、制度とは言わなかったが）から見ても、肉体特性に関する原始的な認識から見ても、大幅な進歩を遂げた。また人間の魂についての粗雑な構造的分類を取ってみても、今日まで非常な進歩がなされた。だがその結果、いまや精神病理学や精神分析学の面で、大変な行き詰まりに直面している。紀元前二五、〇〇〇年頃から実際に続いている人間の偏見は、厄介で根強いものである。これらの人々が、精神性の異なった法律の下で生まれ育ったのは、その妥協を受けつけない性癖によるところが大きい。彼らは、先祖からの圧迫を感じると同時に、みずからの土台の不安定さに当惑する。新しい永劫《アイオン》の先駆者の仕事は、この問題を是正することにある。

XX・永劫《アイオン》

　このカードでは、従来の伝統的なものから完全に脱却することが必要であった。逆にそのことが伝統の維持に役立つのである。

　古いカードは〈天使《エンジェル》〉または〈最後の審判〉と呼ばれた。そして一人の天使すなわち使者が、旗をつけたトランペットを吹き鳴らす姿を表わす。その旗にはオシリスの永劫《アイオン》の象徴が印されている。彼の下では、墓が暴かれ死者が立ち上がっている。全部で三人である。真ん中の一人は、両方の上膊を水平に張り、肘から先の前腕を直角に持ち上げて、アルファベットのシンの字を形づくる。シンは火に関係がある。したがってこのカードは、火によるこの世の破壊を表わす。これはキリスト紀元の一九〇四年に実現した。この年、東方では風神オシリスに代わり火神ホルスが、神官になった（アテュV参照）。そこで、新しい永劫《アイオン》の初めに、その到来を地球に告げた天使の言葉を明らかにするのが妥当である。こうして、この新しいカードが必然的に、〈啓示の石碑〉の修正版となった。

　このカードの最上部を巡って、無限の可能性を示す星の女神、ヌイトの姿が見られる。彼女の配偶者はハディトである。彼は遍在的な視点であり、唯一の、哲学的に条理にかなった真実の概念である。彼は火の球として描かれ永遠のエネルギーを表わし、翼をつけ、推進力を象徴する。これら両者の結婚によってホルスが生まれる。しかし彼は、ヘル＝ラ＝ハという特別な呼び名で知られている。二重神格をもち、外向的な形はラ＝ホール＝クイトで、受動的、内向的な形はホール＝パアル＝クラアトである。（前記の、テトラグラマトンの術式参照）。またホルスは、太陽的性格をもつ。そのため黄金色の光となって進むとされる。

　この象徴性はすべて『法の書』において徹底的に説明されている。

　ところで注目すべきは、ヘルという名前は、タロットを司る大天使フル（Hru）と同一であることである。したがって、この新しいタロットは『法の書』への説明と見ることもできる。同書の教理は、本書でも随所に示されている。

　カードの最下部には、花を暗示する形でアルファベットのシンが描かれている。その花の先端の三個のヨッドの文字に当たる部分には、新しい永劫《アイオン》の真髄に触れるのを目的とした三人の人間が入りこんでいる。このシンの文字の後方には、天秤宮が象徴的に表わされている。これは、約二〇〇〇年経って現在の永劫《アイオン》を引き継ぐことになっている、次の永劫《アイオン》の前兆である――「大春秋分点降下し、フルマキス立ち上がり、二本の棒を持ちし者、吾が王位を継ぐべし」。現在の永劫《アイオン》は、経過年数が短いため、この未来の大事件をいっそう明確に表現することはできない。しかしこのことに関し、ラ＝ホール＝クイトの姿が注目に値する。「私は二本の棒の権力の主である。コフ・ニアの力の棒である。だが私の左手は空いている。宇宙を握りつぶしたからである。いまや、何も残っていない」。永劫《アイオン》の主については、このほかにも学ぶべきことが多いが、それは、『法の書』に譲ることとする。

オシリスの永劫《アイオン》からの大異変を伴う移行を特徴づける、精神的、道徳的、さらに物質的な諸々の事件を正しく評価するためには、同書を熟読したうえで沈思黙考することも大切である。新しい永劫《アイオン》が誕生する時期は、政治権力が極度に集中することによって暗示されるようである。この集中化をもたらすものは、交通や通信手段の進歩、哲学・科学の全般的発達、宗教思想の統合に対する一般的要求などである。およそ二〇〇〇年前に訪れた危機の前と後の各五〇〇年間の事件と、前時代に属する一九〇四年を中心とした、同じく前後各五〇〇年間の事件とを比較することは非常に有益である。現世代の者にとっては、考えて愉しいことではないが、五〇〇年間にわたる暗黒時代が再来するかもしれないのである。この類推が当たっていればそうなるはずである。幸いにして、現代は当時に比べればいっそう明るい松明があり、その松明を支え持つ人たちも多い。

XXI・宇宙

このカードの最も重要で顕著な特色は、全カードのなかで最後に位置しているために〈愚者〉の補完者となっていることである。このカードはアルファベットのタウに対応する。したがってこれら二枚のカードは、いずれもAth（本質《エッセンス》の意）という語が綴りのなかに含まれる。したがって、すべての現実は、このアレフとタウの二文字が最初と最後に位置する、一連のアルファベットに拘束される。最初は〈無〉であった。したがって最後も〈無〉のはずである。しかしその無は、既に説明したように、完全に拡張された無である。数字の2でなく4が選ばれてこの拡張の基とされたのは、一つには「論考の領域」を拡張するのに、たしかに好都合だからであり、もう一つには、極限の概念を強調するのに便利であるからである。

タウの文字は十字の記号、つまり拡張を意味する。この拡張は、テトラグラマトンの循環する象徴を構成する便宜上、四重に表わされる。数字の2の場合は、統一への復帰か否定への復帰しかない。継続的な過程を象徴するためには都合が悪い。しかし4は、固定的な拡張という、自然の厳しい現実ばかりでなく、絶え間なく自己を補整していく変動による、空間と時間を超越したものを表わすのにも役立つ。

アルファベットのタウは土星に属する。土星は七惑星のうちで最も外側に位置し、最も速度の遅い星である。この鈍重な性質のため、地の要素が象徴として付加された。本来の三つの要素、〈火〉、〈風〉、〈水〉で原始的思想を表わすには充分であったが、その後、〈地〉、〈霊〉が追加された。セフェル・イェツィラーの元々の二十二の径には、〈地〉の要素も〈霊〉の要素も表わされていない。また、物質の世界であるアッシャー界は、生命の樹の付属物としてしか表わされない。

同様に、〈霊〉の要素は付加的な装飾物として、アルファベットのシンに対応する。ちょうどケテルが、テトラグラマトンの最初の語ヨッドによって象徴されるといわれるのと同様である。ただ絶えず識別する必要があるのは、哲学的な理論上の象徴と、実際の所業に必要な象徴に基づく、いっそう手の込んだ象徴とである。

土星と地球は幾つかの共通点をもっている――重量、低温、乾燥度、不動性、不活発さなどである。だが土星は女王の色階の黒に応じてビナーに現われる。この色階は「観察された自然」の色階である。しかし常に、最後の過程に達するとすぐ自動的に始めに戻る。

化学的には、土星は最も重い構成要素《エレメント》から成っているので、その内部構造の緊張と圧力は地球の殻では到底支えきれない。その結果、土星では最も希薄で最も活性の高い微粒子が放射される。シシリー島のセファルーで書かれた熱力学第二法則に関する論文によると、絶対零度でなら、ウラニウムより重い元素の存在が暗示されている。その性質をもってすれば、全元素系を再構成できるのである。それは、等式0＝2の一つの化学的な解釈である。

そこで、このことから類推して、〈終わり〉は〈始め〉の始まりであるから、その象徴性は続くと言って差し支えない。それゆえ、長らく公にされなかった伝承に従えば、黒さは太陽に由来すると言うことができる。「秘教儀式」の志願者たちが聞いて衝撃を受けるのは「オシリス神は黒人である」という意外な事実である。

したがって土星は男性である。彼は古《いにしえ》からの神、豊穣の神であり、南のほうでは太陽である。同時にまた偉大な海、偉大な母でもある。生命の樹でのアルファベットのタウは、イェソドの月から放射される。イェソドは樹の土台となっており、再生の過程を表わし、変化と安定の釣り合い、というよりむしろ両者の同一性を象徴する。その径の影響は地球であるマルクト、すなわち娘に及ぶ。「母の王座に娘を据える」教理が、ここにも現われている。したがって、愚者のアテュがまさしく〈大いなる業《わざ》〉の始まりを象徴しているのに対し、このカードでは、その〈業《わざ》〉の完成の彫像が描かれている。愚者は顕現に向かわんとする消極である。〈宇宙〉は〈業《わざ》〉の成果の顕現であるが、目的を達成するとすぐ戻ろうとする。この二枚のカードの間にはさまれた二十枚のカードは、〈大いなる業《わざ》〉、ならびにその各段階における代理人たちを表わす。したがって、宇宙の像は、処女の像であって、テトラグラマトンの最後の文字で表わされる。

現在のカードでは、彼女は踊っている姿で描かれている。両手で巧みに扱っているのは、能動と受動両様で、いずれも両極性をもち放射する渦巻きの力である。踊りの相手はアテュXIXのヘル＝ラ＝ハである。「太陽、力と視界、光。これらは星と蛇の召使のためにある」。神の魔術的術式のイメージのこの最後の形態は、非常に多くの象徴を結合させ変化させるので、記述が難しいし、また説明しても役に立たないだろう。このカードの正しい学び方――すべてのカードに共通して言えるのだが、特にこのカードについて強調したいのは――長いあいだ瞑想しつづけることである。〈宇宙〉という主題は、〈大いなる業《わざ》〉の達成を表現している。

カードの四隅には、完成された宇宙を表わすケルビムが描かれている。その周りには七十二の円から成る楕円が一つあり、十二宮の五度分角、シェムハムフォラッシュを表わす。

カードの下部の中央には、物質の家の建築骨組図が描かれている。それは九十二個の化学元素を表わし、階層順に配置されている。（デザインは、天才であった故J・W・N・サリヴァンによる。『現代科学の基礎』参照。）

絵の中央では、光の輪が生命の樹の形態を手ほどきし、太陽系の主要な十惑星を示している。しかし、この樹は純粋無垢な心の持ち主以外には見ることができない。

一、冥王星に代表される第十天。(ラジウムのアルファ粒子の理論と比較せよ。)

二、海王星に代表される黄道十二宮の天球、もしくは恒星。

三、土星。深淵。崩壊と爆発の惑星、天王星に代表される。

四、木星。

五、火星。

六、太陽。

七、金星。

八、水星。

九、月。

十、地球。(四大元素)。

これらすべての象徴は、複雑で果てしない輪と渦巻きの環境を滑るように進み、踊りゆく。従来のカードの色は黒ずんでおり、物質界の混沌と暗さを表わしていた。しかし、新しい永劫《アイオン》は、充満した光をもたらした。「小世界の図」(Minutum Mundum)において、もはや地球は黒くなく、混合色でもない。全く鮮明な緑色である。同様に、真夜中の空のヴェルヴェットの青が、土星を藍色に染める。踊る乙女は、ここから現われ、しかもここを通って神《イターナル》に向かう。現在のこのカードは、他のどのカードよりも明るく、鮮やかに燃え立っている。

補遺

ここでは、この試論に密接な関係のある事柄について、少しばかり述べることにする。以下の諸項目を熟読すれば、この試論が充分に理解できるであろう。

愚者

1．沈黙（注）

あらゆる魔術的・神秘的な力のうちで、魂のあらゆる美徳のうちで、また精神が達成したあらゆるもののうちで、たとえ少しでも理解されたとしても、沈黙ほど誤解されてきたものはない。

一般的な誤りを列挙することは不可能だろう。いや、沈黙について考えること自体が、そもそも誤りなのだ。なぜなら沈黙の本質は純粋な存在、すなわち無であって、すべての思惟作用や直観の及ばないものだからである。ゆえに、この小論が果たせる最高限度は、ある一種の後見役でしかない。さながら、沈黙の神秘がその中で完成される、秘密の集会所に見張番を置くようなものだ。

この態度に関しては、確かな、伝統的に権威ある拠りどころがある。沈黙の神ハーポクラテスは、「防衛と保護の神」と呼ばれているのである。

しかしハーポクラテスの本質は、沈黙という言葉が一般に暗示する、消極的で受動的な沈黙では決してない。なぜならハーポクラテスは全くの放浪性の人物、すなわち、すべての謎を解き、王の娘の閉じられた表門を開く、純粋にして完全なる遍歴騎士だからである。普通の意味での沈黙は、スフィンクスの謎に対する答えではない。その答えによって生み出されるものこそ、沈黙である。なぜなら沈黙は完全性に対して平衡を保つものであるからだ。ゆえにハーポクラテスとは、全形式、すなわちどんな謎であろうと解くことのできる万能の鍵である。スフィンクスは「謎あるいは処女」、すなわち女性の概念であって、その概念には、形態が常に異なり、本質は常に同一である補完物がただ一つだけある。これが神の具現化を表示するものなのだ。それはハーポクラテスが成人した姿をとるときに、より明瞭になる。すなわちタロットの愚者やバッカス・ディフュエスの姿をとるときであり、さらにバフォメットとして姿を現わす場合には疑問の余地は全くない。

ハーポクラテスの象徴的意味をもっと詳しく調べてみると、注意を引かれる第一の特色が、邪心を持たないことであるのは間違いない。彼がホルスと双生児で

注＝『真実に対する随想』より。

あるという表現も、よく的を射ている。さらに、今はホルスの永劫《アイオン》であって、その到来を宣言させるために彼の僕《しもべ》であるエイワスを遣わしたのであるとも言われる。スフィンクスの四番目の力は沈黙である。だから、この沈黙の力を研究の極致として求める我々にとっては、ハーポクラテスの邪心のなさを十二分に達成することが最も重要であろう。我々はまず第一に、人間が愚かにも他の動物から自らを区別するものとして誇る、徳義心の根本なるものが制約であることを理解しなければならない。制約とは罪の言葉だ。まったくのところ、善悪の知識が死をもたらす、というヘブライの伝説には真理がある。邪心のなさを取り戻すことはエデンの園を取り戻すことである。我々の吐く息の一つ一つが、壊れやすい舟を墓場という港へ運んでゆく帆を膨らませる、というような殺人的な意識などは持たずに生きることを、学ばねばならない。愛によって怖れを追放しなければならない。あらゆる行為がオルガスムスであることを見れば、行為の全体的な結果は誕生にほかならない。また、愛は法である。したがって、あらゆる行為は正義であり真実でなければならない。ある種の瞑想によって、このことを理解し是認することができるだろう。そして、これは、自らの清浄化を意識しなくなるまで徹底的に行なわねばならない。この状態になって初めて、邪心のなさが完全になるからだ。事実この状態は、志望者の最初の課題であると通例考えられる正しい瞑想、つまり問題の解決に必要な状態である。「自分の真の意志とは何か」。邪心がなくなるまでは、我々は自らの意志を必ず外側から判断しようとする。だが実際には、真の意志は光の泉のように内側から湧き出て、止まることなく愛で沸き立ちながら流れ、生の海へと到達するのだ。

沈黙についての真実の概念は次のようである。意志こそ完全に弾力的で、限りなく変幻自在に現われ、そしてその過程で出合う、顕現の宇宙の隙間を限なく埋めるのである。その計り知れざる力の及ばぬ深みはなく、その動じざる微妙さをもって困難なる海峡もない。意志はあらゆる要求に完全な正確さで適合する。その流動性は誠実さの保証である。その形状は、遭遇する特殊な不完全なる形状によって絶えず変化する。その本質はどんな場合でも同一である。意志の行為の結果はいつでも完全無欠、すなわち沈黙である。そしてこの完全性は、完全であるがゆえに常に不変である。だが常に異なっている。なぜならおのおのの場合場合に、その固有の量と質を呈示するからである。

霊感自体が沈黙の讃歌を響かすことはできない。ハーポクラテスの新しい様相のどれもが永遠に鳴りわたる宇宙の歌に値するからだ。私はあの見知らぬ民族への忠実な愛によって導かれてきただけである。その民族の中に私は、自分が具現化してハーポクラテスの無限の叙事詩に連なるこの拙い一節を書き綴るのを見出す。その叙事詩は、口にすべからざる神聖な神の、恐ろしい音を発している聖堂への、暗さを増しゆく私の入口を照らす最も必要な光を屈折させる、彼の想像力豊かな縦横の才気の一側面なのである。

　私は邪心のなさから生じるぜいたくな歓喜、すべてを達成することから生じる、力強い変幻自在の陶酔を讃える。私は、王冠をつけて勝利を得る子供を讃える。子供の名は力と火だ。子供の明敏さと力強さによって確実に平和が作り出され、そのエネルギーと忍耐によって絶対の処女の獲得が成し遂げられる。姿を現わしたその子供は、七本の葦笛の奏者、偉大なる牧神であり、自ら意図した完全の中へ退けばその子供は沈黙なのである。

2．智慧と痴愚について《デー・サピエンティア・エッツ・ストゥルティティア》（注）

　おお吾が息子よ、私の書簡のこの奥付の中で、私はその題名と上書きを思い出す。すなわち『智慧あるいは痴愚の書』だ。私はあの子供、ラ＝ホール＝クイトの骸骨の奇跡に対して、我らが公主ヌイトとその主ハディトに祝福と崇拝を捧げる。その奇跡は『小世界の図』すなわち生命の樹に示されている。なぜなら、智慧とはその子の本質の第二の放射ではあるが、それらを分離し、また結合させる径がある。アレフから引用すると、その径は実際ひとつであるが、アレフの正書法では百十一でもある。これは最も神聖なる三位一体を示している。そして字位転換《メタセシス》によれば漆黒の闇であり、不慮の死である。またこれはアムンである、オウムの数でもあり、オムニすなわちギリシア語で牧神《パン》の語根音である。そして太陽の数でもある。しかし、それに対応するトートのアテュではゼロと数をふられ、その名称はマトである。マトについては先に述べたが、そのイメージは愚者である。おお、吾が息子よ、これらの四肢を一つの体にまとめよ、そして汝の精気をこめて息を吹きかけよ、すればその体は生命を得よう。それから汝の雄々しい欲望をこめて抱擁し、中に入り、それを知るのだ。そして汝らは一体となる。やがてこの極致の強化と陶酔において、汝は自ら選んだ霊感によって霊知における汝の名を知る。すなわちパルツィヴァル、「純粋なるトール」、モンサルヴァットで王位を得た本物の騎士。そしてアムフォルタスの傷を癒し、クンドリーに正しき務めを命じ、槍を取り戻し、聖杯の奇跡をよみがえらせたのだ。しかり、彼自身の

注＝アレフの書こと『智慧あるいは痴愚の書』より。

上にもまた、最後に彼は自らの言葉を完成した。「最高の奇跡万歳！　救済者に救いの手を！」これはリヒャルト・ヴァーグナーがこの神秘を崇拝するために作った、歌曲の最後の言葉である。おお吾が息子よ、私がこの書簡の中で汝に別れを告げるとき、次のことを理解せよ。智慧の極致はすべての栄冠と本質へと、子供のホルスの魂、すなわち永劫《アイオン》の主へと導く道の開通なのだ。これが純粋な愚者の径なのである。

最高の神託《デー・オラクロ・スムモー》について

そしてこの純粋な愚者は何者か？　見よ、古き北欧伝説の中に、古代スカンジナヴィアの吟唱詩人《スカルド》や、古代ケルトの吟遊詩人《バード》や、古代ケルトのドルイド教の祭司の言い伝えの中に、この愚者が春の緑色の衣服をまとって出てはこないか？　おお汝、偉大なる愚者よ、汝、空気である水、汝の中ではあらゆる複合が解消する！　しかり、ぼろをまとい、プリアポスの杖と酒の入った皮袋を持つ汝よ！　ホール＝パアル＝クラアトのように鰐の上に立ち、その汝に偉大なる猫が跳び乗る！　しかり、そしてそればかりか、私は汝が何者であるかを知っている。バッカス・ディフュエスだ。汝の名、イー・アー・オーにおいて、無にして二者なるもの！　いまやすべての終わりに、私は求めて汝の存在に達する。そして、汝の伯父アルコフリバス・ナジエール（フランソワ・ラブレーの筆名）によって人間に与えられている言葉を叫ぶ。すなわちバクブクの瓶の神託である。そしてこの言葉はトリンクである。

3．アラビアの最も神聖なる薬草について《デー・ヘルバ・サンクティシマ・アラビカ》

おお吾が息子よ、ヘブライの民がバビロンの都から持ち来たった、伝説を思い起こせ。偉大な王ネブカドネザルが苦悩のあまり人々のもとを去り、七年のあいだ雄牛のように草を食べて過ごした次第を。さて、この雄牛が文字アレフであり、その数がゼロであるところのトートのアテュである。さらにまた、そのアテュの名はマアト、すなわち真実、あるいはマウト、すなわちすべての母である禿鷲で、女神ヌイトのイメージである。だがそれは愚者とも呼ばれ、愚者はパルシファル、すなわち「純粋なるトール」である。それゆえ、道《タオ》の障害になる者とも言われる。さらにまた、愚者はハーポクラテスでもある。すなわち（賛美歌集の中でダオード、つまり王となったバダウィが、言っているように）ライオンと竜のほうに歩いていく子供のホルスなのだ。言い換えれば、私がスフィンクスに関する言葉の中で示したとおり、彼は自らの秘密の本性と調和しているのだ。おお吾が息子よ、昨晩聖霊が私を訪れてこう言った。私もアラビアの草を食べ、その草のまじないの力によって、私が開眼するために定めらるべきものを注視せよ、と。だが今は、このことについては語ることができない。それは時間を超越するという神秘性を伴うため、地上の尺度の一時間で、私は一時代《アイオン》の収穫があった。だが、十度の生を生きる時間となると、明言できなかろう。

ある神秘について《デー・クウイプスダム・ミユステリイース・クウアエ・ウイドウ》

人間が一万掛ける一万を表わす、記録、または記号を創り出すように、私も古代エジプトの象形文字によって汝の英知を啓発しよう。ここで汝自身の経験が我々の役に立つだろう。なぜなら、ある問題に馴染んだことのある者には、記憶の一端でも残っていれば充分なのだ。その問題を知らない者には、一年がかりで指導しても、到底明らかにすることはできないのである。まずここに、無数の不思議に充ちた、あの幻影の中央に一つのものがある。つまり、ビロードよりも黒く豊かな野の上に、たった一つ、全存在の太陽がある。その周囲には小さな十字、ギリシア十字が天空一面に散らばっている。これらの十字は次から次へと目くるめくような素晴らしさで、何百万回も、幾何学的な形を順々に変えていった。とうとうその動きによって、宇宙は光の最も純粋なエッセンスへと作り変えられた。そればかりか、ある時にはすべての物がローマ教皇印となって玉虫色に光り輝き、あらゆる色、そしてあらゆる色の取り合わせで、あとからあとから無数の光を発した。ついには、その光の止《や》むことのない美しさのため、光を受け入れようとする私の心の力は消耗し、圧倒され、仕方なくその輝きの苦しみから身を引いた。しかし、吾が息子よ、これらの光のすべてをもってしても、神聖さの真実の光景を示す、夜明けの一筋の微光にはかなわない。

瞑想の方法について《デー・クウオーダム・モド・メディタテイオーニス》

さて、私に与えられたものの主要部分を述べると、こういうことになる。それは、真実へ導く心を意図的に変え、変質させるという危惧である。心は天国への梯子であるからだ。当時は、私の言葉に仕える筆記者に、私の作業の石碑に手摺子を彫るよう諭す言いまわしを探し求めていたので梯子という言葉を使ったのである。だが、吾が息子よ、私がこの事を詳細に記録しようと骨折っても虚しい。なぜなら、思考作用を千倍にも速めるのはこの草のもつ特性だからであり、さらにその特性が複合し、強烈な美のイメージの各段階を描写するからである。それゆえ、心に思い浮かべる時間もなく、まして、それらのイメージのどれ一つにでも名付けて口にする暇などない。また、これらの梯子の多様性と同等性とはこのようであるので、記憶はその梯子の一つさえ保持することはなく、その体系に関するある程度の理解を、深遠であるため言葉によらずに、保持するだけなのだ。それゆえに、私は意志によって、強力に恐ろしいほど、思考を集中させねばならない。そうすることによって、私はこの神秘を表現することができる。この方法は効果的で役に立つ。この方法によって、汝はやすやすと、喜びをもって完全なる真理に到達できるであろう。汝が、いかなる思考から、瞑想における最初の飛躍を遂げようとも、そこに優劣の差はない。その結果汝は、すべての道が、いかにしてモンサルヴァットに、そして聖杯の大聖堂に達しているかを知るであろう。

引き続きこの問題について《セクウイトゥル・デー・ハーク・レ》

私は理論も経験もあまり持ち合わせているほうではないが、その両方の立場からみて、おおむね次のように考えている。人は、この方法を使用する前に、吾が結社に入会し、戒律を修めねばならない。その掟の中に、宇宙に関する悟道の神秘が含意され、いかに宇宙の性質が完璧であるかが示されているからである。いまやあらゆる思考は分離している。それを解決する鍵は、以前私が多くの著述で示したように、矛盾をはらんだままのそれぞれの思考と合体することである。そして汝は、激烈なる精神で、光さながらに素早く、歓喜が無意識に生じるよう、さっさと取りかかるべきである。したがって、汝がすでにこれと対照的な道を歩んできたため、あらゆる絵文字すなわち問題に対する答えを完全に知っていることは好都合である。その上、汝は心構えができている。この草の特性によって、あらゆるものが知力で計り知ることのできないスピードで過ぎて行く。そして、躊躇《ためらい》が、汝を混乱させ、汝の梯子を押し倒し、汝の心を投げ返して、最初の出だしの時のように、外界からの影響を受け入れさせる。確かに、この方法の特質は解明であり、また歓喜の激発による、すべての複雑性の破壊である。その複雑性のあらゆる要素は、その相関物によって全うされ、そして、（独立した存在性を失うため）汝の心のベッドで成就されるオルガスムスの中に滅びる。

セクウィトゥル・デー・ハーク・レ

おお吾が息子よ、汝は、どういうわけで思考が二次元の広がりの中では不完全であるか、よく承知している。思考はまた、思考のもつ矛盾とは別であるとはいうものの、思考の範囲に押しこめられている。なぜなら、その矛盾があるため、思考の論述の宇宙だけは別として、（一般に）宇宙は完成しないからである。したがって、健康と病気とを対比すれば、両者を結合した領域には、あらゆる事物から予言される一つの属性が含まれるにすぎない。さらに言うなら、明白な概念としての思考の真の矛盾内容を見出したり、組織的に述べたりすることは、大抵の場合容易ではない。漠然とした言いまわしでの形式的な否定の場合にのみ可能である。それゆえ、手っとり早い答え方は対照法に限る。こういうわけで、「白」に対して「白くないすべてのもの」という言い方はしない。これでは空虚で摑みどころがないからだ。単純明瞭でなく、概念としても明確でない。しかし、「黒」と答えれば、その意味するところのイメージは表わされる。だから、著しい対照をなすもの同士が結合しても一部分が中和されるだけで、残りは満たされることなく、平衡を失ったままでいることが、すぐに分かる。その幻影は汝の心の中で、言語に絶する輝きと喜びを示して跳びはねるであろう。だが、これに騙されてはならない。その存在こそ、その不完全さを証明するものだからである。汝はさきほどと同じように、それと対になる相手を呼び出し、両者を愛によって中和しなければならない。この方式が跡切れることなく続く。大きなものから微細なものへと、個別的なものから普遍的なものへと進み、あらゆるものを一つの光の物質へと分解していく。

侵されざる特性の、この方法についての結論《コンクルーシオ・デー・ホック・モド・サンクティターティス》

さて、知覚的印象を例にとると、長いと短い、明るいと暗いのように、たやすく反意語を思いつくことができる。感情と知覚、愛と憎しみ、偽りと真実なども同様である。しかし、対立的意味が強くなるほど、錯覚に捕われやすくなる。両者の関係が決定要素になるからである。例えば「長い」という言葉は、ある基準に照らさなければ何の意味も持たない。だが、愛は長さのように曖昧ではない。なぜなら憎しみは、共通の性格を分け合う、愛の双子の兄弟だからである。さて、私が、サハラ砂漠の、トルガの近くの大東部砂丘《グレート・イースタン・エルグ》の端にいた時のことだが、アエティールを洞察している私の意識に次のような考えが浮かんだ。つまり、深淵の上方では矛盾とは統合であり、矛盾自体に内包される力によらなければ何物も真実ではあり得ない、と。それゆえ、この方法によって汝はほどなくこの秩序の理念に到達するだろう。この秩序の理念はそれ自体に自らの矛盾を包含しており、対照をなすものはない。汝の二律背反の梃子は汝の手の中で壊れている。しかし汝が真に安定した状態にあるなら、汝の理念の拡張と高揚によって、あるいは『法の書』の研究により汝が理解する精神集中によって、天から天へと激しく真剣に、高く舞い上がるだろう。その『法の書』の中の言葉は、我らが公主ヌイトと、あらゆる星の中核であるハディトに関わっている。そして、梯子のこの最後の昇りは、汝が正しく基礎を修めたならば容易である。深遠にして難解な対立命題における汝の力が汝をあと押しし、汝が技法の練習で得た〈思考の束縛からの解脱〉が、真の能力の渦巻きと重力をして汝を引き寄せさせるからである。

注＝『パリ活動』より。

太陽の唯一の道《デー・ウィア・ソーラ・ソーリス》について

この神聖なるアラビアの草の酔いによって私は、（他の幾多の神秘と共に）この神秘を教えられた。その酔いは以前にも経験していたから、今回は新たな啓蒙の光としてではなく、長期間にわたる一連の出来事を一瞬のうちに速やかに統合し、顕示する作用があったのだ。私にはこの方法を分析し、その本質的法則を発見する知力があった。以前には、私の理解のレンズの焦点から、この法則は外れていたのである。そうだ、吾が息子よ、私がさきほど明らかにした道よりほかに、真の光の道はないのだ。だが、汝が巧みに光を感知し、それを摑むならば、どの道を辿ってもよい。なぜなら、我々はしばしば内省によって、あるいはまた芸術家の表現における構成と選択によって真実を勝ち得るからだ。それ以外の場合には、光を照らす方法がないために我々は盲目だったのである。だが、我々の本質のうちにあの真実の根をすでに張り、あの太陽の呼びかけがあればすぐにも花開ける蕾を用意しておかなければ、あの技《わざ》は全く役に立たない。その証拠として、一人の少年にも一箇の石にも円錐体の断面やその属性に関する知識はないが、適切な表現をとれば、これらをその少年に教えることができるであろう。なぜならば、少年には我々の数学的技法と共鳴する心の法則が本質的に備わっているからである。（こう言っても良かろうが）羽が生え揃いさえすればよいのだ。それゆえに、すべてが真実の中に、つまり我々の幻覚を支配する、必須の関係の中に組みこまれ、少年が理解し始めると、意識的にそれらの心の法則をその作業に応用するようになる。

魔術師

1. メルクリウス《デー・メルクリオー》について（注）

ここでは水星の性格を幾つかの観点から、特に木星や太陽との関係から、詳しく述べることとする。
「まず初めに言葉、すなわちロゴスがあった。それは水星である。ゆえに水星はキリストと同一と見なすべきである。水星もキリストも共に先触れであり、誕生の謎も似ており、幼年期に悪さをしたことも似ている。『ヴィジョン・オヴ・ザ・ユニヴァーサル・マーキュリー』の中で、ヘルメス（ローマ神話のメルクリウスに相当する）が海へ降りるところが見られるが、この海は聖母マリアを指す。（注）十字架上のキリストは、ヘルメスのしるしである蛇杖を表わし、二人の泥棒は二匹の蛇を表わし、同書に出てくる崖はゴルゴタであり、マリアは、実に、太陽のRを子宮に宿したマイア（ゼウスとの間にヘルメスを生んだ）である。共観福音書とヨハネ伝福音書の間のキリストに関する論争は、実のところ、バッカス、太陽神ソル、冥界の神オシリスの各司祭たちの間の議論だった。また、おそらく一方ではアドニスとアッティスの司祭たちの間の論争であり、他方ではヘルメスの司祭たちの間の論争でもあった。ちょうどその頃、ローマ帝国が発展し通信手段が開発されたため、世界中の秘儀参入者たちは相矛盾する多神教を統合的教義に取って替えることが必要だと分かったからである」。
「この検証を続けるために、キリストが地獄へ降りたことと死人の案内者としてのヘルメスの役目とを比較してみよう。ヘルメスはエウリュディケーを地上へと導き、キリストもジャイルスの娘を地上へと呼び出している。キリストは三日目によみがえったと言われる。その理由は、惑星水星が太陽の軌道を離れてから再び見えるようになるまで三日かかるからである。（水星と金星が地球と太陽の間にある惑星であるのは、聖母と子が我々と父なる神との間の媒介者であるかの如くである、ということに、ここで注意したほうがよい。）

キリストが治療者であることに、またキリスト自身の表現に注意されたい。つまり「夜、人の子が泥棒としてやって来る」および、「というのは、稲妻が東から西にひらめき渡るように、人の子も現われるであろう」という聖書の一節（マタイ伝福音書第二十四章、二十四―七）である。

また、キリストと両替商との関係、たびたび行なわれた説教、その最初の弟子が収税吏、すなわち税金取り立て人であったことにも注目されたい。

また、メルクリウスはプロメテウスの救出者であることも注意を要する。

魚の象徴の半分もまたキリストとメルクリウスに共通している。魚はメルクリウスにとって神聖である

注＝生命の樹にあるベスの径は、ヘルメスが王冠であるケテルから大いなる海であるビナーへと降りていくことを示している。

（おそらく動きと冷血の特性によるものであろう）。キリストの弟子の多くは漁夫で、キリストはいつも魚との関連で奇跡を行なっていた。

　キリストが仲介者であることにも注意せねばならない。「父のもとへ行く者はみな私を介する」、そして「ケテルに近づく時の、唯一の仲立ちである」コクマーとしてのメルクリウスにも注意されたい。

「蛇杖《カドケオス》には霊知の完璧な象徴がある。翼の生えた太陽あるいは男根像《ファルス》は、最も低いものから最も高いものまであらゆる水準の生の喜びを表わす。蛇は（活動的かつ受動的、エジプト神話のホルスとオシリス、その他これらの蛇に関する周知の属性すべてのほかに）それぞれ鷲とライオンの特性も持つ。だが、それを知っていても我々は口に出さない。カドケオスは小宇宙と大宇宙を統合する象徴であり、これを完了させる魔術作用の象徴である。カドケオスは生命そのものであり、宇宙的関連性がある。宇宙的な溶媒である」

「いま私にはすべてが見える。マルスの雄々しい力も、メルクリウスにははるかに及ばない。その他の神々はみな、ヘルメス〔著者の表記はギリシア神話とローマ神話を混同している〕が決まりに従って作った、単なるユピテルの外観を持つものにすぎない。ヘルメスは永劫《アイオン》の中で第一番のものである」

「この神のユーモアのセンスは非常に鋭い。自分の主たる職分に関して感傷的でない。宇宙を出来の良いいたずらだと考えている。ユピテルが厳粛であり、宇宙も厳粛であることを認めてはいるものの、その厳粛さをヘルメスは嘲っているのだ。その唯一の仕事はユピテルからの力を伝達することであり、それ以外はいっさい関知しない。メッセージは生命であるが、ユピテルにおいては、生命は潜在的である」

「霊魂再来説に関しては、太陽中心の理論が正しい。ある惑星の条件を克服すると、我々はそれより内側にある次の惑星上に具現化する。我々の経験が結びつき、意味が明瞭になり、星が星へと話しかけ、我々が万物の父へと回帰するまでそれは続く。地球《テラ》は、肉体が土から作られる最後の惑星であり、金星では肉体は流動体であり、水星では気体であるが、いっぽう太陽では、肉体は純粋な火から形づくられる（注）」

「いま私には水星の八角星が突然ぱっと燃え立つのが見える。それは、あいだにパピルス草の形を挟んだ菊のような光線がついた四つのユリの紋章でできている。中心の核にはグランド・マスターの組み合わせ文字があるが、世に知られている組み合せわ文字ではない。十字架の上には鳩と鷹と蛇とライオンがいる。これもまた、さらに秘密のシンボルである。いま私には、燃

注＝「太陽たちの中で我々は思い出し、惑星たちの中で我々は忘れる」。エリファス・レヴィの言葉。

えるような光の剣が見える。このすべては宇宙的規模で存在する。距離はすべて天文学的である。私が『剣』と言うときには、長さが幾百万マイルもある武器を明確に意識しているのだ」

2. 幻影の主（注）

　幻影の主とはタロットの魔術師の絵柄である。右腕には炎が上向きに燃えさかる松明、左腕には毒の杯があって地獄へと瀑布になって流れ落ちる。頭上には邪悪な護符があり、冒瀆、冒瀆、冒瀆が円を描いて連なっている。それはすべてのうちで最大の冒瀆である（すなわち、その円がこのように神聖を汚されているからである。この邪悪な円は三重の同心円である）。両足の上にあるのは、大鎌と剣と小鎌、短剣、ナイフ、鋭利なものすべて――その数は百万にも達し、しかも一つに包括されている。そして彼の前にはテーブルがある。四十二倍のテーブル、邪悪のテーブルである。このテーブルは四十二人の死の評価人と関係がある。死の評価人たちは告発者だからであり、この告発者たちを魂は挫折させねばならない。それも四十二倍の神の名をもってである。なぜならこれは、そもそも始まりはあったという、審査の密儀であるからだ。そしてこの魔術師は四つの武器の力によってヴェールを一枚一枚はぎ取りながら前へ進む。千もの輝く色彩、アエティールを切り裂き引き破いて。それはまるで、ぎざぎざの鋸、あるいは若い娘の顔にある折れた幾本もの歯、あるいは崩壊、あるいは狂気のようだ。気も狂わんばかりに恐ろしい、臼を碾くような音がする。天空の霊気《エーテル》である宇宙の実質を碾きつぶして物質に変える臼なのである。

　ある声が言う、「主なる神の眩さを見よ、その御《み》足は罪を許す者の上にある。天空に燃える六角星を見よ、偉大な白人の王とその黒人奴隷との結婚のしるしである」。

　そこで私が宝石の中をのぞくと六角星が見えた。アエティールはあますところなく、炉の炎のような黄褐色である。そして青と金色の力強い天使の大軍がそこに押し寄せ、こう叫ぶ。汝、聖なる者、聖なる者、聖なる者、それは地震にも雷にも揺るぎはしない！　世の終わりが来たのだ、我々と共になる日が近づいている！　なぜなら神は宇宙を創造し、そこに喜びを見出せるかも知れないのに、すぐに破壊なさったからだ。

　そして今、アエティールの真っ只中に私はその神を見る。彼は千本の腕をもち、その手にはそれぞれ凄まじい力の武器を持つ。その顔は嵐よりも凄まじく、目からは耐えがたい眩い電光を放つ。口からは大量の血

注＝第四一八の書『霊視と幻聴』第三アエティール（Princ版一四四頁）より引用。

が流れている。頭にはあらゆる致命的な道具のついた冠を戴いている。額にはタウが直立し、その両側には冒瀆の印がある。そして、第九アエティールに現われる王の娘にするように、若い娘が彼にすがりついている。だが若い娘は彼の力のせいでバラ色になり、彼女の純潔が彼の黒い肌を青く染めている。

　二人は激しく抱擁しているため、娘は凄まじい神の力によってばらばらに引き裂かれているが、娘があまりしっかりとしがみついているので、彼は窒息している。娘は彼の頭を無理やりのけぞらせたので、娘の指に押さえられてその喉は鉛色である。二人は声をそろえて耳をおおいたくなるような苦悶の叫びをあげる。だがそれは二人の歓喜の叫びである。ゆえに、全宇宙における苦痛、呪い、死別の悲しみ、あらゆるものの死のいずれもがみな、大嵐のような恍惚の絶叫の中では、ほんの一吹きの風にすぎない(注)のだ。

　そして一人の天使が言う、「見よ、この光景は汝には全く理解できない。しかし、汝自身を、この恐ろしい婚姻の床と一体化させるよう努めねばならない」。

　そこで私はきれぎれに裂かれる。神経と神経を、血管と血管を、そしてもっとこまごまと――細胞と細胞を、分子と分子を、原子と原子を引き裂かれ、それと同時にすべてが一緒に押しつぶされる。(きれぎれに引き裂くことは一緒に押しつぶすことであるのを書き留めよ)。二重の現象はすべて、ただ一つの現象の二つの見方にすぎないのだ。そして唯一の現象とは平安である。私の言葉や考えには何の意味もない。「半分作りかけの顔が生じた」。これがその一節の意味である。それらはカオスを解き明かす試みなのだ。だがカオスは平安である。宇宙は薔薇と十字との戦いである。それがさきほど述べた「半分作りかけの顔」だ。イメージはいっさい役に立たない。

　のみならず、偽りという擬《まが》いの金属で裏打ちされた鏡の中のように、汝の心の中でも、シンボルは一つ残らず逆に読めるのだ。見よ！　汝が信じてきたすべてのものが汝を昏乱させるに違いない。しかも汝が逃げ出してきたものは汝の救済者なのだ。だからこそ汝は魔女の宴《うたげ》で叫んだのだ。山羊の毛深い尻に口づけし、ひねくれた神が汝をきれぎれに引き裂き、氷のように冷たい死の急流が汝を押し流した魔宴で汝は叫んだのだ。

　悲鳴をあげよ、だから大きな声で悲鳴をあげよ。角で突き刺されたライオンの咆哮と、引き裂かれた雄牛の呻きと、鷲の鉤爪に引き裂かれた人間の絶叫と、人間の手で首を絞められた鷲の叫びとを混ぜ合わせよ。これらすべてをスフィンクスの死の悲鳴に加えよ、あ

注＝このイメージはチベットの廟を飾る聖なる旗に描かれている（通常絹に描かれ、中央の光輪付近には、しばしば惑星を表わし、様々な変化のある形態が繰り返されている）。

の盲いたる人間がスフィンクスの謎を辱しめたから。これは何者だ、オイディプスか、ティレシアスか、エリニュスか？　これは何者だ、盲目の予言者にして、智慧を超えた愚者か？　天国の猟犬は誰を追い、地獄の鰐は誰を待ち受けるのか？　アレフ、ヴァウ、ヨッド、アイン、レシュ、タウ、が彼の名前である。（注1）

　彼の足下には王国があり、頭上には冠がある。彼は霊であり、物質である。平安であり、力である。彼の肉にはカオスと夜と牧神がある。そして、彼の囲い者ベイバロンは、黄金の杯に集めた聖者たちの血で彼を酔わせたが、彼女の上には、彼がもうけた乙女がおり、それをいまや彼が犯しているのだ。そして次のように書かれている。マルクトは向上し、ビナーの玉座の上に置かれよう。そしてこれがテトラグラマトンの墓石の上に印《しるし》として付けられた賢者の石であり、聖者たちの血から蒸溜した不老不死の霊薬であり、悪魔コロンゾンの骨を臼で碾いて作った赤い粉薬である。

　恐ろしくも不思議なのはその秘密である。おお、ユーノーの床へ入りこんだ汝タイタン！　確かに汝は車輪に縛りつけられ、轢き殺されねばならない。だが、汝は聖なる者の恥部をさらけ出した。そして天の女王は陣痛の床にあり、そして赤子の名はヴィル、ヴィス、ヴィルス、ヴィルトス、ヴィリディスと呼ばれよう。

注1＝これらの文字は、生命の樹に1―2―6―8―9―10の流れを作る径である。

注2＝「生きている私は、知力により全真理をわがものとした（ウィ・ウェリ・ウニウェルスム・ウィーウス・ウィーキー）」は階位8°＝3□のマスター・セリオンのモットーである。

その名はこれらすべてであり、またこれらすべてを超えている一つの名である。（注2）

＊＊＊

　以下のアレフの書『智慧あるいは痴愚の書』からの抜粋もまたこの魔術師のカードの意味を解明する手助けとなるかも知れない。

「タヒュティ、つまりトートがディオニュソスの言葉を裏づけた。心によって、いかに意志の作用を支配することができるかタヒュティが示したからである。批評や記憶を書き記して、人は過ちと、過ちの繰り返しを避けた。しかし、タヒュティの真の言葉はアムンであり、これによってタヒュティは人々に彼らの秘められた性質を理解させたのだ。すなわち彼らの本当の自己との調和、あるいは当時の人々の言いまわしによれば、神との調和を理解させたのである。そしてタヒュティは人々にこれを達成する方法と、その方法とINRIの術式との関係を明らかにした。また、タヒュティの数の密儀によって、タヒュティは自分の後継者が、全宇宙の、形態ならびに構造上の性質を述べる筋道を明らかにした。それが、宇宙に関する分析であるかのように、仏陀が心のために天から命じられていたことを、物質のために行なったのである」。

運命の輪

ロータ——車輪（注）

「一羽の孔雀が空いっぱいになりながら宝石の中に姿を現わした。ユニヴァーサル・ピーコックと呼ばれる幻影、あるいはむしろ、その幻影の描写のようだ。そして今、孔雀が消えると、数え切れないほどの白衣の天使たちが雲のように空を覆った。

「天使たちの背後にはトランペットを持つ大天使たちがいる。これらは一瞬のうちに様々なものを生じさせるため、途方もなくイメージが混乱する。そしていま私は、これらすべてのものが輪のもつ反面にすぎないことに気がつく。なぜならそれらは、信じられない速度で回転する一つの輪の中に寄り集まってくるからだ。その輪は色とりどりだが、みな白い光で震えているので、どの色も透明で光を発している。この一つの輪がそれぞれ異なる角度に組み合わさった四十九個の輪だから、これらは球を形作る。輪の一つ一つに四十九本の輻《や》があり、中心から等距離に四十九個の同心の輪金がある。そして二個の輪から発する光線が出合う所はどこも、目も眩むような後光が閃く。これほど多くの細部が輪の中に見えるとはいえ、同時にその印象は単一で単純な物体から受ける印象である。

「この輪は手で回されているようだ。輪は大気いっぱいに広がっているが、輪よりも手のほうがはるかに大きい。そしてこの幻影は非常に壮大で豪華ではあるが、厳粛さや荘厳さはない。その手は楽しみのために輪を回しているように見える——面白がって、と言った方がもっと適切だろう。

「声が聞こえる。彼は陽気で血色のよい神であり、その笑いはありとあらゆる物の振動であり、また魂の震えである。

「電気の放電が体を走り抜けるように自分を震わす、輪の回転に人は気づいている。

「いま私には輪の上の模様が見える。その模様はこれまで剣を持ったスフィンクスとヘルマニュビスとテュフォンと解釈されてきた。だがそれは誤りだ。輪の縁は鮮やかなエメラルド色の蛇であり、輪の中心部には緋色の心臓がある。実際に説明するのは不可能なのだが、心臓の緋色と蛇の緑色は目も眩むような輪の白い輝きよりもさらに鮮明なのである。

「輪の模様は輪自体よりも暗い。事実それらの模様は輪の純潔に付いたしみであり、そのために、そして輪が回転しているために、私には模様を見ることができない。しかし一番上には、キリスト教徒のメダルに見

註＝『霊視と幻聴』（第四アエティール）

られるような小羊と旗があるようだし、もっと下の模様には狼が、他のところには大鴉もいるようだ。小羊と旗の表象《シンボル》は他の二つよりもずっと明るい。このシンボルはさらに明るくなり続け、いまやとうとう輪自体よりも輝いており、以前よりも大きな空間を占めている。

「小羊と旗のシンボルが言う。詐欺師のうちで私は最大だ。なぜなら私なしには輪の中心に行けない純潔で無垢な人々を、私の純潔と無垢で誘惑するからだ。狼が騙せるのは貪欲な人々と不実な人々だけだし、大鴉が裏切れるのは憂鬱な人々と不正直な人々だけだ。だが私こそ、ここに書かれている者であり、その者が神の選民を欺くのだ。

「なぜならば、原初において万物の父は、三種の不純な魂に応じた三つの篩で地球上の生き物をふるい分けることができるように、嘘をつく性質を必要としたのである。そして彼は肉体の欲望に狼を選び、精神の欲望に大鴉を選んだが、魂の純粋な誘発に見せかけるために、とりわけ私を選んだのだ。狼と大鴉の餌食になるものたちを私は傷つけなかった。だが私を拒否したものたちは、大鴉と狼の懲罰へと引き渡した。狼の顎が私を拒否したものたちを引き裂き、大鴉の嘴《くちばし》がその屍をむさぼり喰う。私の旗が白いのは、どんな生き物も生きたまま地球上に残さなかったが故である。私は聖者の血をごちそうになったけれども、人々から敵だと疑われてはいない。私の羊毛が白く、温かく、私の歯も肉を裂く歯ではないからだ。そして私の眼も温和だから、万物の父が原初に御前《おんまえ》から送り出した嘘をつく性質のものの長《おさ》であると人々は考えていない。

(「小羊と旗の属性は塩に、狼は水銀に、大鴉は硫黄に帰される。)

「今度は小羊がまた小さくなり、再び、輪とそれを回す手だけになる。

「そして私は言った、『主なるキリストの御《み》声で倍加された力をもつ言葉によって、七である言葉、七の中にある言葉によって、そして偉大な恐ろしい二一〇という言葉によってお願いいたします、おお吾が主よ、あなたの栄光の幻を見ることをお許し下さい』。すると輪の光線が残らず私を目がけて流れ出、その光で私は打ちのめされ、盲目となる。私はふいに輪の中へすくい上げられる。私は輪と共にいる。私は輪よりも大きい。無数の稲妻のただなかに立ち、私は彼の顔を見る。(毎秒ごとに地上へ激しく投げ返されるため、私は充分に注意力を集中することができない。)

「分かるのは淡い黄金色の透明な炎だけだ。しかしその燦然たる輝きの威力が絶えず私を投げとばす。

「そこで私は言う、吾が言葉と意志によって、懺悔と祈りによって、御顔をお見せ下さい。（私にはこれを説明することができないが、人格に混同が生じている。）あなた方に話している私には自分の話している内容が分かっている。しかし、彼を見ている私は、あなた方に話している自分にその内容を伝えることができないのだ。

「正午の太陽を見上げられるとしたら、彼の実体はその眺めに近いかもしれない。しかしその光は熱をもたない。それはバラモンの奥義書《ウパニシャッド》におけるウトの光景だ。そしてこの光景からバッカスやクリシュナやアドーニスの伝説がすべて由来しているのだ。その光景の印象を言うと、若者たちが踊りながら音楽を奏でている場面である。しかし若者は実際にはそんなことをしていないことを理解しなければならない。若者は静止しているのだから。輪を回している手ですら若者の手ではなく、彼によってエネルギーを与えられている手にすぎない。

「そして今度はシバの踊りである。私は彼の足の下に横たわる。彼の聖者であり、彼の殉教者なのだ。私の本質はプター神の形をとっているが、私の姿はセブ神の形をしている。そして、楽しみであるこの踊りの中に、神と達人《アデプト》の両方がいるにちがいない、というのが存在理由である。さらに地球自身もまた聖者である。太陽と月は地球を喜びで苛みながら、その上で踊るのだ」。

欲望

ベイバロン(注)

アテュのⅦでは、偉大なる母からの聖杯を戦車の御者が携えている。その光景はこうだ。

「御者は、非常に大きな鐘が遠くで鳴っているような、畏怖の念を抱かせる厳粛な低い声で話す。彼にその杯を眺めさせせよ、彼の血が中で調合されている杯を。杯の中の酒は聖者たちの血だからだ。緋色の女、醜行の母ベイバロンに栄光を。獣に乗り、聖者たちの血を大地のすみずみに撒きちらし、そして見よ、その血をベイバロンは密通の杯で混合したのだ。

「ベイバロンが接吻の吐息でその血を発酵させると、聖餐の葡萄酒、すなわちサバトの葡萄酒になった。それを聖なる集会で彼女を崇拝する者たちのために注ぐと、彼らはたちまち酔い痴れ、吾が父の顔を間近に見ることができたのだ。このようにして彼らはこの聖器の秘密を分かち合うのに相応しくなった。この血こそ生命《いのち》だからである。そうして代々ベイバロンは坐り続

注＝『霊視と幻聴』から引用。

け、正しい人々は決して彼女の接吻に飽きることなく、彼女は殺人と姦淫によって世界を堕落させた。その点で、真実である、吾が父の栄光が明らかにされたのだ。

（「この葡萄酒の効力は杯を通して放射されるので、私はそれに酔ってふらふらとよろめく。酔いのため思考はすべて損なわれる。酔いだけが持続する。その酔いの名は哀れみである。『哀れみ』によって私は、最高位階の人々を心から崇拝する人たちが分かち合う苦しみの聖餐を理解することができる。そしてこれは苦痛の全くない恍惚状態なのだ、その受動性（すなわち情動）は愛する者のために身を投げ出すことに似ている。」）

「声は続けて言う、これは醜行の母ベイバロンの秘密であり、ベイバロンの姦通の秘密である。（注）彼女は生あるものすべてに身をゆだね、その秘密の共有者になったからだ。そして自らを各々の相手の召使としたゆえに、それらすべての女主人になったのだ。まだ汝にはベイバロンの栄華が理解できない。

「うるわしき、また好ましき、おお汝ベイバロン、生あるものすべてに汝自身を与え、汝の弱さが彼らの強さに打ち勝った。その結合においてまさしく会得したのだ。ゆえに汝は英知と呼ばれるのだ、おおベイバロン、夜の公主よ！


注＝ここに詳述されている教義は、この試論の他の部分で説明するように、あり得るすべての不完全を経験することによって理解できる、完全の秘密総体の教義と同一である。


「書かれている内容はこうだ。『おお、吾が神よ、最後の歓喜において多数との結合を遂げさせて下さい！』。彼女は愛であり、またその愛は一つである。そして彼女は、その一つの愛を無限の愛に分けた。すると、それぞれの愛が一つとなり、初めの一つと同じになる。それゆえに、ベイバロンは『集会と法と教化から、孤独と暗黒の無秩序へと移っていくのだ。こうしてベイバロンは永遠に彼女自身の光輝を隠さねばならない』。

「おおベイバロン、ベイバロン、獣の王にまたがりたる強き母よ、あなたの姦淫の葡萄酒で私を酔わせて下さい。あなたの酌人である私でさえ会得できるように、あなたの口づけで私を多情で死ぬほどの目に遭わせて下さい。

「いま私は、杯の赤い輝きを通して頭上はるかに、そして無限に大きくベイバロンの幻影を見ることができる。また彼女が乗る獣は、私が第十四番目のアエティールの中に見たピラミッドの都市の主である。

「いまやそれも杯の輝きの中に消え、天使が言う。今のところ、汝は獣の秘密を理解し得ないだろう。その秘密がこの〈風〉の秘密に直接関係がないからだ。生まれ変わって英知をもった極く少数の者だけに可能なのだ。

「杯はさらに明るく、火のように赤々と輝く。法悦に心を奪われ、私の五感はみな不安定だ。

「そして天使が言う。幸福《さいわい》なるかな聖者たちよ、彼らの血は杯の中で混ぜ合わされ、もはや二度と別れることはないのだ。醜行の母である美女ベイバロンが、あらゆる先端が鋭く痛むその聖なる女陰にかけてこう誓ったからである。生あるものすべての血を集め、それで作った葡萄酒が貯えられ、熟成し聖化して、吾が父の心を喜ばせられるようになるまでは、休まずその姦淫を続ける、と。吾が父は寄る年波に疲れ、ベイバロンの床には来ない。けれども、この完璧な葡萄酒は最も純粋な濃縮物質となり、霊薬《エリキシル》となるだろう。それを飲めば吾が父の若さはよみがえるであろう。世界が世々崩壊して移り変わり、宇宙が自ら薔薇の花のように開いては、また、たたみ込まれて立方体になる十字架のように閉じられても、その若さは変わることなく永劫に続くだろう。

「そしてこれは深い森の中で夜演じられる牧神の喜劇である。またこれは聖なるキタイロンの山頂で挙行されるディオニュソス・ザグレウスの秘密の儀式だ。さらにこれは薔薇十字会員の秘密であり、洞窟の山や聖なるアビエグヌス山にも隠されている達人《アデプト》たちの地下の部屋で成就される儀式の核心である。

「そしてこれが過ぎ越しの祝いの夕食の意味である。小羊の血を撒きちらすのは黒い兄弟たちの儀式である。団員たちは死の天使が入りこまないように神殿の塔門《パイロン》を血で封印した。こうして彼らは自らを聖人たちとの交わりから隔絶しているのだ。こうして哀れみと英知から遠ざかっている。その血を自らの心臓にしまい込んでおくとは、呪うべきことである。

「彼らは、吾が母ベイバロンの接吻に近寄らず、人里離れた砦の中で偽りの月に祈っている。そして誓いと大いなる呪いによって団結している。そして悪意を持つことで共謀し、また勢力をもち卓越している。彼らは大釜の中に自己本位という毒を混ぜこんで惑わしの苦い葡萄酒を醸造するのだ。

「こうして彼らは人間たちと生けるものすべてに妄想を放ち、聖なる者に挑戦する。それゆえ、彼らの偽りの哀れみが哀れみの名で呼ばれ、彼らの偽りの英知が英知と呼ばれる。これが彼らの最も効力のある魔法だからである。

「だが、彼らは自らの毒によって滅びる。騙されて仕えさせられた〈時間〉によって、また彼らの主人である、〈永遠の死〉という名の強大な悪魔コロンゾンによって喰いつくされる。なぜなら、死の天使の侵入を防ぐ障壁である、塔門に彼らが撒きちらした血が、その天使が中に入るための鍵だからである」。

「技《わざ》」

矢（注）

さて今度は、竜の頭というものが実はアエティールの尾にすぎないことを見よ！　多くの者が永遠の十二宮を次々に戦い進んできた。そして、ついに私を見て、「強大でぞっとさせる神の姿が恐ろしい」と言って引き返していった。幸福《さいわい》なるかな、私が何者のために存在するかを知る者たち。そしてその真実の矢のために吾が咽喉《のど》の回廊を作り、その純潔のために月を作りし者に栄光あれ。

月が欠ける。月が欠ける。月が欠ける。なぜなら、月に輝きを与える太陽光よりも圧倒的な真実の光が、その矢の中にあるからだ。矢には、アムンの羽であるマアトの羽が付いており、矢柄《やがら》は隠された神、アムンの男根である。そして鏃《やじり》の逆鉤《かえり》は、神のいない場所で汝が見た星である。

そしてその星を見張っていたもののうち、矢を射るに相応しいものは一人もいなかった。そしてその星を崇拝していたもののうち、矢を見るに相応しいものは一人もいなかった。けれども汝の見た星は逆鉤にすぎず、汝には矢柄を摑む気転がなかったか、あるいは矢の羽根を見抜く純潔さがなかったのだ。それゆえ、矢の標《しるし》のもとに生まれた者は幸運である。また冠をつけたライオンの頭と、蛇の体と、矢の、秘術記号をもつ者は幸せである。

しかし、上向きの矢と下向きの矢との違いは汝にも識別できる。上向きの矢は飛翔範囲が狭まっており、しっかりした手によって射られている。イェソドはヨッドのテトラグラマトンで、ヨッドが手だからである。しかし下向きの矢はヨッドの最高点を通り過ぎてから射られている。そして、そのヨッドは隠者である。また、それは微小な点であって、延長されておらず、ハディトの心臓に接近している。

そして今、汝はその幻影から引き下がるよう命じられる。その直後、定められた時間に、この秘密を瞑想しながら自分の道を行く汝に、その幻影の続きが与えられるであろう。

そして汝は筆記者を呼び出し、書くべきことを書かせしめよ。

それゆえ私は命じられたとおり、引き下がる。

ベンシュルーとトルガの間の砂漠。

一九〇九年十二月十二日、真夜中の十二時。

さていまや汝は尊厳な自然界の秘密に近づいている。

注＝『霊視と幻聴』第五アエティールより。

汝は確かに古代の驚異、翼ある光、火の泉、楔の密儀に近づいているのだ。だがそれを明らかにするのは私ではない。私はそれを見ることを一度も許されていない。私はアエティールの入口に立つ見張り人にすぎない。メッセージを伝えれば、私の使命は終わる。そしてアエティールの天使の眼前から、翼で顔をおおって退出する。

　そこで天使は翼を交互に折りたたみ、頭を下げて去っていく。

　そして、靄のような青い光の中に幼い子供がいる。子供の髪は金色で、たっぷりした巻き毛になっており、濃い青色の目をしている。そうだ、その子は全身が金色だ。生命のある、目のさめるような黄金でできている。そして各々の手に蛇を持っている。右手には赤い蛇、左手には青い蛇を。そして赤いサンダルを履いている。だがそれ以外はなにも身につけていない。

　そして子供はこう言う。生とは、長い時間をかけての、悲しみへの入門式ではないのか？　イシスは悲しみの女神ではないのか？　そしてイシスは吾が母にして、自然を象徴する。その双生児の姉、ネフティスが象徴するのは、完成である。イシスは万人に知られているが、ネフティスを知る者のいかに少ないことか！　なぜなら彼女は暗黒なるがゆえに怖れられているからである。

　しかし、汝、怖れることなくネフティスを崇め、その生をネフティスの神秘への秘儀参入に捧げてきた者よ。汝、母も父もなく、姉妹も兄弟もなく、妻も子もなく、大いなる海に住むヤドカリのように孤独に寂しく暮らしきたる者よ、見よ！　シストルムが振り鳴らされ、喇叭がイシスの栄光を讃えて鳴り響く。そして、しまいに静寂となり、汝はネフティスと語らうのだ。

　そしてこれらを知ったならば、禿鷲のマウトの矢羽根がある。汝は、汝の不思議な意志の弓弦《ゆづる》をいっぱいに引き絞り、矢を放ち、吾が心臓を貫くがよい。我はエロスなり。吾が肩から弓と矢筒を取り、我を殺せ。汝が我を殺さねばアエティールの神秘は解明されまい。

　それゆえ私は彼が命じたとおりにした。矢筒の中には二本の矢があった。一本は白く、一本は黒い。私はどうしても弓に矢をつがえることができない。

　すると声がした、「それをしなければならない」。

　そこで私は言った、「こんなことのできる人間はいない」。

　するとその声が、まるでこだまのように答えた。「いかなる者も、これを為す能わず《ネーモ・ホック・ファケレ・ポテステ》」。

　やがて私ははたと理解し、二本の矢を取り上げた。白い矢の鏃には逆鉤がないが、黒い矢には釣針のような逆鉤がたくさん付いていた。そして真鍮が巻きつけてあって、猛毒を塗ってあった。そこで私は弦に白い矢をつがえ、エロスの心臓めがけて射た。力の限りに射たにもかかわらず、エロスは無傷で、矢は脇腹から地に落ちた。しかしその瞬間、黒い矢が私の心臓を貫いた。私の全身を激痛が走った。

するとその子供が笑って言う。汝の矢は我を射抜かず、毒を含ませた矢が汝を突き通したが、我は殺され、汝は死なず勝利を得た。我は汝であり、汝が我であるからだ。

そう言うと子供は姿を消し、アエティールは万雷の轟とともに裂ける。そして見よ、その矢を！　マアトの矢羽根は、冠である。それはトートのアテフの冠なのだ。そして矢は燃えるような光を放っている。その下には銀の楔がある。

私はその光景を見て震えおののく。その周囲全体が荒れ狂う火の渦と奔流だからだ。天の星はその炎の陰にまぎれてしまう。それらはすべて暗い。燃え立っていた太陽は灰色の点のようだ。そしてその中央では矢が燃えている！

矢の冠がすべての光の父であり、矢柄がすべての生の父であり、矢の逆鉤がすべての愛の父であることが分かる。その銀の楔はあたかも蓮の花のようである。アテフの冠の中の目が叫ぶ、「私は見張る」と。そして矢柄が叫ぶ、「私は働く」と。そして逆鉤が叫ぶ、「私は待つ」と。そしてアエティールの声がこだまする、「それは輝く。それは燃える。それは花ひらく」と。

そして今度は不思議な考えが浮かぶ。この矢はすべての動きの源だ。それは無限の動きだ、しかしそれは動いていない。だから動きはいっさい存在しない。それゆえに物質はいっさい存在しない。この矢はシバの眼のきらめきだ。だがそれは動かないから、宇宙は破壊されない。宇宙は前へ押しやられ、矢羽根であるマアトの羽毛の震えにのみこまれる。だが、それらの羽毛は震えていないのだ。

そして、ある声が言う、「上にあるものは下にあるものに似ていない」。

すると別の声が答える、「下にあるものは上にあるものに似ていない」。

するとまた別の声が、前の二つの声に答える、「何が上にあって、何が下にあるのか？　分割しない分割と、増加しない増加があるからだ。そして単一とは多数なのだ。見よ、この神秘は到底理解できない。翼ある球体は冠であり、矢柄は智慧であり、逆鉤は理解であるからだ。そして矢は一つである。汝は母の子宮に宿る赤子にすぎず、光に対する準備ができていないから、この神秘に戸惑う」。

そして、この幻影が私を圧倒する。私は呆然となり、目が眩み、耳は聞こえなくなった。

さらに、ある声が言う、「汝は悲しみを癒す薬を求める。ゆえに、悲しみのすべてが汝の取り分だ。『神は自らに、我々すべての者の罪悪を負い給うた』と物の本には書かれている。なぜなら、汝の血がベイバロンの杯の中で混ぜ合わされるように、汝の心臓が宇宙の心臓の中で混ぜ合わされるからだ。宇宙の心臓には依然として、歓喜を象徴する緑の大蛇が巻きついている」。

この心臓は狂喜する心臓であり、その大蛇は知識《ダアト》の大蛇であることが私に示される。ここでは、それぞれのシンボル自体がその反対のシンボルを含んでいるので、すべてのシンボルは相互に置き換えることが可能だからだ。そして、これが深淵の上方にある天界の偉大な神秘なのだ。深淵の下の方では、矛盾は分割である。しかし深淵の上では矛盾は統一である。そして、矛盾自体に含まれる矛盾による以外は、真なるものはなにも存在できない。

この矢の幻影がいかに素晴らしいものか、汝には信じることができない。そしてこの幻影は、幻影の神々が池の水、すなわち見者の心を乱さない限り、さえぎられることはない。しかし幻影の神々が天使の集団である風を送ると、天使たちは足で水を打ち、さざ波がはね上がる――そのさざ波は記憶である。見者たちには知力がないからである。水は、夜の星々を戴いた広大で静謐の海、宇宙へと拡がる。だがそのちょうど中心に矢がある。事物の小さなイメージだったものは、いずれも、波に浮かぶ泡なのだ。そして幻影と記憶との間には争いがある。私は幻影の神々に「おお吾が神々よ、私の視覚からこの奇跡を奪い給うな」と祈った。

すると神々が言われた、「そうしなければならないのだ。それゆえ、汝がこの厳粛なものであり尊いものである矢を、ほんの片時であれ見ることを許されたのなら、喜べ。だが、幻影は完了し、我々は汝に激しい風を吹き送った。なぜなら、力を拒否した汝を、力によって貫くことはできないからだ。また、権威を足下に踏みにじった汝を、権威によっても貫くことはできないからだ。汝は理解以外の一切を奪われている。おお汝、小さな埃《ほこり》の山にすぎぬ者よ！」。

そして、そのイメージが私に向かって立ち上がり、そして私を強く締めつけるので、アエティールが私に対して閉じられる。ただ心と体に関することのみが私に開かれている。占いの玉は曇っている。そこに私が見るものは記憶にすぎないからだ。

宇宙――

汚れなき宇宙(注)

「我々は、石という石が、どれも宝石であって、幾百万もの月がその一つ一つの石に鏤められている場所へ来ている。

「そしてこの場所は、誇り高く、しかも繊細で、想像を絶するほど清らかな女性の体そのものである。彼女はまるで十二歳の子供のようだ。そのまぶたは深く切れこみ、まつ毛は長い。目は閉じているか、または半ば閉じられている。この女性について何かを述べるのは容易でない。彼女は裸体だが、全身が細かい金色の毛で覆われている。その体毛は、力強く恐ろしい天使たちの槍になる電撃的な炎である。天使たちの胸当てはこの女性の皮膚の鱗である。そして足元まで流れ落ちるその髪の毛は、まさしく神自身の光なのだ。見者が、全アエティールで目にするあらゆる壮観の中で、彼女の指の極く小さな爪に比べられる価値のあるものは一つとしてない。見者は儀礼上の用意がなくては、アエティールに参加しないかも知れないが、遠くからこのアエティールを見るだけでもそれまでのアエティールのすべてに参加しているようなものである。

「見者は驚嘆のあまり途方に暮れる。すなわち、平和である。

「そして、その女性の上方の地平の輪は手をつなぎ合った、絢爛たる大天使たちである。彼らは立って次のように歌う、『この女性は美しきベイバロンの娘だ。ベイバロンは、この娘を万物の父との間に産んだ。そして、あらゆるものとの間にこの娘をもうけたのだ』と。

「この女性は王の娘である。永遠の処女である。聖なる者が偉大な時から奪い取ったのは、この娘である。そしてまた、彼女は空間を征服した者たちに捕獲されたのである。理解の玉座に据えられているのもこの娘である。聖なる者、聖なる者、聖なる者というのが彼女の名であるが、この名が人間たちの間で語られることはない。人間たちは彼女をコレーと呼び、さらにマルカーと呼び、ベツラーと呼び、ペルセポネーと呼んでいるからである。

「そして詩人たちは彼女の歌を作り、予言者たちは無益なことを語り、若者たちは空しい夢を見た。だが、これは、その名が語られない、汚れなき娘である。思考も、彼女を守る眩いばかりの栄光を貫くことはでき

注＝『霊視と幻聴』第九アエティールより。

ない。思考は彼女の前では打ちのめされて死んでしまうからだ。記憶は空白であり、最古の魔術の本の中にも、彼女を呼び出す呪文や、彼女を讃える礼拝は書かれていない。彼女の王国の境界線に吹きすさぶ大嵐の中の葦のように、意志は屈折する。そして想像力をもってしても、彼女がその上に立っている百合、水晶の湖やガラスの海に生えている、その百合の花弁さえ描き出せない。

「これが、七つの星で髪を飾り立てた娘である。その星々は神の卓越性を揺さぶり震わす神みずからの七つの呼吸である。そして娘は髪に七つの櫛を飾った。その櫛には、天使たちにも、大天使たちにも、主の軍隊の指揮者にも知られていない、神の七つの秘密の名が記されている。

「汝、聖なる者、聖なる者、聖なる者、汝の名に永遠に幸福《さいわい》あれ。汝にとっては、全永劫《アイオン》も汝の血の脈動にすぎない」。

第三部

コート・カード

全般的所見

コート・カードは、ヘブライ語の「神名を示す四文字」と四大元素のもつ諸力を分析し、絵で表わしたものである。またカードは、黄道十二宮に配属されるが、一枚のカードが、それぞれの〈宮〉の十分角三個分に相当するのではなく、その勢力範囲は、ある宮の最後の十分角から始まり、次の宮の二番目の十分角まである。さらに難しいことに、諸元素の配属と十二宮の配属は一致するだろうと当然予想されるが、実際はそうではない。例えば、〈火の宮〉の火の部分が、火の宮のなかで最も勢い盛んなもの、すなわち白羊宮に当たるのではないかと思うかもしれない。しかし予想に反して、火の部分が表わすのは天蠍宮の最後の十分角と人馬宮の最初の二つの十分角であり、これは黄道十二宮の中では、〈火の宮〉の水の部分であり、火の勢力は最も弱いのである。

なぜこのようになるかというと、四大元素の領域では、すべてのものがごちゃごちゃに混ざり合っている、つまり、弁明者の言葉どおり、すべてのものが拮抗し釣り合っているからである。このような配列の好都合な点は、カードを用いて、大雑把だが経験に基づく方法で、男女の幾つかのタイプを叙述するのに適しているということだ。簡潔に言えば、これらのカードはどれも人を表わす絵であり、その人の太陽、つまり、出生時の上昇宮が、カードの十二宮属性と一致するのである。例えば、十月十二日生まれの人は、〈剣〉の〈女王〉の特性を多くもっているが、もし彼が夜の十二時直前に生まれたなら、〈棒〉の〈王子〉の特質も多分に加わることになろう。

四人の高位者の一般特性

〈騎士〉は「神名」を示す四文字の中のヨッドの力を表わす。〈騎士〉は四大元素のエネルギーの最も荘厳にして根源的な、勢い盛んな部分である。この理由で〈騎士〉は、馬の背にまたがり、完全武装している。〈騎士〉の行動は、すばやく激しいが、瞬間的である。たとえば〈火〉の元素では、〈騎士〉は稲妻に対応する。また、〈水〉の元素では、雨と奔流に、〈風〉の元素では風に、〈地〉の元素では山に対応する。〈騎士〉が表わす、〈表象〉と〈自然力〉との間のこういう照応関係を自分で解決することは、精神活動として、極めて重要である。そして実際に魔術を行なう場合には、この照応を理解しておくことが肝要となる。

〈女王〉は、「神名」を示す四文字のへーを表わす。〈女王〉は〈騎士〉を補完する。〈騎士〉の根源的エネルギーを受容し、熟成させ、送り出す。そのエネルギーをすばやく受け入れると、それが熟成する期間もちこたえるように調整されてもいる。しかし〈女王〉は、最終的な結果ではない。〈女王〉は、創造の過程における第二段階を表わし、その第四すなわち最終段階は、物質としての顕現である。〈女王〉は王座に坐っているが、これは〈女王〉が特定の機能を果たすと定められているという事実を強調するものである。

〈王子〉は、「神名」を示す四文字のヴァウの力を表わす。〈王子〉は〈女王〉(前王の娘)の息子で、その父は、彼女を勝ちとった〈騎士〉である。したがって、〈王子〉は二輪戦車に乗り、両親の結合した力を発揮するため前進する。彼は、両親の合体の勢いあふれる流出であり、その顕現である。そして、その結合の知的な姿を表わしている。したがって、彼の活動は、先祖の活動より恒久的である。実際、ある点において、〈王子〉は相対的永続性を獲得するが、これは、彼が秘密になされてきたものを公にした記録であるからだ。また彼は「死にゆく神」でもあり、殺害された時に、そして殺害されたおかげで、花嫁を救い出すのである。

〈王女〉は、「神名」を示す四文字の末尾のヘーを表わす。また、根源のエネルギーの成就、具体化、物質化という究極的な流出を表わす。さらに、エネルギーの平衡と再吸収を表わし、すべてのものがそこへ戻る沈黙をも表わす。したがって、〈王女〉は永遠ではあるが、存在もしていない。等式0=2の決算といえる。〈王女〉は黄道十二宮のどこにも属しない。だが明らかに、人間の四つのタイプを表わす。〈王女〉は、一般に数多く見られる、「元素霊的」人物で、責任感が全く欠如しているので見分けがつく。彼女の精神的特性には「痛烈さ」が欠けているようだ。〈王女〉は、惑星の優勢状態に応じて、さらに細分される。このような諸類型は、小説のなかによく出てくる。エリファス・レヴィは、次のように書いている、「術士にとって、そのような人物を愛することは、不条理であり、自滅となろう」。

「神名」を示す四文字の四大元素間における、これらの関係は、途方もなく複雑であり、尋常の論文で論議できる限界をはるかに超えている。それらの関係は、その意味を思考するたびに変化するからである。

例えば、〈王女〉が現われるとすぐ、〈王子〉が彼女を勝ちとって結婚し、彼女は自分の母の王座につく。そうして彼女は、全ての父の長《おさ》なる者を眠りから醒ます。そこですぐ、この王は若い騎士になり、再び循環が始まるのである。〈王女〉は完全な処女であるばかりか、〈王子〉の死により、孤独で悲嘆にくれる未亡人となる。これらのすべてがオシリスの永劫《アイオン》の特徴をなす諸伝説のなかに見られる。この複雑さを解きほぐすことが至難の業であるのは明らかだが、研究する者としては、一度に一つの伝説を調べて満足していれば充分である。

〈風〉の支配者にして、闘争と知性の支配者たる、オシリスの永劫《アイオン》が、このような混乱状態にあるのは当然であり、またその象徴と定則が部分的に重なり合いながらも、互いに矛盾しているのも当然である。数多くの伝説や譬話《たとえ》を一つにまとめることは不可能である。それぞれの話が、ある局所的、一時的目的を達成するのに不可避だと見なされた定則を強調するために作り出されたものであるからだ。

十六枚のコート・カードの概略説明

棒の騎士

〈棒の騎士〉は、〈火の宮〉の火の部分を表わす。彼は、天蝎宮の二十一度から人馬宮の二十度までを支配する。彼は完全武装の戦士で、冑に、黒い馬の頂飾をつけている。手には燃える松明を持ち、彼のマントの内部でも火が燃えさかり、その炎の上に騎馬している。彼の乗る黒馬は跳躍している。

　この人物にふさわしい精神的特性は、活動、寛容、激しさ、自負、衝動、予想できない行動に発揮される素早さである。もし彼が悪い方向に精力を向ければ、腹黒く残忍で、偏屈で野蛮な性格になる。いずれにせよ、自分で行動を進めるには適していない。状況に応じて行動を修正する手段を持ちあわせていないからだ。もし最初の努力で失敗すれば、もはや取るべき道はない。

〈易《えき》〉では、〈火の宮〉の火の部分は、五十一番目の卦、震《かん》（震爲雷）により表わされる。そこで与えられている意味は、タロットの理論と完全に一致している。だが、同種類の事象のなかでも、驚くべき、危険で過激な特性が大きく強調されている。依頼人は、気づかいはしながらも、冷静に決意を固め、精力的でいることを勧められる。つまり、行動の時機を逃がさぬよう用心しながら、自分の能力を一途に信じて前進するわけである。

〈易〉のこれらの照応関係はすべて、その書物（『東洋聖典全集第十六巻』オクスフォード大学出版局刊行）で学ばねばならない。本書で、重要な箇所が長すぎて引用するのに差し障りがある場合には、原文を参照されたい。

棒の女王

〈棒の女王〉は、〈火の宮〉の水の部分を表わし、その流動性と色彩を示す。また彼女は、黄道十二宮では、双魚宮の二十一度から白羊宮の二十度までを支配する。彼女の王冠は、翼の付いた円球で覆われていて、炎を放射している。その長い、赤味を帯びた金髪は、小札《こざね》のある鎖帷子《かたびら》の鎧の上にすらりと垂れ下がっている。彼女は、炎の王座に坐っているが、その炎は、彼女の感覚的力に命じられて、幾何学模様の光となっている。王座の下の波打つ炎は不変である。彼女は左手に、棒を持っているが、この棒の先には、バッカスの神秘を暗示する円錐体が付いている。傍らには、豹が頭をもたげてうずくまっており、彼女は手をその頭にのせている。彼女の顔は、その胸の奥深くで生まれた神秘に心を奪われた人の恍惚の表情を示す。

〈女王〉の特質は、適応性、一貫した活動力、静かなる権威であり、彼女はそれらを使って自分の魅力を高める方法を知っている。彼女は、思いやりがあり、寛大であるが、抵抗に対しては我慢できない。友情や愛情には極めて篤いが、常に自分が主導権《イニシアティヴ》をとる。

このカードにも騎士の場合と同様、強い自負が見られるが、過ちを犯しても、それを相殺するだけの無意識の高潔さには欠ける。それは、真のプライドではなく、自己満足的な虚しさであり、俗物根性でさえある。〈女王〉の性質のもう一方の側面を述べると、じっと考えこむ傾向があるため、間違った結論に達し、ひどく残忍な行動をとることがあるようだ。彼女は騙されやすく、そのうえ愚かで、頑固で、暴虐な自分を見せがちである。また、怒りやすく、充分な根拠もないのに、復讐心を抱く。親友といえども、納得できる理由もなく、振り向きざまに、文句を浴びせるかもしれない。また、咬みつきそこなった時には、顎をこわしてしまう！

〈易〉では、〈火の宮〉の水の部分は、十七番目の卦、〈隨《ずい》〉によって表わされる。これは、衝動的な反応と、その結果としての滑らかな動きを示す。仕事についての明晰な構想をもち、堅実に実行できる大きな力がある。しかしこれは、誰か創造的な人物の言いつけどおりに、そうしてその人が導くままに行なう時だけである。また気まぐれな傾向があり、不実でさえある。彼女が遵奉する考えは、深い永続的な感銘を与えない。彼女は、「小子に係《つな》がるときは丈夫を失わん」。あるいは、その逆であったりする（二爻《こう》と三爻）が、自分のしていることが分かっていない。急に憂鬱な気分に陥りがちで、それを酒に酔うことにより、あるいは、狼狽して思慮のない激怒を爆発させて癒そうとする。

棒の王子

〈棒の王子〉は、〈火の宮〉の風の部分を表わし、拡張させ、揮発させる力をもっている。彼は、巨蟹宮の二十一度から獅子宮の二十度までを支配する。彼は、小札《こざね》の鎖帷子《かたびら》の鎧で完全武装した戦士だが、その両腕は、力強さと活動力のため、むき出しである。頂部に翼のあるライオンの頭が付いた、光を放射する王冠をかぶっており、この冠から、炎が幕状に垂れ下がっている。彼の胸には「〈メガ・セリオン〉に」の印《しるし》がついている。左の手には〔右手の間違い〕、第二団の5°＝6°の儀式における）第二の達人《セカンド・アデプト》の不死鳥の棒を持っている。これは、力とエネルギーの棒である。もう一方の腕には、手綱を持ち、戦車を牽くライオンを操っている。炎を放射する車輪が、この戦車を強化している。彼は、波立ち隆起した、炎の海の上に坐している。

　この人物に特有の精神的特性は、素早さと力強さである。しかし彼は、ときおり衝動的に行動する傾向がある。時には外部の影響に流されたり、時には、特に些細なことで、優柔不断となる。行動は激しいことが多い。特に意見を表明する時そうであるが、必ずしも、断固とした意見をもつわけではない。彼が力強い提議をするのは、提議をすること自体に意義を見出しているからである。実際は、いかなる主題に関しても、決心を固めるのがとても遅く、常に、どんな問題であれ、その両側面を見ているのである。彼は本質的に公正であるが、公正というものは知性の世界では得られない、と常に感じている。彼の性格は、全く高潔で寛大である。法外なほら吹きであることもあるが、一方、自分のほらの対象と、ほらを吹く自分の両方をひそかに笑っている。彼は空想に耽るタイプである。特に歴史や伝統の問題においては、その傾向が強く、愚かと言ってもいいほどである。そして、「大見得」を切ったり、手の込んだ悪ふざけをしたりする。さらに、おとなしくて取るに足らない人を選び出し、何年間もあらゆる嘲りの言葉を浴びせ続ける。まるでスイフトが不幸なパートリッジを悩ませたのと同じだ。この行為には少しの悪意もない。もしその被害者が必要とあれば、喜んで自分のシャツを脱いで与えるだろう。彼のユーモア感覚は雑食性であるので、神秘的な人物と見なされ、実際に彼の名前しか知らない人からは、理由もなく恐怖の象徴として恐れられることだろう。これは、巨蟹宮の最後の十分角が、このカードに影響しているからだ。彼の最大の欠点の一つは、〝自負《プライド》〟である。彼の、限りない軽侮の心に、あらゆる種類の卑しさと狭量が潜んでいる。彼の勇気は、狂信的と言えるほど強く、彼の忍耐力は尽きることがない。彼はいつも敵と戦っており、長い――非常に長い――目で見れば、常に勝利を収める。この原因は主として、彼の仕事に対する並外れた能力である。彼は「仕事の成果を願うこともなく」、ただこの能力を発揮するためだけに、その力を働かせるのである。おそらく、世間一般に対する傲慢な蔑視――しかしこのなかには「すべての男女」を「一個の星」として考える、深い忘我の敬意も含まれている――が、この原因となっているだろう。

　このカードは格式が悪いと、性格が悪化する。上に述べた性質のそれぞれが反対になる。彼には非常に残酷な面があるが、これは、幾分は加虐性により、また幾分は、無関心からくる冷淡さによる。そして、ある意味では怠惰である！　あまりにも狭量で、偏見を抱き、仕事を怠ける――こうなる主な理由は、そのほうが面倒が起こらないからだ。さらに彼は、無意味なほらを吹き、全くの臆病者ともなる。

〈易〉では、〈火の宮〉の風の部分は、四十二番目の卦、〈益《ゆい》〉により表わされ、付加、増加を意味する。彼は美徳にあふれ、その点で自信をもち、途方もなく広範囲の仕事を企てる。この考えは、しばしば、五爻に述べられている。つまり「孚ありて恵心あり。問うことなくして元吉なり。孚ありて我が徳を恵とす」である。この場合、彼は計り知れぬ成功を収めるかもしれない。だが、この方法は、また同じだけの危険もはらんでいる。「これを益することなし。あるいはこれを撃つ。心を立つること恒なし」（上爻）。この危険が回避されても、「その神託には誰も反対できない十対の鼈甲を、危険の主体の蓄積に付け加える連中」が現われる。――「十朋の亀も違うこと克《あた》わず」（二爻）。

棒の王女

〈棒の王女〉は、〈火の宮〉の地の部分を表わし、火の宮の燃料と言ってもよいだろう。この表現が意味するのは、可燃性物質の打ち克ち難い化学親和力である。彼女は、北極周辺部の一象限にあたる天を支配する。

　したがって、〈王女〉の額からは、公正の精神が炎の羽飾りのように流れ出ている。そして彼女は服を着ていない。このことは、構成分子がその組み相手の分子と完全に自由に結合する時にのみ、化学作用が生じるということを示している。彼女は、太陽の平円盤を先端に付けた棒を持っている。彼女は波動する炎のなかで跳躍しているが、その炎の形は文字ヨッドを想起させる。

　このカードは、〈火の神〉である、処女の女司祭の踊りを表わすと言われる。これは、彼女が、春の火を象徴する雄羊の頭で飾られた、金色の祭壇に仕えているからである。

〈王女〉の性格は極めて個性的である。才気煥発で、大胆である。その美しさは、彼女本来の活気と精力により創り出される。彼女の性格的な力強さは、見る者に美の感銘を与えずにはおかない。怒りにおいても愛においても、突然で、激しく、容赦しない。そして、自分の領域に入ってくるものは何でも、焼き尽くしてしまう。彼女は野心を抱き、向上心に燃え、全く熱狂的であるが、その熱意は不合理であることが多い。侮辱されると、それを決して忘れない。彼女のなかに見出しうる唯一の忍耐の資質は、復讐しようと待ち伏せる忍耐力である。

このような女性は、格式が悪いと、前述の特性の弱点を示すことになる。つまり、表面的で、芝居がかった行動をとり、全く浅はかで、間違っている。にもかかわらず、自分ではそういう性格であることを疑いさえしない。彼女は、自分をすっかり信じているからである。極く普通の人の目にも、彼女が単に癇癪を起こしているだけなのが明らかな場合でさえ、完全に自分が正しいと思っている。その上、残酷で、当てにならず、不誠実で、威張り散らしている。

〈易〉では、〈火の宮〉の地の部分は、二十七番目の卦、〈頤《い》〉により描写される。これは、どんな種類のものであれ、情熱的に手当たり次第にむさぼり取る人、満足を得るためなら全く手段を選ばない人、飽くことを知らない人を示す。〈頤〉の注釈文には、警告と激励が、交互に盛りだくさん述べられている。

杯の騎士

〈杯の騎士〉は、〈水の宮〉の火の部分、つまり、雨と奔流の素早く激しい攻撃を表わす。さらに精密に言えば、水の溶解力を表わす。彼は、宝瓶宮の二十一度から双魚宮の二十度までの天空を支配する。彼は、輝く翼の付いた黒い鎧を身にまとっている。この翼は、彼の白い軍馬の跳躍姿勢とともに、彼が水の最も活動的な面を示すことを意味する。右手には杯を持ち、そのなかから、〈水〉の活動宮であって、攻撃性を象徴する蟹の姿が現われている。彼のトーテムは孔雀である。これは、〈水〉の最も活発な形態における、聖なる顕現の一つが華麗さであるからだ。ここにまた、螢光の現象との関連が見られる。

それにもかかわらず、このカードが示す人物特性は、たいてい受動的であって、黄道十二宮の属性と一致する。彼は優美で、文学・芸術を愛好し、金星の性質、あるいは木星の性格を弱めた性質をもつ。彼は控えめで、温和である。誘いにはすぐに応え、そのような刺激のもとでは、熱狂的になりやすいが、あまり長くは続かない。外部の影響には極めて敏感であるが、性格に深く重大な変化を伴うことはない。

格式が悪いと、彼は、官能的で、怠惰で、信用できない存在となる。しかし、そうは言うものの、その性質の本質である無垢と清廉さは保たれている。だが一般的に言って、彼は極めて皮相的であるので、こういう精神の深い面まで到達することは難しい。「彼の名は水の中に記されている」のである。

〈易〉では、〈水の宮〉の火の部分は、五十四番目の卦、帰妹《きまい》（雷澤帰妹）により表わされる。その解釈はすこぶる曖昧であって、いくぶん不吉な様相を帯びている。火と水のような正反対のものを適切に組み合わせるという困難な事態を相手にするのである。（〈棒の女王〉と比較せよ。その場合は、水が鎮静と調整の作用をなすのに対し、ここでは、火が問題を引き起こす。）速さと激しさは、本来穏やかである性格には合わない。実際に、この葛藤する要素を調和させることに成功した人と出合うのは稀である。自己の問題の処置を誤りがちなので、全くの好運でも伴わないかぎり、生涯にわたって打ち続く失敗と災害の記録となるだろう。心の「内戦」が、精神分裂病や鬱病の原因となることも多い。興奮剤と催眠剤の乱用は、破滅を早めるであろう。

杯の女王

〈杯の女王〉は、〈水の宮〉の水の部分である、受容と反射の力を表わす。黄道十二宮では、双子宮の二十一度から巨蟹宮の二十度までを支配する。彼女の表象は、極度の清浄と美であって、無限の精妙さを具えている。その本質を見きわめるのは、不可能に近い。彼女は観察者の性質を完全に反映するからである。

この女王は、静かな水面に王座を占める姿で描かれる。手には巻貝に似た杯を持ち、そのなかからザリガニが出ている。また、〈無限なる母〉、イシスの蓮も持っている。全身を光の無限の屈曲で包み隠されており、その王座がある海は、彼女が示す表象をほとんど跡切れることなく伝えている。

このカードと関連のある特性は、主に夢心地、幻想、静穏である。彼女は全くの代理人で、忍耐強く、あらゆるものを受けとめ送り出しながらも、自分自身はそれに影響されることがない。もし、格式が悪いと、これらの性質はいずれも品位が下がる。彼女を通過するすべてのものが屈折し、歪められる。しかし一般的に言って、彼女の特性はおおかた、彼女に影響を及ぼす作用によって決まる。

〈易〉では、〈水の宮〉の水の部分は、五十八番目の卦、兌《だ》（兌爲澤）により表わされる。その解釈は、カード同様に生彩を欠いており、快楽の問題に関する穏やかな訓戒から成り立っている。実際のところ、この種の人物は、自分が受ける衝撃や感銘の一つひとつを処置することが、その特性であると言えないとすれば、自分自身の性格は全く持っていないと言ってもよかろう。

しかしながら、このタイプの人々の主な喜びは、他の人を先導し、引きつけることだという示唆（上爻）がある。したがって、そのような性質は、極めてよく（充分すぎるほど）見られるものである。

杯の王子

〈杯の王子〉は、〈水の宮〉の風の部分を表わす。一方では、弾力性、揮発性、静水力学の平衡を、もう一方では、触媒作用力と蒸気のエネルギーを表わしている。彼は天秤宮の二十一度から天蝎宮の二十度までを支配する。

ある程度の鎧は身にまとった戦士だが、その鎧は、覆いというよりはむしろ、彼の体から生え出てきたように見える。冑の頂には鷲が付いている。貝殻の形をした戦車を牽くのも鷲である。その翼は薄く、気体に見紛うほどである。これは、精神的な意味で理解される、彼の揮発力と関係がある。

右手には、〈水〉の元素にとって神聖な蓮の花を、左手には杯を持ち、その杯からは蛇が出ている。

第三のトーテムである蠍は、カードには描かれていない。というのは、それが意味する腐敗作用は極めて秘密の過程だからだ。彼の戦車の下には、静かで澱んだ湖水があり、その上に雨が激しく降っている。

このカードの全体的な象徴は、全く複雑である。天蝎宮は十二宮中、最も神秘的な宮であるが、鷲によって象徴されている天蝎宮の明示された部分は、実は、彼の性質において最も重要度の低いものだからである。

このカードで表わされる人の精神的特性は、鋭敏、秘めた激しさ、技巧である。彼は全く謎めいており、すべての面で手際がよい。表面上は平静で、落ち着いているように見えるが、これは最も強烈な情熱の仮面なのだ。表面は、外部からの影響を受けやすいようだが、実際は、それを受け入れて自分の秘密のもくろみに有利なように変質させてしまう。つまり彼には、普通我々が使う意味での良心が全くないので、仲間からはめったに信用されない。周りの者は彼を理解していないし、また決して理解することはできないと思っている。このようにして彼は、いわれのない不安を起こさせる。そして実際のところ、全く情け容赦しない。彼が望むのは、権力、智慧、自分自身の目的達成である。彼は他人には責任を感じないため、その能力は計り知れないものがあるにもかかわらず、共同で仕事をする対象にされることはない。

〈易〉では、〈水の宮〉の風の部分は、六十一番目の卦、中孚《ちゅうふ》（風澤中孚）によって表わされる。これは、易学における最も重要な卦の一つで、「中孚は豚魚吉なり」なのである。この卦の格式と照応は多岐にわたり著しい。というのは、それはまた、線を重ねることによって作られる三線図形、〈陽(☰)〉、つまり「大いなる天」でもあるからだ。それは形から船を暗示するが、同時にまた、土占術の表象カルサー、磨羯宮に入った土星でもある。

したがってこのカードは、偉大なる力の一つである。天蝎宮に入る天秤宮は、途方もなく活発で決定的なエネルギーと重要性をもつ。そのような人々にとって、善良な意志、誠実、正しい結婚は、成功に欠くことができないものである。彼らの危険は、その自惚れた野心にある。

注＝この言葉の充分な分析と説明は、『魔術―理論と実践』の四五～九頁（訳注、国書版上巻八九～九四頁）を見よ。

杯の王女

〈杯の王女〉は、〈水の宮〉の地の部分、特に結晶化の能力を表わす。彼女は概念に実態を与え、生命を支え、化学結合の基礎をつくる、〈水〉の力を象徴する。その姿は踊っている人物として描かれ、流れる衣服を身にまとっている。衣の端には結晶ができているのが見える。

彼女の王冠の羽飾りは翼をひろげた白鳥である。この白鳥の象徴性から思い出されるのは、東洋哲学に出てくる一羽の白鳥である。それは創造の全過程の象徴であるAUM（オウム）または、AUMGN（アウムグン）という語を意味する。（注）

彼女は、蓋の付いた杯を持ち、そこから亀が現われる。これはまた、ヒンズー哲学で、背中に宇宙をのせた象を支える亀でもある。彼女は、泡立つ海の上で踊っている。海中では、創造の力を象徴する気高き魚、イルカが戯れている。

〈王女〉の性格は限りなく優雅である。あらゆる愛らしさ、すべての官能、穏やかさ、親切、優しさが、彼女の性格に含まれている。彼女はロマンスの世界、永遠の歓喜の夢のなかに住む。表面だけを見れば、利己的で怠惰だと思われるかもしれないが、これは全く間違った印象である。彼女は、静かに巧まずに仕事に精を出す。

〈易〉では、〈水の宮〉の地の部分は、四十一番目の卦、損《そん》（山澤損）により表わされる。これは、減少、あらゆる固体性の溶解を意味する。このカードによって描写される人々は、すっかり他人に依存しているが、同時に、彼らの助けにもなっている。ひいき目に見ても、彼らが個人的に重要であることはめったにない。だが協力者としては、彼らの上に出る者はない。

剣の騎士

〈剣の騎士〉は、〈風の宮〉の火の部分を表わす。彼は風であり、嵐である。そして、外見上は扱いやすい元素〈風〉に適用された、激しい力の動きを表わす。彼は、金牛宮の二十一度から、双子宮の二十度までを支配する。冑をかぶった戦士で、冑の天辺には回転する翼が付いている。狂った馬にまたがり、天空を駆け下《くだ》る〈大嵐の神〉である。片手に剣、もう一方の手には短剣を持つ。彼が表わす概念は攻撃である。

このカードにより示される人の精神的特質は、活動、技能、鋭敏、巧妙である。彼は激しく、繊細で、勇気があるが、自分の考えに強く捕われてしまう。考えといっても、熟考するのではなく、ふと頭にひらめいた思いつきである。

もし格式が悪いと、これらの特質すべてが力を失い、彼は決定や決意ができなくなる。そして、彼の行動はすべて、反対者により、容易に払いのけられる。不適切な激しさは無益である。「キマエラ《キマエラ・》〔ギリシアの怪物〕が虚空で唸り声をあげている《ボンビナーンス・イン・ウァクオー》」。

〈易〉では、〈風の宮〉の火の部分は、三十二番目の卦、恆《こう》（雷風恆）により表わされる。ここで初めて、中国の思想や経験を西洋のものと同一視する、学術的並行論を簡単に立証することが可能になった。というのは、恆の意味は長期にわたる継続であるからだ。「忍耐づよい徳行、つまり、みずからの存在の原則を継続して実行すること」であると、レッゲは卦に関する解釈のなかで述べている。これは、四元のなかで最も安定度の低い元素に適用された、激しいエネルギーとするカバラの考え方と一致しないように見える。しかし、〈風〉の卦（☴）はまた木を示しており、その卦は、樹液の抑えきれない流れと、木を丈夫にする樹液の効果を暗示したのかもしれない。この推測は、上爻のなかの警告により裏づけられる。つまり「象に曰く、恒を振うて上に在り、大いに恒なきなり」というのである。

この考えを認めると、ゾロアスター教で言う「心の、広まりし炎」という概念が、前の描写に追加されるのも当然となる。それは、心をみずから爆発させる〈真の意志〉である。金牛宮の影響が安定に寄与し、双子宮の最初の十分角の影響がインスピレーションを促進する。そこで、「人生および悪業においてひたすら純《インテゲル・ウィタエ・スケレリスクウェ・》一である《プールス》」、つまり、全生涯をかけ、ひたすら大望に専心している、理想の一条の光である彼が、地の金牛宮から、興になる双子宮まで通過するのを想像してみよう。ここでも（〈易〉におけるのと同様）この象徴の主題には危険が見られる。というのは、最初の十分角は、「干渉」――古くは「弱められた力」――と呼ばれるカードであるからだ。

剣の女王

〈剣の女王〉は、〈風の宮〉の水の部分、この元素の融通性と伝達力を表わす。彼女は、処女宮の二十一度から天秤宮の二十度までを支配する。彼女の坐る王座は、雲の上にある。上半身は裸で、きらめくベルトと腰布《サロン》を身につけている。冑の羽飾りは、子供の頭であり、そこから、鋭い光線が何本も流れ出て、天の雫から成る彼女の帝国を照らす。右手には剣を持ち、左手には、切り取ったばかりの、鬚を生やした男の頭を持っている。彼女は理念《イデア》の、明確で意識的な知覚であり、精神の解放者である。

このカードによって象徴される人は、直感力が極めて鋭く、すぐれた観察力と理解力をもつ、全くの個人主義者であり、考えを記録するのが素早く、正確である。行動は自信に満ち、心だては丁重で公正である。身のこなしは優美で、踊りと平衡の感覚は他に例を見ないほどである。

格式が悪いと、これらの特質はすべて、取るに足りない目的に向けられる。彼女は、残忍で悪賢く、嘘つきで信用できないものとなるだろう。したがって、彼女を特徴づける外面の美しさと魅力があるだけに、とても危険である。

〈易〉では、〈風の宮〉の水の部分は、二十八番目の卦、大過《たいか》（澤風大過）により表わされる。その形は、弱い棟木《むなぎ》を暗示する。

性格は、もともとすぐれているが、妨害には耐えられない。先見の明、慎重さ、行動に対する準備の注意深さが、予防の手段である（初爻）。さらに、外見上は不適切に見える仲間からの援助に頼ることにより、利益を得ることがある（二爻と五爻）。この性質を異にする力によってしばしば、本来の弱さが負けて、環境に対する明確な優位さが創り上げられさえする（四爻）。そのような場合、失敗するものと最初から決まっている冒険に、向こう見ずにも着手したいという誘惑にかられるかもしれない。しかし、そうなったとしても、非難は全く受けない（上爻）。〈真の意志〉の条件は満たされているので、その結果は、（うまくいかない場合でも）正しい過程を採択したという気持ちで埋め合わされる。

　このような人々は、最も予期していない方面からの強い愛と献身を獲得する。

剣の王子

　このカードは、〈風の宮〉の風の部分を象徴する。特別な解釈をすると、このカードは理知的で、理性を表わす絵である。〈剣の王子〉は、磨羯宮の二十一度から宝瓶宮の二十度までを支配する。

　この〈王子〉は、細かく組み合わされた甲冑《かっちゅう》を身につけており、それには、はっきりした模様の飾りが付いている。そして、彼が乗っている戦車は（さらに綿密な）幾何学的な概念を暗示する。この戦車を牽くのは、翼の付いた子供たちで、気ままに好きなほうを向いて跳びはねている。抑えられていないので全く気まぐれである。その結果、この戦車は、動かすのは簡単だが、偶然でもない限り、ある決まった方向へ進めることは完全に不可能だ。これが〈心〉の正確な描写である。

　この王子の頭の天辺には、子供の頭が輝いている。これは、このカードの特質として秘密の王冠があるからだ。凝縮すれば、まさしくそれがティファレトである。

　彼の論理的精神過程の働きによって、彼の元素である〈風〉は、多くの様々な幾何学的模様になっている。しかし、このなかに実際の計画はない。それらは、明確な目的のない精神力の表示である。右手には、創造のための剣を振りかざし、左手には鎌を持ち、自分が創るものを即座に破壊する。

　このカードに象徴される人は、純粋に理知的である。頭のなかにはいろいろな着想や企画がたくさんあって、ごったがえしている。彼は、実際的努力は別として、理想は立派なものばかりである。思考の器官すべてが最高度に発達しており、聡明そのもので、みごとに合理的だが、目的が不安定であり、実際には自分自身の考えにさえ関心がない。自分のどの考えも、同じようなものだと分かっているからである。彼は、すべてのものを非現実へ変えるが、その方法は、実体を取り除き、どんな事実でも——たとえその実体が成り立っている基盤となる事実であっても——その事実との関係をもたない、全く形式的な推論という理想的世界へ変えることによる。

〈易〉では、〈風の宮〉の風の部分は、五十七番目の卦、巽《そん》（巽爲風）により表わされる。これは、その両面価値（融通性と透徹性を意味する）のため、その書中で最も難しい表象の一つとなっている。

彼は既存の原理から完全に自由な立場にいるため極めて力強く、後悔や良心の呵責なしに、考えられる限りの論を主張し、押し進めることができる。たとえどんな命題でも、支持するためなら適切巧妙、口達者に「聖書の言句を引用する」が、ほんの今しがた提出された反対論の成り行きなどには関心も示さない。どんな局面でも他の局面と全く同じで敗北することはあり得ないからだ。また、すぐ手近の利用できる要素との組み合わせにいつでも応じる用意ができている。こういう摑みどころのない、融通性に富む人々に値打ちが出るのは、彼ら自身よりすぐれた知性に裏づけされた、創造的意志を有する人物により、しっかりと支配されている時だけである。実際には、ほぼ不可能である。彼らに関して得るものは何もない。彼らの欲求を満たしてやった場合でさえ、得るものはない。しかし、こういう人は嵐のようなもので、制御できないことさえある。一時的流行を追う人や、酒や麻薬、人道主義、音楽や宗教に凝る人は、この範疇に属することが多い。しかし、この場合、依然として安定性に欠ける。次々と礼賛やら悪徳やらを歴回《へめぐ》り、常に熱狂的な確信をもって、実際にはその時の気まぐれにすぎないことを物のみごとに立証する。

このような人々には騙されやすい。というのは、その表明自体に非常に大きな潜在的能力があるからだ。譬えて言えば、愚者がプラトンの対話をもち出すようなものだ。彼らは、このようにして、心の深さと広さの両方に関する遠大な名声を獲得するのかもしれない。

剣の王女

〈剣の王女〉は、〈風の宮〉の地の部分、不安定な要素の定着を表わす。彼女は、概念の具体化をもたらし、天から地への影響を象徴する。そして、ミネルヴァとアルテミスの特徴を帯び、ヴァルキューレを暗示するところもある。また、ある程度、神の怒りを表わし、冑の羽飾りは蛇の頭髪のメドゥーサである。そして、まるで神聖を汚されたことに対し復讐するかのように、荒れ果てた祭壇の前に立ち、剣を下に突き刺している。彼女の故郷である天と雲が怒っているように見える。

〈王女〉の性格は厳しく、執念深い。その論理は破壊的である。断固として押しが強く、物質的な面で役に立つ知恵と手際のよさを充分に具えている。彼女は、実際的な事柄を、特にそれが議論の的になるものであれば、すばらしい聡明さと器用さで処理する。とても巧妙に論争を解決するのである。

もし、格式が悪いと、これらの特質は全て消散する。彼女は統一がとれなくなり、その才能がいずれも、行なう価値もない低級のずる賢さを発揮するようになりがちである。

〈易〉では、〈風の宮〉の地の部分は十八番目の卦、蠱《こ》（山風蠱）により表わされる。これは「壊乱腐敗」を意味する。そして、この卦はあらゆる実際的かつ物質的な事柄にとって、易経中に見られる最も不吉な象徴である。〈風〉のすばらしい特質すべてが、押し下げられ、抑圧され、息の根を止められてしまう。

このカードの特性をもつ人々は、知力が鈍く、常に不安に苛まれ、あらゆる類いの責任、特に家族の問題で押し潰される。一般的に、両親のいずれか一方が病因と見なされるであろう。

上爻を理解するのは難しい。この爻は、「王侯に事《つか》えず。その事を高尚にす」。その説明としては、このような〈王女〉は、「精神の王冠」であり、「全てのものを空高く吹き飛ばし」、放棄する選択の自由を常時もっている、と言っても差し支えない。そのような行為が、このカードに関し、格式が良い場合、上記の諸特徴の説明となろう。しかし、そのような人々は極めて稀であり、当然のことながら、現われる時は「不運の子」であることが多い。それでも、彼らの選択は正しかったのであり、しかるべき時機にその応報を受ける。

円盤の騎士

〈円盤の騎士〉は、〈地の宮〉の火の部分を表わし、特に、山岳と地震と重力の現象に関連がある。そしてまた、生命を生み出すとされる、〈地〉の活動をも表わす。〈騎士〉は、獅子宮の二十一度から処女宮の二十度までを支配するので、農業と大きく関係する。この戦士の体つきは、背が低く頑丈である。すこぶる堅固な板金鎧を着ているが、雄鹿の頭を羽飾りとする彼の冑は、後ろに跳ね上げられている。ちょうどその時の彼の役目は、食料の生産だけに限られているからだ。このため彼は殻竿を持っている。さらに彼は、非常にがっしりした円盤を持つ。それは栄養物を象徴する。このような特徴は、彼の馬にも表われている。他の騎士の馬とは異なり、大型で強力な荷馬車馬《シャイア・ホース》が四本の足でしっかり立っている。彼は肥沃な土地を駆け抜ける。遠くの丘でさえ、耕され畑になっている。

彼が象徴する人々は、頭が鈍く、不器用で、物質的なものに心を奪われがちである。彼らは、精励で辛抱強いが、自分に最も密接に関わる事柄でさえ、知的に把握することはほとんどない。彼らが成功するとすれば、それは本能によるか自然を模倣したことによる。彼らは独創性に欠ける。彼らの火は、成長の過程の燻っている火である。

格式が悪いと、このような人々は、救い難いほど、愚かで卑屈になり、自分自身の問題でさえ見通しが立たず、また自分以外のものには、知的な興味をもつことができなくなる。彼らは、野卑で無愛想で、相手が自分より優位だと本能的に分かるものに対しては、（なんとなく）嫉妬心を覚える。だが、自分を向上させようという勇気も知性もない。それにもかかわらず、いつも苛々《いらいら》しながら、つまらないことを弄《いじ》くりまわしている。そして、自分の身に何が起こっても、余計な口出しをして、必ず台無しにするのである。

〈易〉では、〈地の宮〉の火の部分は、六十二番目の卦、小過《しょうか》（雷山小過）により表わされる。これは、それを補完する中孚（杯の王子参照）と同様に重要である。さらにこれは、「太陰」、つまりそれぞれの線が対になった、ルナの卦〔⚏である〕である。しかしまた、土占術におけるコンジャンクショ、処女宮に入った水星を暗示し、カバラ体系における、〈地〉の属性の火にぴたりと該当する。

さらに中国の賢人たちは、卦の象から鳥を連想した。したがって、その意味が、いっそう軽薄で無責任な類いの人間から受ける影響によって修正される。そういう人間とは、シェイクスピアの『小さな淫らな売春婦』、フランス人皮肉屋の『女はよく心変わりがする』やコリオレイナスの気まぐれな群衆を指す。そして実際、歴史自体の影響によって修正されるのである。しかし、処女宮に入った水星は、農業に適用される知恵（創造的な着想とさえ言えよう）を象徴する。さらにこれは（再び繰り返す！）この惑星とこの宮により支配される、〈円盤の10〉と完全に一致する。このため、唯物論の学派が理解しているように、象徴性のこの全体系は自然の事実に基づく、という証拠があり余るほど増加する。そのような学派が、世に知られずしだいにすたれていく――どこかの大学のなかで生き残っているとしての話だが！　そのような一貫性、そのような内へ向けられた剝脱作用が、漠然とした哲学の夢想の偶然な類似であるはずがない。

したがって、このカードで述べられる特性は、極めて複雑ではあるが、みごとに整然としている。しかし、その危険が、月の象徴と鳥により示されている。最も幸せな場合、このカードが示す特質は、ロマンスと想像力である。しかし、自惚れた野望、幻想の追求、迷信、怠惰な夢想に時間を浪費する傾向といった危険が、そのような土に生まれた子にあまりにも頻繁に見られる。トマス・ハーディは、この類型の人物を数多くみごとに描写している。たしかに星まわりが悪く、不機嫌に暗澹たる思いでいるのは、神聖な火を汚した人々である。地を奮いたたせ、新しく、いっそう豊かで変化に富んだ生活を始めさせるのではなく、人を迷わす月の光をじっと覗きこみ、母なる大地から顔を背けるのである。

円盤の女王

〈円盤の女王〉は、〈地の宮〉の水の部分、この元素の母としての機能を表わす。彼女は、人馬宮の二十一度から磨羯宮の二十度までを支配する。そして、その至高の局面における、受動性を象徴する。

〈円盤の女王〉は、植物の生命の上に王座を占め、背景をじっと見つめている。そこでは一条《ひとすじ》の川が穏やかに砂漠のなかを蛇行し、肥沃をもたらす。荒野の真ん中にオアシスが姿を現わし始めている。彼女の前には、山羊が球の上に立っている。ここに、〈大いなる業《わざ》〉は肥沃であるという定論《ドグマ》との関連がある。彼女の甲冑は、小さな鱗やコインから成り、冑には、野生の山羊《マーコール》の大きな螺旋状の角《つの》が飾られている。右手に持った笏《セプター》の頭部には立方体が付いていて、そのなかには三次元の六芒星が収まっている。そして、左腕に抱えた彼女独得の円盤は、輪や円が交錯した球である。このように彼女は、創造という〈大いなる業《わざ》〉に参加することへの抱負を表わす。

このカードで示される人は、穏やかな特質の最高のものをもっている。彼らは野心をもってはいるが、それは役に立つ方向においてのみである。そして、愛情、優しさ、心の広さを限りなく蓄えている。知性的でもないし、特に聡明だというわけでもない。だが、本能と直覚は必要を満たす以上のものである。こういった人々はもの静かで、勤勉で、現実的で、分別があり、家庭的であるが、しばしば（無口で出しゃばらない形でだが）好色で、堕落してしまうことさえある。また、アルコールや麻薬の乱用に陥りやすい。まるで、自分の殻から抜け出した時に初めて、自分本来の幸福を実感できるかのようである。

格式が悪いと、彼らは鈍感で、卑屈で、愚かになる。仕事をするというより、むしろあくせく働くのである。彼らにとっての人生は全く機械的である。定められた運命以上には昇進できないし、また、それを目指しもしない。

〈易〉では、〈地の宮〉の水の部分は三十一番目の卦、咸《かん》（澤山咸）により表わされる。これは「影響」を意味する。注釈書には、爪先から顎や舌に至るまで、体の様々な部分を動かすことの効果が述べられている。これは、正確な照応というよりむしろ、今まで述べてきたことを敷衍しているのである。にもかかわらず、不調和はない。一般的助言は、既存の状況に公然と攻撃を加えることなく、静かに前進すること、である。

円盤の王子

〈円盤の王子〉は、〈地の宮〉の風の部分を表わし、その元素の開花と結実を示す。彼は、白羊宮の二十一度から金牛宮の二十度までを支配する。

この〈王子〉の姿は、瞑想的である。彼は明瞭となった〈地〉の元素である。軽い鎧を着ており、その冑の頂には雄牛の頭が載っている。そして、彼の戦車を一頭の牛が牽いているが、この動物は、〈地の元素〉にとって特別に神聖なものである。左手には円盤を持っている。それは地球に似た球体で、農業に関連する計画を暗示するかのように数理的象徴が印されている。右手には、円形の笏《セプター》を持ち、その頭部には、〈大いなる業《わざ》〉の成就の象徴である十字架が付いている。これは、その元素の素材から、霊そのものを維持する、あの植物を生み出すことが彼の機能であるからだ。

このカードにより示される特質は、実務のなかで最も堅実なものに集中される多大な精力である。彼は活動的で忍耐強く、敏腕な経営者にして確固として弛《たゆ》まぬ従業員である。そして、有能で、独創的で、思慮深く、慎重で、信用に値し、物に動じない。彼は絶えず、ありきたりの物の新しい使用法を捜し求め、よく考え抜かれた計画で急ぐことなく着実に、自分の環境を目的に適応させる。

彼には、全くと言っていいほど感情が欠けている。彼はいくぶん無神経であり、鈍感に見えるかもしれないが、実際はそうではない。そう見えるのは、彼が、自分の理解を超えている考えを分かろうと努力しないからである。また、愚かに見える場合も多いだろう。それに、自分よりもっと精神的なタイプの人に対し腹を立てる傾向がある。なかなか怒りはしないが、いったん爆発すると手がつけられなくなる。このカードにおいては、善の権威と悪の権威とを区別することは、あまり実際的ではない。ただ格式が悪いと、彼の特質の価値が、質・量ともにいくぶん下がる。他の人たちの彼に対する反応は、その人たち自身の気質によると言っても差し支えない。

〈易〉では、〈地の宮〉の風の部分は、五十三番目の卦、漸《ぜん》（風山漸）、により表わされる。注釈書では、鴻の飛行に触れている。つまり「しだいに岸辺へ近づき（鴻漸于干）」、それから「大きな岩（漸于盤）」へ、次に「乾燥した平原へ進み（漸于陸）——樹木へ（漸于木）——小高い丘へ（漸于陵）」、最後に「広々とした丘陵地帯（漸于逵）」へ飛んでいくのである。このように、それは抑圧された状況からの、緩慢ではあるが着実な離脱の象徴である。

この記述は、あらゆる面でカバラに適合するが、カバラで述べているよりさらに適切である。中国の思想は、最も難解で抽象的な場合でも、決して現実的な考察に欠けることはない。黒魔術団の異端の説の基本は、「世界と肉体と悪魔」に対する蔑視であるが、この三者はみな、宇宙の計画にとって不可欠のものである。達人《アデプト》が、「〈物質〉の邪悪な種子でさえ、等しく役に立ち望ましいものにする」と諸事を規定することは、〈大いなる業《わざ》〉にとって重大なことである。

この点に関するキリスト教神秘主義者の誤謬が、他の誤りすべてを合わせた以上に、残虐行為、悲惨、集団的狂気に対して責任があった。その害毒は、フロイトの教えのなかにさえ見出される。フロイトは、無意識は「悪魔」であると仮定したのである。だが実際には無意識とは、ヴェールの下で各自固有の「見解」を表出する本能であって、正しく理解されれば秘儀参入の鍵となり、どの種《たね》が「神聖なる守護天使の知識と会話」として花開き、実を結ぶかを暗示する。というのは、「すべての男女は星である」からだ。

しかしもちろん、このカードに関する被免達人の判断（というのは、神殿の首領の導きのもとで、教義のそのような細部すべてを決定するのは彼らであるからだ）は、このカードが白羊宮から金牛宮へ移行することにより影響を受けてきた。金牛宮が金星の室であり、さらにそのなかで月が興になるということは忘れられがちだ。この試論に述べられている新しい教義では、〈地〉の基礎的色彩を黒ではなく緑にする。その主張するところは、あらゆる円盤は、生命をもち回転している象徴だということである。『法の書』で中心理論として主張されているのは、宇宙の完成である。その汎神論の概念では、すべての可能性の価値は等しい。『智慧あるいは痴愚の書』に書かれているように、あらゆる出来事のいずれもが「ヌイト神劇」である。「何物をも束縛するなかれ！　汝ら同士でいかなる二物の間にも差異を生ませてはならぬ。なんとなれば、それによりて傷手が生ずるからなのだ。しかるに、これにおいて利する者があるならば、誰であれ、万人の首長となすがよい！」『法の書』第一章第二十二節〔二十二—二十三節の誤り〕。あるいは、さらに包括的で平易に、「あらゆる数は無限である。いかなる差異もありはしない」と述べている（同書、第一章第四節）。

円盤の王女

コート・カードの最後の〈円盤の王女〉は、〈地の宮〉の地の部分を表わす。したがって、彼女は変容の瀬戸際にいる。彼女は強健で美しい。深く沈思する表情を見せ、秘められた驚異にまさに気づかんとしているかのようだ。

彼女の羽飾りは、雄羊の頭で、笏《セプター》は地のなかへ差しこまれている。その先端はケテルの宝石、ダイヤモンドになり、四大元素のなかで最も深く最も暗い元素における、最高でこの上なく純粋な光の誕生を象徴している。彼女は神聖な木立のなか、小麦の束を連想させる祭壇の前に立っている。これは、彼女がデーメーテールの女司祭であるからだ。体のなかには、未来の秘密を潜ませている。その荘厳さは、彼女が携えている円盤によってさらに強調される。この円盤の中心には、完全な平衡状態にある、二つ一組になった創造の旋回力を示す、中国の表意図形があるからだ。これから、偉大なる肥沃の女神イシスの薔薇が生まれる。

このカードにより示される個人の特質は、あまりにも多岐にわたるので列挙することができない。要約すると、彼女を究極的に投影すれば、〈女性らしさ〉である。つまり、女性のもつすべての特徴を含んでいる。どの特徴が現われるとしても、それは完全に、彼女が受ける影響によって決まる。しかし、いかなる場合でも、彼女の属性はそれ自体純粋であって、普通に象徴的と見なされる他のどんな属性とも必ずしも関係があるわけではない。そして、彼女の一般的な声価は、ある程度矛盾しているので当惑させられる。それはどちらかと言えば、輪形抽籤器のようなものである。どんな数が得られても、そのあとの抽籤結果の予測にもならなければ、それに影響を与えることもない。意志《テレマ》の法の哲学の成果は、この瞑想が最も高く最も充分な状態に達した時、喜びを与え、非常にすぐれ、機が熟し、滋養になり、活力を与えるのである。というのは、達人《アデプト》にとって、輪のどんな回転も平等に起こりうるし、賞品を獲得する公算も同じであるからだ。つまり、あらゆる出来事が、「ヌイト神劇」であるからである。

〈易〉において、〈地の宮〉の地の部分は、五十二番目の卦、艮《ごん》（艮爲山）によって表わされる。その意味は「山」である。この中国の平衡の教理は、なんと高尚な意義をもっているのだろう。そして、聖なるカバラの教理となんと正確に一致していることだろう！

山は、すべての地上の象徴のなかで、最も神聖である。荒涼として険しく、頂上への野望はゆるぎなく、隠された火であるタイタンのエネルギーのなすがままに押し上げられる。それは〈男根〉同様、〈内奥の神格〉の神聖文字にほかならない。磨羯宮が新年の宮にして十二宮のなかで頂点に位置するのと同様に、その神格は〈もっとも聖なる古き者〉御自身に劣らず、その場所固有のものである。

　学びの徒にとって、あらゆる象徴において、自分でこの教理を探り出すことが肝要だ。〈風〉は融通性、柔軟性をもつが、すべてに行き渡る、激動の元素である。〈水〉は流動的だが圧縮できず、最も中立的で、生命のある物の構成要素すべてから成っている。しかし自然の強襲を介して、最も固い岩石でさえ破壊する。その強烈な溶解力には抵抗できない。そして〈火〉は、精神と極めて類似していて、全く実体がなく、現象である。しかし、物質にとって絶対必要であって、すべてのもののまさに中心であり、本質である。

〈易〉における艮《ごん》（艮爲山）の特質は、休息である。爻辞が、体の各部における休息を順に記述しており、その効果が述べられている。爪先、脹脛《ふくらはぎ》、腰部、脊柱、顎についてである。

　この章は、この点に関し、『周易下経』（易経下巻のこと）の出だしの、三十一番目の卦、澤山咸と、一行一行がまさしく類似している。

　テトラグラマトンの薔薇十字教義が、これより的確に述べられることはほとんど不可能だろう——天のハーモニーに調和している、あらゆる耳にとってそう言うことができる。

「天空の惑星はすべて、
　動くさまは天使の歌うよう、
若い目をしたケルビムに今も調べを奏でている。
しかし、この滅びゆく泥の衣が
我々を包んでいる限り、我らの耳には聞こえない。

　この試論を、このタヒュティの書を、いついかなる時も人を導き、どの頁においても人を永遠へと誘う、この生命をもつ書を、この最も単純にして最も遠大なる教義を、自分の存在の内奥を燃え立たせて、心と頭にしっかり刻みこませなさい。また、宇宙の隅々のいたるところまで探求してきたので、そこに真理の光を見出し、聖なる守護天使の知識と会話に到達して、〈大いなる業《わざ》〉を成就し、至高善《スムン・ボヌム》、真の智慧と完全な幸福を獲得するようにしなさい！

第四部

スモール・カード

四枚のエース

エースは、四大元素の根源を表わす。他のスモール・カードよりはるかに上位にあって、全く別物である。この違いは、ケテルがテトラグラマトンのヨッドという最高点によってのみ象徴されると言われるのと同じである。このエースのカードには、物質的形態における元素の実際の顕示はない。エースはスモール・カードと、北極周辺の天空を支配する〈王女〉とのあいだに環を形成する。子午線は、偉大なピラミッドであり、四大は、東の方向へテトラグラマトンの順に、〈火〉、〈水〉、〈風〉、〈地〉と支配する。こうして、概略的に言えば、〈棒〉のエース＝〈王女〉はアジアをカバーし、〈杯〉は太平洋を、〈剣〉は南北両アメリカを、〈円盤〉はヨーロッパならびにアフリカをカバーする。この関係を明らかにするためには、五芒星の形をした象徴、つまり〈ダビデの紋章〉〔ダビデの星は六芒星である〕に少し立ち入ることになろう。これは四大元素を支配する霊を表わす。したがって人間の勝利の象徴となっている。

霊という元素の概念は、実に把握しがたい。〈火〉の文字である、ヘブライ語アルファベットのシンは、霊も表わすことになるので、行なわなければならない本務は二倍になる。一般的に言って、霊の属性は、他の元素の属性のように明確で単純なものではない。エノク魔術体系における、霊の銘板が、すべてのトラブルの鍵であることは、大いに注目すべきだ。これは、ヒンズー体系において虚空《アカーシャ》が暗闇の卵であるのと同じである。

また一方で、霊はケテルを表わしている。おそらく、この問題にそれほど深入りするのは、タロットを考え出した被免達人、あるいは達人たちには思いもよらぬことだったろう。覚えておくべき要点は、エースは、その外見においても意味においても、それ自体が元素ではなく、元素の根源であるということである。

四枚の2

これらのカードは、コクマーに関係する。普通の人の見地では、コクマーが最初の顕現であるから、実際はNo.1であって、No.2ではないと言うことになる。ケテルは完全に隠されているため、それについては誰もなにも知らない。したがって、〈2の札《デュース》〉に達して始めて、元素が元素そのものとして現われるのだ。コクマーは、どんな影響にも汚されることがない。それゆえ、ここで四大元素は、元々の調和した状態で現われる。

〈棒の2〉は、〈支配の主〉と呼ばれ、〈火〉のエネルギーを表わす。〈火〉の最高で最良の形である。

〈杯の2〉は、〈愛の主〉であり、〈水〉に関して同様の役割を演じる。

〈剣の2〉は、以前は、〈回復した平和の主〉と呼ばれていた。しかし、騒乱はなかったのだから、この「回復した」という言葉は正しくない。したがって、〈平和の主〉という呼称のほうがふさわしい。だが、〈剣〉は極めて活動的であるから、この言葉を使用するには、よくよく考えてみる必要がある。『沈黙に関する試論』(一二〇頁)、つまり肯定的概念の否定的形態と比較しながら研究することは役に立つだろう。また「貞節に関する試論」(『真実に対する試論』の七〇―七四頁)も参照するとよい。その結論は次のように書かれている。「騎士たちよ、油断するな。武器を取って見張れ。誓いを新たにせよ。その日は、不吉な前兆の日であり、危険が充満している。汝らが、陽気な振舞や、傲慢で断固とした純正さの、大胆な振舞で一杯にならぬよう、危険が汝らを満たすのである」。

また、カトゥールスは言う。会いに行くから家で待《ドミ・マネアース・パレ》たれよ、そして我々の9回の連続交接の準備をされよ《スクウエ・ノービス・ノーウエム・コンテイヌアース・フツテイオーネス》。

彼はハーポクラテスの身ぶりを誤解することもない。沈黙と純正さとは異性体である。

それはまさに、宇宙の無限のエネルギーの総和は零であるという一般的命題の一例である。

〈万能章の2〉(著者は、他の箇所ではthe Disksを用いているが、ここと次の3だけはthe Pentaclesとしている)は、以前は〈調和のとれた変化の主〉と呼ばれていたが、今日では単に、〈変化〉である。ここで、教理をもう少し明確に述べなければならない。この組札《スート》は〈地〉の性質を有するので、〈王女〉と、したがってテトラグラマトンの末尾のヘーとも関係がある。〈地〉は霊の王座である。下部に達するや、すぐにまた頂部に現われる。こうして、このカードは、継ぎ目なしのベルトである蛇の象徴性を示す。

四枚の3

これらのカードはビナーを指す。一枚一枚のなかに、〈理解〉の象徴性が描かれている。観念は豊かになり、三角形がつくりだされた。それぞれの場合、観念はある安定性をもち、決してひっくり返せないが、その安定から子供が生まれうる。

したがって、〈棒の3〉は〈美徳の主〉である。意志と支配の観念は、個人の性格のなかで解釈されるようになった。

〈杯の3〉は〈豊潤の主〉と呼ばれる。愛の観念が結実したものである。だが、いまやこれは、生命の樹を充分に下っているので、各スート間に非常に明確な差が生じた。以前には不可能であったことである。

分割や不定の観念、物事の〈風〉の特質の観念は、〈剣の3〉、〈悲しみの主〉のなかに現われる。ここに、ビナーの暗さとイシスの悲嘆が想起される。しかしこれは、個人の失望や不満に端を発する大衆の悲しみではない。それは、世界苦、つまり全世界的な悲しみであり、憂鬱の属性である。

〈万能章の3〉は、同じように、〈地〉の観念の結末と力の結晶化の結末を示す。それゆえ、〈万能章の3〉は〈作業の主〉と呼ばれる。明らかに何かが為されたのである。

四枚の4

これらのカードはケセドに属する。4という数と3という数との関係は、極めて複雑である。重要な特質は、4は「深淵の下」にあるということだ。したがって、実際のところ、4は個体化と物質化を意味する。事物が顕現したのである。肝要な点は、4が新しき時代の〈法〉の支配を示すということだ。

〈棒〉のスートでは、4のカードは〈完成〉と呼ばれる。ビナーにより約束された顕現がいまや生じたのである。この数はとても堅固であるに違いない。なぜなら、5以下のカードのすべてに対し、実際に支配的影響力をもっているからだ。ケセド、ユピテル＝アモン、父なる神、深淵の下にある第一のものは、知的に理解しうる最高の観念である。そういうわけで、このセフィラは、造物者《デミウルゴス》である木星に属する。

〈杯の4〉は、〈贅沢〉と呼ばれる。

〈火〉のもつ雄々しい性質が、〈棒の4〉が非常に明確な整った概念として現われることを可能にする。水の元素は、その脆弱さゆえにみずからの純潔を危うくする。水は自身を適切に制御できるほど強くないのである。そのため、この〈喜びの主〉は少々不安定である。どういうわけか、純粋さは満足の過程で失われてしまった。

〈剣の4〉は、〈休戦〉と呼ばれる。これはむしろ、「家庭を平和に保つ、武装した強い男」の系列に入るようだ。〈風〉の男性的な性質がこれを優勢にする。このカードは、社会の軍団組織の形成の絵のようなものである。

〈円盤〉について言えば、その象徴の不活発さに対する考慮のほうが、脆弱さに対する考慮より、むしろ優っている。このカードは〈力〉と呼ばれる。それはすべてを支配し安定させる権力であるが、権力自体の独断によるよりも、交渉や平和的な方法によって諸事を取り扱う。また、このカードは法、つまり憲法であって攻撃的な要素はない。

四枚の5

「ナポリ式取り決め」では、5という数を導入して、物質の観念の助けとなる、運動の観念を表わしている。これは、全く革命的な考え方である。その結果、静止して安定した体系が完全に覆される。ここに、嵐と緊張が現われるのである。

これを、何か「邪悪な」ものと見なしてはならない。5に対して自然に湧いてくる感情は、人々が昼食の席から立ち上がって仕事に戻る時の、あまり気乗りがしない気分程度のものである。仏教の「悲しみ」の教理では、この観念は絶対的であって、その不活発さ、鈍感さが平和の特徴となるはずである。おそらくインドの気候が、この観念の一因となっているだろう。〈白派の達人《アデプト》たち〉は、タロットを神聖な書としており、〈実存〉をそのように単純化する考え方に賛成するわけがない。あらゆる現象が神聖なものであるが、それにもかかわらず、妨害は妨害となる。〈棒の5〉は〈闘争〉と呼ばれる。

他方、〈杯の5〉は、ごく当然のことだが〈失望〉と呼ばれる。その理由は、〈火〉はあり余るエネルギーを喜ぶが、「快楽」の〈水〉は、元来穏やかであって、安楽を妨害するものはどんなものでも、不幸としか見なされないからである。

〈剣の5〉も、同様に厄介である。このカードは〈敗北〉と呼ばれる。4の武装して平和を維持する力が、5には充分でなかった。実際に争いが起こったのである。これは敗北を意味するに相違ない。というのは、〈剣〉の根源の観念は、〈棒〉と〈杯〉の間の愛の成果を具現することであったからだ。〈剣〉と〈円盤〉のそれぞれの性質が非常に不完全に見えるのは、その出生は〈剣〉と〈円盤〉の二元性のなかで表現されなければならなかったからである。

〈円盤の5〉も、同様に悪い場合である。4の穏やかな静けさは、完全にひっくり返されている。このカードは〈心配《ワリー》〉と呼ばれる。［スキートの『語源辞典』を参照せよ。その原義は、のどを絞めつけて殺すことであり、「犬が羊をworryする（羊の喉に咬みついてずたずたに引き裂く）」のように使われる。スフィンクスとの同一性に注目せよ。］経済体系は破壊され、社会的秩序の間にもはや均衡はない。実際問題として、円盤は他の武器と比べた場合、鈍重でなかなか手に負えない。その理由は、回転が円盤の安定に役立つし、結果に影響を与えるような作用はなにもない——少なくとも円盤そのものの周囲にはないからである。

四枚の6

これらのカードは、ティファレトに属する。このセフィラは、幾つかの点から見て、すべてのセフィラのなかで最も重要である。それは全体系の中心である。深淵の下にあって、ケテルと直接意思を通じ合う唯一のセフィラである。ティファレトはコクマーとビナーから直接供給を受けているし、ケセドとゲブラーからも供給を受けている。かくしてティファレトは、より低次のセフィロトを支配するには極めて適切である。そして、縦方向にも左右方向にも均衡がとれている。太陽系では、ティファレトは太陽を表わし、テトラグラマトンの体系ではイエス・キリストを表わす。ルアクの幾何学的複合体の全体を、ティファレトからの拡張だと見なしてもよかろう。それは、最も調和し釣り合いのとれた形における、意識を表わす。数の2の場合のように観念においてばかりではなく、確かに形においてもそうである。言い換えれば、イエス・キリストは心の面から見ると、父なる神の説明となる。

四枚の6は、このように、実際上その最高の状態にある、それぞれの元素を代表している。

〈棒の6〉は〈勝利〉と呼ばれる。〈棒の5〉に見られるようなエネルギーの激発は、突然で激しいものなので闘争の観念すら与えたが、それが6になると完全に成功を勝ちとっている。〈棒〉のスートにおける支配つまり支配力は、発揮されるエネルギーがもっと少なかった時ほどには、安定していない。それゆえこの点から見れば、力流が中央の柱を離れるや否や、〈火〉の元素固有の弱さ（その純粋さにもかかわらず、完全には均衡がとれていないという弱さである）は、全く望ましくない発展を辿る。

〈杯の6〉は〈喜び〉と呼ばれる。この喜びは、完全に調和のとれた喜びである。このカードを支配する黄道十二宮の宮は、天蝎宮なので、ここでの喜びは、その最も適切な土壌に根ざしている。これは、著しく肥沃なカードである。全体のなかで一番良いカードの一つだ。

〈剣の6〉は〈科学〉と呼ばれる。その支配者は火星なので、成功の要素は、不和や争いの観念から顔をそむける。やっと目標に達したのは知性である。

〈円盤の6〉は〈成功〉と呼ばれ、その支配星は月である。これは定着のカードであり、とても重々しく全体的に想像力に欠けるが、いくぶん非現実的な面もある。変化がすぐに襲いかかる。地球の重さのため、最後にはその力流は引き下ろされ、結局単なる物質的なものになるだろう。それにもかかわらず、月の興の宮である金牛宮に月がある時は、月の性質の最高のものが内在している。さらに、6であるから、太陽エネルギーが月を豊かにし、差し当たり、均衡のとれた体系を創り上げる。このカードは成功の名にふさわしい。ただし、すべての成功は一時的なものにすぎないことを記憶すべきである。労働の径での休止がいかに束の間であることか！

四枚の7

　これらのカードは、ネツァクに属する。その位置は、二重の意味で釣り合いがとれていない。中央の柱から離れている上、生命の樹の下のほうのとても低いところにある。ネツァクは幻影の奥深くまで下りるという非常に大きな危険を冒している。なかんずく、気も狂わんばかりの努力でそれを為すのは極めて危険である。ネツァクは金星に属する。ネツァクはまた、〈地〉に関係がある。そして、金星に降りかかる最大の惨事は、彼女が天空の根源を失うことである。四枚の7は、いかなる安楽をももたらすことができない。それぞれがその元素の堕落を表わす。その極端な弱さが、あらゆる場合に露呈される。

〈棒の7〉は〈勇気〉と呼ばれる。土壇場に追い詰められていても、精力はいつもと変わりがない。死にもの狂いで奮闘するが、敗北を喫するかもしれない。このカードは、火星の観念に固有の欠陥を明らかにする。いわば愛国心が充分ではないのである。

〈杯の7〉は〈堕落〉と呼ばれる。これは人が抱く最悪の観念の一つである。その様式は弊害であり、終着点は狂気である。そして、振顫譫妄《しんせんせんもう》と麻薬中毒の妄想を表わす。さらには、誤った快楽の泥沼へ沈んでいくことを表わす。このカードには、自己を破滅へ追いやると言ってもいい何かがある。このカードが特に悪いのは、これと均衡のとれるものが全くなにもないという点である。それを阻止する強い惑星もない。金星は金星を追いわまし、地球は激しくかき回され、蠍の棲む沼地となる。

〈剣の7〉は〈無益〉と呼ばれる。これは、〈棒の7〉よりさらに弱いカードである。そして、積極的な宮ではなく消極的な宮をもち、積極的な惑星ではなく消極的な惑星をもつ。それはまるで、リューマチに罹ったボクサーが、何年もリングを離れていた後で「カムバック」しようとするようなものだ。〈剣の7〉の支配者は月である。このカードのもつ僅かなエネルギーは、〈夢の仕事〉でしかない。それは、奇跡が起きないかぎり、単独でどんな努力でも結実させうる、持続した労働は全くできない。〈棒の7〉と比較してみると、非常に啓発される。

〈円盤の7〉は〈失敗〉と呼ばれる。このスートは、消極性の極限となる。深淵の下にあって、積極的な美徳はない。このカードは土星により支配される。他の三枚の7と比べてみよ。この7には努力がないし、夢さえもない。賭け金は投げ捨てられ、失われてしまった。それだけのことである。労働自体が放棄され、あらゆるものが怠惰のなかに沈んでいる。

四枚の8

〈四枚の8〉は、ホドに属する。生命の樹では、7と反対側の同じ水準にあり、7と同様に固有の欠陥が見られるようだ。

だが、人はおそらくこの〈軽減〉、つまり8は7の過ちを（ある意味で）救済するために存在するという考えを推し進めるだろう。災いは起こってしまった。そしていまや、それに対する反応がある。したがって、この8の数のカードには完璧である可能性はないが、もっと低次のカードに見られるような、本質的で根源的な過ちはないということを期待できよう。

〈棒の8〉は、〈迅速〉と呼ばれる。このことは、このカードが水星と人馬宮に帰属することから予想できる。これは〈火〉の観念のエーテル化であり、粗雑な要素はすべて消えてしまっている。

（ちょっと余談になるが、黄道十二宮に関して述べてみよう。各元素の立場において、活動宮は、観念の素早く衝動的な急進を表わす。不動の宮では、その元素が、力を充分に釣り合わせているが、その他の宮では勢力が衰えつつある。このようにして、白羊宮は〈火〉の突進、稲妻を表わし、獅子宮はその力、太陽を、そして人馬宮はその昇華、虹を表わす。同様の考察が他の元素にも当てはまる。巻末の表、十二宮の三幅対を参照せよ。）

〈棒の8〉では、〈火〉はもはや燃焼と破壊の観念と結びついていない。〈棒の8〉は、その最も高められた微妙な意味での、エネルギーを表わす。これは電流のような形態を暗示する。その語の物質的な意味では、純粋な光と言ってよかろう。

〈杯の8〉は〈怠惰〉と呼ばれる。このカードは、不快のまさに頂点であり、土星に支配される。時間、悲しみが喜びを急襲したのだが、〈水〉の元素にはそれに反撃可能な力がない。このカードは、正確には「前夜の翌朝」ではないが、それに非常に近いものである。その違いは、「前夜」が生じていないということである！　このカードが表わしているのは、パーティーの準備はすべて整ったのに、ホストが客たちを招待するのを忘れていた、あるいは、仕出し屋が御馳走を配達しなかったというようなことである。けれども、ここで違っているのは、何らかの意味でそれはホスト自身の過失であるという点だ。彼が計画したパーティーは、自分の能力をちょっと超えたものだったので、おそらく彼は、土壇場になって怖じ気づいたのであろう。

〈剣の8〉は〈干渉〉と呼ばれる。一目見ただけでは、これと〈杯の8〉とを混同してしまいそうだ。しかし実際のところ、観念は全く違っている。このカードは、木星と双子宮に属する。したがって、内部あるいは外部の圧力により意志が挫けることはない。人のよさのために不幸になるのは、人がいいという点だけが間違っているのである。双子宮は〈風〉の宮で、知的な宮である。木星は、親切と楽観を示す。だが、このことは〈剣〉の世界では役に立たない。どうせ打たなければならないのなら、猛烈な一撃が最良である。しかし、このカードには他の要素もある。予想できない（8は根本的には水星に属するので、常にそうなのだが）干渉と、全く予測できない悪運の要素である。つまらない出来事が、しばしば帝国の運命を変え、「押しなべて生き物の最もみごとに立てられた計画」を失敗させてきた。

〈円盤の8〉は〈深慮〉と呼ばれる。このカードは9と10のカードよりはるかに良い。なぜなら、単に物質的な事柄、特に現金に関係する件では、全くなにもしないことに一種の強さがあるからだ。すべての財政家の問題は、まず第一に、時間を節約することである。もし彼の資力が充分なら、常に市場を負かす。これは「まさかの時に備えて貯えておく」カードである。

その属性は、処女宮の太陽《ソル》である。これは農夫のカードで、彼ができることといえば、せいぜい種を蒔き、寛ぎ、収穫を待つことである。カードのこの面には、高貴なところはなにもない。全ての8の例に洩れず、このカードは計算の要素を表わす。もし賭金箱を正しく調整するなら、賭け事は間違いなく儲かる。

しかし、このカードを複雑にする別の面がある。これは吉でも凶でもない相であるが、安定している。〈円盤の8〉は、土占術におけるポプラスを表わす。ヴィクトリア女王の時代、「シティーのお偉方」が、時計の鎖とフロックコートにより喧伝された〈善き人、アルバート公〉とともに、街中へ現われる姿が思い出される。表面上、彼はとても愛想がいいが、なかなか抜け目がない。

四枚の9

これらのカードはイェソドに属する。二度脇道へ逸れて不幸になったのち、流れは中央の柱へ戻る。このセフィラは、エネルギーの大結晶化の中心地である。それは、樹のだいぶ下のほうにある、三番目の下向きの三角形、しかも平べったい三角形の頂点に位置するのである。ネツァクやホドのような低い所に位置し均衡のとれない領域からの助けは、ほとんどない。イェソドを救うものは、ティファレトからの直接の光である。このセフィラは、連続した直線上にある。これら9のカードのそれぞれが、元素の力による最大限の衝撃を与えるが、その最も物質的な意味においてである。力の観念からすれば、イェソドはまだイェツィラーのなかにあるので、それは形成の世界である。ゾロアスターは、「9という数は神聖であり、完成の頂上に達する」と言う。エジプトやローマでも、主神は九人であった。

〈棒の9〉は〈剛毅〉と呼ばれる。それは月とイェソドに支配される。『霊視と幻聴』における、十一番目のアエティールが、この変化と安定の自己矛盾を解決する古典的な説明となる。また学びの徒は、優れた数学物理学者の著作をひもとくべきだ。均衡に関する重要な全教理のなかで、次のものが最も分かりやすい。つまり、変化は安定であり、安定は変化により保証される。もし万一、ほんの一瞬でも何かが変化をやめれば、ばらばらになってしまうだろう、という教理である。変化は、自然の根本要素の強烈なエネルギーである。この要素を電子と呼ぼうと、原子と呼ぼうと、他のどんな名で呼ぼうと問題ではない。変化は自然の秩序を保証する。自転車の乗り方を習う時、極めて無様《ぶざま》で、滑稽な倒れ方をするのは、このためである。走る速度が充分でないと、平衡を保つのが難しい。同様に、手が震えていれば、まっすぐな線は引けない。このカードは、「変化は安定である」という警句の意味を説明する、基本的な譬えのようなものである。

さて、惑星のなかで最も弱い月が、十二宮のなかで最も捉えどころのない人馬宮にある。にもかかわらず、月はあえてみずからを剛毅と称する。防御が有効であるためには、可動性のものでなければならない。

〈杯の9〉は〈幸福〉と呼ばれる。これは特に良いカードである。その理由は、幸福とはその言葉が意味するとおり、大いに運がいいということだからだ。このカードは木星によって支配される。木星は幸運を意味する。

これらすべての〈水〉のカードには、ある幻想の要素がある。それらは愛に始まる。そして愛は幻想のなかで、最も重要で致命的なものである。双魚宮は洗練であり、この愛の本能が弱まったものである。この本能は、激しい渇望とともに始まり、情熱をもって進められ、いまや「夢のなかの夢」となっている。

このカードは木星により支配される。双魚宮に位置する木星は、まさしく幸運であるが、完全な飽満という意味においてのみである。最も充分な満足は、なおいっそうの腐敗の基盤でしかない。全くの休息というようなものは存在しない。周り一面に薔薇が咲いている田舎の農家はどうだろうか。いや、このなかには永久的なものはなにもない。宇宙の運行には休息はない。変化が安定を保証する。安定が変化を保証する。

〈剣の9〉は〈残酷〉と呼ばれる。ここで〈剣〉に固有の本来の分裂が、その最高の力にまで高められる。このカードは、双子宮の火星に支配されており、苦悩を表わす。ルアクはこのカードで燃え尽きる。思考があらゆる可能な段階を経て、最後には絶望となる。このカードは、トムソンによる『恐ろしき夜の町』の中に、みごとに描写されている。それは常に、聖堂——地獄に堕ちた亡者たちの聖堂である。分析的検討は辛辣になり気味である。つまり、活動力は心に本来そなわっているものだが、何をもってしてもどこへも導くことはできないという本能的意識が常にある。

〈円盤の9〉は〈獲得〉と呼ばれる。〈円盤〉のスートはとても鈍感なので、心配には縁がない。そして儲けを勘定する。すべてが獲得できるなら、どれが得られるかについて頭を悩ますことはない。このカードは金星により支配される。それは、蒔いたものを刈り取った時、満足の声を洩らす。手を擦り合わせ、寛いだままじっとしている。各スートの10を考え合わせてみると理解できることだが、他の三つのスートにあるような満足に対する反応はない。人はますます無神経になり、「ありとあらゆる世界のなかの最高の世界では、何もかも結局はうまくいく」と感じているのである。

四枚の10

これらのカードはマルクトに属する。ここですべてのエネルギーが終結する。マルクトは、「形成世界」からすっかり離れており、ここでは物事に融通性がある。いまや、惑星への配属は考えられない。セフィラの観点から見るかぎり、マルクトはアッシャー世界の最下位にある。四大元素を考え出したという事実だけで、全体の流れが根源の完全性を損なってしまった。10は警告である。その流れが導く行く先を見よ——間違いの第一歩を踏み出すのを！

〈棒の10〉は〈抑圧〉と呼ばれる。これは人が始終、一にも二にも力だけを使うとき起こるものだ。ここでは、鈍く重い土星がぼんやりと姿を見せ、人馬宮の〈火〉の、軽やかな面を重みで押し下げている。それは、人馬宮のなかで最悪のものを引き出す。射手が恵み深い光を放射するのではなく、強烈な死の雨を降らせるのを見よ！〈棒〉は勝利を得た。その仕事を成し遂げた。みごとにやってのけたのだ。しかし、やめるべき時を知らず、統治は専制政治になった。チャールズ一世がホワイトホールで斬首されたことをしみじみ考えてみると、ヒュドラ〔ヘラクレスに殺された大海蛇。九つの頭をもち、一つを切り落とすと二つ生えてきたという〕が脳裡に浮かんでくる！

〈杯の10〉は〈飽満〉と呼ばれる。その帰属するところは双魚宮の火星である。〈水〉の宮は、澱んだ夢のなかへ沈んでしまったが、そのなかに、火星の厳しい特性が生じ、それを腐敗させる。「投げ矢が肝臓を刺し貫くまで」と書かれているようにである。快楽を追求し、完全な成功に輝いてきた。そして絶えず繰り返されることだが、欲しいものが何でも手に入ると、結局それが欲しくはなかったということが分かる。今度は自分が支払う番である。

〈剣の10〉は〈破滅〉と呼ばれる。それは、政治家が学ぶべきだったにもかかわらず、実は学んでいない教訓を教えてくれる。つまり、あまりにも長いあいだ闘い続けると、結局すべてが破壊されてしまうのである。

しかし、このカードにも全く希望がないわけではない。太陽の影響が支配的だからである。災害というものは、異常に活発な疾患なので、決して完全な破滅を見るには至らない。事態が悪くなりすぎると直ぐさま、人々は立ち直り始める。すべての政府がお互いに潰し合った時でも、依然として農民は残る。打ち続いた不運のあとでも、カンディードは自分の菜園を耕すことができたのである。

〈円盤の10〉は〈富〉と呼ばれる。このカードで再び述べられているのは、たえず繰り返される教理、つまり、人はどん底に至るやたちまち、自分が頂点に達することに気づくということである。そして富は、処女宮の水星に与えられる。富の蓄積がある程度を超すと、富は全く不活発になり、富としての存在価値を失うか、知性の助けをかりて富を正しく使うかのどちらかになるに違いない。後者は必然的に、物質的所有自体となんの関係もない分野で起こるはずである。このようにして、カーネギーは図書館を創設し、ロックフェラーは研究財団設立のため財産を寄付したが、これは、他にすることがなかったからにすぎない。

しかし、この論理はすべて、カードの背後に存在する。カードの内面的な意味である。

さて、もう一つの観点がある。つまり、〈円盤の10〉は全カードの最後のものであるから、始めから為されてきた仕事全体の総計を表わすということだ。したがって、このカードには、生命の樹そのものの姿が描かれている。このカードと他の三十五枚のスモール・カードとの関係は、XXIの大アルカナ、〈宇宙〉と、他の大アルカナとの関係に等しい。

火の力の根源

棒のエース

このカードは、発端における〈火〉の元素の本質を表わす。炎の、太陽＝男根的噴出であって、そこからあらゆる方向に稲妻が走る。

これらの炎がヨッドであり、生命の樹の形に配置されている（ヨッドに関しては、上述のアテュIXを参照）。

それは物質のなかに顕現する、神の本源的エネルギーである。非常に早期の段階なので、まだ意志として明確に術式化されていない。

重点：これらの「スモール・カード」は、そのセフィロトの起源に一致するところもあるが、同一ではない。また、それらは神聖なるペルソナでもない。スモール・カードは（そしてコート・カードも）根本的には副次的要素であり、テトラグラマトン、創造神《デミウルゴス》の下《もと》の「盲目的に働く力」の各部を構成する。それらの支配者は、形成世界《イェツィラー》では知霊である。この知霊はシェムハムフォラッシュを形成するのに役立つ。この名が「宇宙の主」であるとはいえ、霊という元素におけるアテュの主たちとは違って、本当のところ神性をもっていない。それぞれのアテュは、デミウルゴス（および残りすべて）が完成すると、それ自身の個別で特定の宇宙をもつようになる。ちょうど人間と同じである。

たとえば大アルカナのIIやVIに〝作業〟を表わす円盤の3が加われば、デルフォイで為されたような神託の確立を表わすかもしれないし、VIIIならばマヌ法典のような律法確立を表わすかもしれない。Vすなわち〝神官〟に〝作業〟が加わるとなれば、聖堂の建設であろうし、XVIすなわち塔（戦争）ならば常備軍云々である。重要な点は、元素の力はどれも、どんなに崇高で力強く知的であろうと、盲目的に働く力であり、それ以上ではないということである。

支配

棒の2

このカードは、〈火〉のスートのコクマーに属し、最も高められた形態の意志を表わす。それは理想的な意志であり、一定の対象とは関係がない。

「なぜなら、目的に手加減を加えることなく、それでいて結果ばかりを追い求める欲動からは解放された、純粋な意志というものは、あらゆる点で完璧なものだからである。」『法の書』第一章第四十四節。

このカードの背景は、白羊宮での火星の勢力を示す。白羊宮は火星自身の宮であり、十二宮で一番最初に位置する宮である。この火星の勢力は、力の流れを始めるエネルギーを表わす。

絵による表現では、二つの鈷《ドルチエ》が交差している。ドルチェは、チベット人にとって落雷の象徴であり、天の力の象徴でもあるが、それはその創造的な形態においてより、破壊的な形態において、力を発揮する。

つまり、その後期の形よりも、早期の形において力を発揮する。というのは、破壊は創造の過程における第一歩と見なされるからだ。穢れのない卵子も、受精させるためには壊されなければならない。したがって、恐れと拒絶は、襲撃への最初の反応である。そこで、完全な計画を理解することによって、みずから降伏し、喜んで協力することになる。

中央部から六つの炎が出ている。これは、白羊宮で興になる太陽の影響を示す。これが創造的な意志である。

白羊宮の火星は、土占術におけるプエル  に属する。これらの図形の意味は、土占術の手引き書、『春秋分点』第一巻第二号で研究することができる。土占術の知霊（『七七の書』六九欄および一七八欄参照）はすべて、初めはノーム（地霊）のものであったということを忘れてはならない。

美徳

棒の3

このカードは、〈火〉のスートにおけるビナーに当たり、原始のエネルギーの確立を表わす。その意志は、エネルギーの具現を考え、準備し、産み出す母に伝えられてきた。

それは、白羊宮で興になる太陽に当たる。

その意味は調和である。というのは、これは春の始まりだからだ。このため、〈棒〉は開花した蓮の形をとっている。太陽は、偉大なる母を燃え立たせたのである。

〈易〉では、白羊宮の太陽は、十一番目の卦、泰《たい》（地天泰）により表わされる。その意味は上記と同じである。

完成

棒の4

このカードは、火のスートのケセドを表わす。ケセドは深淵の下にあって、すべての具現された活動的な力の主である。2の根源の意志は、3を通して送られ、いまや固まって一つの体系――秩序、法、政府――をなす。このカードはまた、白羊宮の金星にも関連する。それが示すのは、人は気転や優しさなしに仕事を成し遂げることはできないということである。

棒の頭には雄羊が付いている。雄羊は父なる神アムン・ラーを指すケセドの聖獣であり、白羊宮の聖獣でもある。だが、棒のもう一方の端には、ウェヌスの鳩が付いている。

カードにある、棒の両端は環に触れており、根源の仕事の完成と限界を示している。エネルギーの炎が（まるで均衡を主張するかのように四本の棒の二倍分）揺らぐのがこの環のなかに見えるが、根源の意志の範囲を広げる意図はない。しかし、この限界自体に、無秩序の基が胚胎している。

闘争

棒の5

このカードは、〈火〉のスートのゲブラーに関係する。ゲブラー自体が〈火〉であるので、純粋に活動的な力である。それはまた、土星と獅子宮に支配される。獅子宮は最も強く、最も釣り合いがとれた〈火〉の元素を示す。土星はそれを押し下げ、害する傾向がある。この火山性のエネルギーの範囲に限界はない。

カードの表象は、首領達人《チーフ・アデプト》の棒を表わし、権威は高位者に由来するということを示す。もしそうでないとすれば、このカードは全くの災いとなってしまうであろう。さらにまた、第二の達人、すなわち大達人《メイジャー・アデプト》の棒が二本ある。それらにはフェニックスの頭が付いている。これは火による破壊（あるいはむしろ浄化）と、その灰からのエネルギーの復活の観念を示す。

また、第三の達人、すなわち小達人《マイナー・アデプト》の棒が一対ある。これは、いわば〈棒の3〉における棒の娘である。

る。このカードには、母のもつ和らげる効果がある。ゲブラーに関する最も難解な教理の一つは、ゲブラーは、この慣らすことのできない不合理なエネルギーと妨害のすべてを表わすが、それでいて、女性の優しく穏やかな効果に由来するということだ。

　エジプト人は、この教理を完全に理解した。彼らの獅子の女神、パシュトは、「サエバ」として、また「フェロックス」として歓呼して迎え入れられた。彼女を自然と同一視したがった、かの狂信的な信者からは、「血塗られた歯と爪」とさえ呼ばれた。性的な残酷さの観念は、最高の神の性質にしばしば固有のものである。ヒンズー体系のバーヴァニとカーリを比較し、多くのチベットの旗に描かれる、シバ＝シャクティの交接の図をとくと見よ。また、『四一八の書』の第四、第三、第二アエティール、およびアテュXIのそれらに関する記述を見よ。

勝利

棒の6

　このカードは、〈火〉のスートのティファレトを象徴する。これは、完全に釣り合いのとれた具現におけるエネルギーを示す。5は、革命的な情熱をもって、4の閉ざされた力を吹き飛ばしたが、やがて両者は結婚に至った。そして、生まれたのが、息子《サン》と太陽《サン》である。

　また、木星と獅子宮にも関連がある。それは、この取り合わせの調和と美しさに対する祝福を意味するようだ。三種類の達人の三様の棒が、いまや秩序だって配置されているのが見えよう。そして、炎自体も、あらゆる方向に噴出するのではなく、ランプのなかでのように、安定して燃える。その数は九つであり、イェソドと月に関連する。これはエネルギーの安定を示し、さらには、女性による受容と反射を示す。

　体系を閉じる輪はない。それは太陽のように自立している。

勇気

棒の7

　このカードは、〈火〉のスートのネツァク（勝利）に由来する。しかし7は、生命の樹に関しては、〈地〉の、女性的な弱い数であり、樹の非常に下のほうで釣り合いから離脱しているので、このカードは自信の喪失を意味する。

　幸運にも、このカードはまた、獅子宮の火星に帰属する。獅子宮は、まだ充実した力をもつ太陽であるが、衰退の徴候がすでに見られる。まるで、揺らめいている火が、指示を求めてマルスの荒々しいエネルギーを呼び立てているかのようである。しかしこれは、根源のエネルギーの衰退と、釣り合いからの離脱を阻止するのに充分ではない。

軍隊は無秩序状態に陥った。もし勝利が得られるとすれば、それは一人一人の勇気によるものであろう——すなわち「兵士の戦い」である。

絵が示しているのは、背景に退けられ、減退し、平凡になった、6のカードに見られる、固定し、釣り合いのとれた棒である。

前方に、荒削りで凹凸のある、大きな棍棒があり、手元の最初の武器となっている。整然とした戦闘に不向きなのは明らかだ。

炎は四方に散乱している。組織的な意図なしに各方面に攻撃をかけるかのようである。

迅速

棒の8

このスートの残りの三枚のカード8、9、10は、人馬宮に属する。この宮は〈火〉のエネルギーの純化を象徴する。そして水星がこの8のカードを支配し、コクマーから根源の意志の教えをもたらす。

このカードはまた、〈火〉のスートにおける〈輝き〉のホドにも関係し、そのため、言葉、光、電気の現象を意味する。

このカードの絵による表示は、光の棒が電気光線に変わり、その振動するエネルギーにより物質を支え、構成さえすることを示す。この復活した宇宙の上に、虹が輝く。それは、極限を扱う純粋な光を分割し、スペクトルの七つの色に変え、相互作用と相関関係を表わす。

したがって、このカードは高速度のエネルギー、例えば、現代の数理物理学へのマスターキーを提供するようなものを象徴する。

炎がないことに気づくであろう。炎はすべて棒のなかに吸収され、光線に変えられた。他方、電気的エネルギーが、明瞭な幾何学的形態をつくっている。

剛毅

棒の9

このカードは、〈基盤〉であるイェソドに関係する。これは、エネルギーを均衡状態へ戻す。9は常に、自分よりすぐれている力との関係における、力の最大限の発展を表わす。9は実用的かつ物質的立場から見て、関係のあるタイプから得ることができる最良のものと考えられよう。

このカードはまた、人馬宮の月により支配される。そこで、生命の樹に対する月の二重の影響がある。したがって、金言「変化とは安定なり」が出てくる。

いまや棒は矢となった。矢のうち八本は背景にあり、その前に際立った矢が一本ある。これは、先端に月を、上端には、突進する力として太陽をそなえる。生命の樹における人馬宮の径が太陽と月を結びつけるからだ。カードのなかの炎は十重になっており、エネルギーが下に向けられていることを意味する。

抑圧

棒の10

数の10はマルクトを指す。これは他の九つのセフィロトから垂れ下がっているが、直接それらと連係はない。その霊的な根源から分離した力を示す。盲目的な力となっているのである。そこで、緩和作用もなしに、あの異常なエネルギーの最も凄まじい形態をとる。カードの背景の炎は、荒々しい状態を示している。それは最も破壊的な様相における〈火〉である。

このカードはまた、人馬宮における土星の影響に関係がある。ここに最大の反対感情が存在する。人馬宮は霊的で、素早く、軽快で、捕えがたく、明瞭である。土星は物質的で、愚図で、鈍重で、頑迷で、曖昧である。

八本の棒は依然として交差しており、〈火〉の完成したエネルギーの莫大な力を示している。しかし、これらの棒は気高さのしるしを失ってしまった。その両端は鉤爪のような形をしている。そして、少ない番号のカードに示されていた権威や知性を欠いている。前方には、〈棒の2〉のカードに出てきた恐るべきドルチェが二本あるが、長く延びて棒状になっている。

絵全体が圧迫と抑制を暗示する。この絵は、脱出不可能な愚蒙で頑固な残虐性を意味する。その冴えない目的である「成果への強い欲望」以外になにも理解していない意志であり、それが引き起こした大火災のなかでみずからを滅ぼすだろう。

水の力の根源

杯のエース

このカードは、最も神秘的で本来の形をとった

〈水〉の元素を表わす。それは、〈棒のエース〉に対する女性の補完的存在であって、〈棒のエース〉が男根《リンガム》と太陽から出ているのと全く同様、女陰《ヨーニ》と月に由来する。階層制の三番目に位置する。したがって、このカードは聖杯の本質的な形態を象徴する。偉大なる母、ビナーの暗黒の海上では二個の蓮の花が一つに合体し、それが杯を生命の液体で満たす。この液体は、象徴性の選別された目的に従って、水として、血として、あるいはワインとして表わされる。これは根源的なカードなので、液体は水として示されているが、必要に応じてワインや血に変えられる。

　杯の上方から、聖霊の鳩が下りてこようとしている。なかの液体を清めるためである。

　杯の底には月がある。なぜなら、その自然の第二の形態を知覚し生み出すのが、このカードの美徳であるからだ。

愛

杯の2

　2は常に言葉と意志を表わす。それは最初の顕現である。したがって、〈水〉のスートでは愛に関係があるに違いない。愛は、相互破滅による分割から統一を取り戻す。

　このカードはまた、巨蟹宮に位置する金星にも関連する。巨蟹宮は他のどの宮よりも受容性に富む。それは月の室で、その宮のなかで木星は興となる。これら三惑星は、表面上は全惑星のなかで最も親しい。

　このカードの神聖文字は、前景の二個の杯から穏やかな海上に溢れ出している図である。この杯に、海の上に浮かぶ蓮から透明な水が注ぎこまれている。またその蓮に別の蓮が生え、その茎の周りに一対のイルカが絡まっている。イルカの象徴性は非常に複雑であるので、参考文献で研究しなければならない。しかし一般的観念は、「王の術」である。イルカは錬金術にとって特に神聖である。

　2という数は意志を表わすので、このカードは実のところ、〈意志の下の愛の主〉と名称を変更してもよかろう。というのは、それが全面的に事実どおりの意味であるからだ。このカードは、最も広範囲の意味で解釈された、男性と女性との調和を表わす。それは完全にして落ち着きのある調和であり、強烈な喜びと恍惚を放射する。

　必然的に、4における観念の実現は、（スートの番号が大きくなるにつれて）徐々にその完全性の純粋さを減らしていくことになる。

豊潤

杯の3

このカードは〈水〉のスートにおけるビナーに関係する。これは、デーメーテールまたはペルセポネーのカードである。杯は柘榴の実である。ビナーの特性を示す暗く穏やかな海から立ち上がったそれぞれの蓮の花から、これらの杯にふんだんに注ぎかけるので外へ溢れ出ている。この充満する喜びのなかに〈愛の意志〉の達成がある。それは肥沃の霊的な基礎である。

このカードは、巨蟹宮における水星の影響に関係がある。これは上記のテーゼをさらに押し進める。水星は、あらゆる父神の意志あるいは言葉であり、ここにその影響が、宮のなかで最も受容性の高い巨蟹宮に降りかかる。

同時に、こういう形態のエネルギーの結合には、いくぶん神秘的な観念が生じる可能性もある。〈偉大なる海〉ビナーは、一面では月であるが、他方、土星でもある。そして水星は、〈一にして全なるもの〉の言葉あるいは意志であるのみならず、死者たちの魂を導く存在でもある。このカードには、極めて明敏な解釈が必要である。柘榴はペルセポネーがプルートーの王国で食べた果物である。その実を食べたがためにプルートーは彼女を下界に閉じこめることができ、この状態は、主神による最大の力が加えられた後でさえ続くことになる。この教訓は、人生において具合の良いことは、たとえ楽しかろうと、疑ってかかるべきであろうということである。

贅沢

杯の4

このカードは、〈水〉の領域におけるケセドに関係する。ここ深淵の下では、この元素のエネルギーは、規制されて平衡を保ち、(当面は)安定しているとはいえ、その概念の根源の純粋さは失われている。

このカードは、巨蟹宮に位置する月に関係がある。巨蟹宮は月自身の室である。しかし巨蟹宮自体が非常に静穏であるので、このことは多少の脆弱さ、欲望へ身をまかせることを意味する。これは快楽の果実のなかに腐蝕の種子を導入しがちである。

海がまだ見えているが、その表面は波立っており、その上に立つ四個の杯は、もはやあまり安定していない。水がほとばしり出る蓮は、何本もの茎をもち、あたかも二個組《ダイアド》の作用が強度を増したことを示すかのようである。というのは、4という数は二個組《ダイアド》の顕現であり統合であるが、それはまた、個体を強調することにより、破局を密かに準備しているからである。

このカードと土占術のドットであるヴィアやポプラスとの間には、ある類似が見られる。この二つのドットはそれぞれ、減少した月と増大した月に属するのである。その輪は根本的に「変化＝安定」の等式であることは、この小論の読者は既によく御存じであろう。4は「不器用な」数である。自然数のなかでこの数だけは、四個の区画の「魔方陣」を構成することができない。〈ナポリ式取り決め〉においてさえ、4は全くの停止であり、行き詰まりである。すっかり異なる秩序の観念が、系列を続けるために必要である。また、1＋2＋3＋4が10  であるという、4の「魔術数」により暗示される、それ自身の上に積み重ねることに注目せよ。4は、制限、拘束を意味する災いの数である。それは腕木の長さが等しい盲目的で不毛の十字架で、彼の終局の決定的な様相におけるテトラグラマトンである。カバリストは、回文の術式が発見される以前に彼を知っていた。この術式により、母の王座に坐った娘が「全ての父の長《おさ》なる者を呼び醒ます」。

ヴィアとポプラスの意味に関しては、「土占術の手引き」（『春秋分点』等一巻第二号）を参照せよ。

失望

杯の5

このカードは、〈水〉のスートのゲブラーにより支配される。ゲブラーは激しいので、自然に反感が生じる。そこで、安楽時の全く予期していないときに、妨害の観念が発生する。

また〈杯の5〉は、天蝎宮に位置する火星に属する。天蝎宮は火星自身の室である。そして火星は、ゲブラーの最も低い段階への顕現である。一方、天蝎宮は、最悪の面では、〈水〉の腐敗力を暗示する。にもかかわらず、強力な男性的影響により、実際の腐蝕でなく、破壊の始まりだけが示される。このため、予期された快楽は裏をかかれることになる。蓮は激しい風により花弁を引き裂かれてしまった。海は乾いて澱み、死の海と化している。北アフリカの「チョット」のようである。杯のなかに水が全く流入していない。

その上、これらの杯は、逆五芒星の形に配置されており、物質の精神への勝利を象徴している。

さらに、天蝎宮の火星は、土占術におけるルベウスへ帰属する。これは非常に不吉な前兆である。ある土占術の流派では、ルベウスが上昇点に現われると

占い図を破棄し、再質問まで二時間以上待つほどである。その意味は、「土占術の手引き」（『春秋分点』第一巻第二号）で研究されたい。

喜び

杯の6

　このカードは、〈水〉のスートにおける6の数、ティファレトの影響を表わす。この影響は、これまた6を表わす太陽の影響が加わって、さらに強化される。画像全体は、太陽の水に対する影響を示している。その激しいけれども均衡のとれた力は、その種の腐敗作用を引き起こす。太陽は天蝎宮に位置しているからだ。この腐敗作用は、あらゆる豊穣と生命の基盤である。

　蓮の茎は、踊りの精妙な動きを見せて群れ集まっている。花からは水が杯のなかへ勢いよく流れこむが、杯はまだ溢れるほど一杯になってはいない。一方、後出の対応カードである9では、杯は溢れ出している。

　このカードの表題の〈喜び〉は、その最高の意味で理解されなければならない。それは幸福、努力や緊張を伴わない自然な力の調和、安楽、満足を意味する。このカードの観念と全く異なるのは、自然なあるいは不自然な欲望充足による満足である。にもかかわらず、この〈喜び〉は性的な意志の達成を強調して表わしている。このことは、このカードを支配するセフィラ、惑星、元素、宮により示されている。

　〈易〉では、天蝎宮の太陽は、二十番目の卦、観《かん》（風地観）䷓により表わされる。これはまた「大いなる地」でもあり、地の卦☷の線数が二倍になったものである。〈観〉は、「顕現すること」ばかりでなく、「熟考すること」をも意味する。観は、供物を捧げようとしている、儀式的に浄化された高位の聖職者と直接の関係がある。喜びの観念、つまり秘蹟としての腐敗作用は、それゆえ、このカードにおけるのと同様、この卦においても絶対である。それに対し、荘公による分割された線に関する解説は、この聖体の分析的な価値を示す。それは、秘儀参入の戸口に達するための一種の解決法である。このことを充分に会得し享受するには、O∴T∴O∴の九番目の位階の秘密を知り、理解し、経験することが必要である。

堕落

杯の7

　このカードは、〈水〉のスートにおける7の数、ネツァクに関係する。ここに、釣り合いの不足から起こる不変の脆弱性が再び現われる。またこのカードは、天蝎宮に位置する金星に支配される。その格式は、この宮においてはあまり良くない。金星は赤褐色の惑星である、つまり「外見は華麗だが内部は堕落している」ことが思い出される。蓮は毒をもち、鬼百合の様相を呈している。水の代わりに緑の粘液が花から流れ出て一面に溢れ、海を瘴気の沼地に変えてしまった。金星は、7という数の作用を強めるのである。

　杯は虹のような色合いで、同じ堕落の観念を具現する。


　杯の配置は、二つの下向きの三角形が、最も低い杯の上方で組み合わさった形になっている。この一番下の杯は、他の杯よりはるかに大きい。

　このカードはほとんど、6のカードの表象を「邪悪にして嫌らしい」ものにしたに等しい。また、このカードは、安易な気持ちで行なえば秘蹟が冒瀆され売春に等しくなることを思い出させる点で、有益である。

　最高者ケテルとの直接的接触を失ったり、中央の柱の微妙な均衡から少しでも離れたりすれば、あっという間に〈自然〉の至聖の密儀が罪悪感という淫らな恥ずべき秘密となるだろう。

怠惰

杯の8

〈水〉のスートにおける8、ホドがこのカードを支配する。それは水星の影響を示すが、このカードが双魚宮に位置する土星に関係するため、その影響力は弱まる。双魚宮は穏やかだが、澱んだ〈水〉である。そして土星がそれを徹底的に鈍化してしまう。〈水〉はもはや海として現われず、水溜まりになる。そして、このカードでは7のカードに見られた花の盛りは過ぎてしまっている。蓮は太陽と雨の不足のため萎れ、土壌は蓮にとって有害である。茎の二つだけが辛うじて花を咲かせている。杯は浅くなり、古びて壊れている。三列に配置されているが、上の列の三個は全く空《から》である。水は二つの花から滴り落ち、中央の列の二個の杯に入る。そして、そこから溢れ出て下の列の二個の杯に入るが、いっぱいに満たしてはいない。このカードの背景は、耕作不能の、非常に広大な地域にわたる、水溜まりや潟である。そのように厖大で荒廃した土地には、病害と瘴気だけが跋扈する。

　水は暗く濁っている。水平線には、くすみ黄ばんだ光が射し、その上から濃藍色の重苦しい雲がのしかかっている。
7のカードは8のカードと好一対の過ちを表わしているから、比較するとよい。一方はクンドリーの庭であり、他方はクリングゾールの宮殿である。
径《パス》を精神病理学に譬えるならば、このカードはキリスト教神秘主義という風疹といえよう。

幸福

杯の9

水のスートにおける9の数、イェソドは、ネツァクやホドが中央の柱から逸脱したために失われた安定性を回復させる。9はまた、月の数でもある。したがって〈水〉の観念を強める。

このカードでは、水の根源の力の極致と完璧さが盛観を呈している。

支配星は双魚宮に位置する木星である。この影響は共感以上のものである。それは明らかな祝福である。というのは、木星はケセドの惑星であり、最高の物質的顕現における〈水〉を表わすからである。そして双魚宮は、〈水〉の穏やかな特性をもたらす。

カードの表象図では、九個の杯がきちんと四角形に配列され、そのすべてに水が満ち、溢れ出している。これは〈水〉の力が最も完成し、最も有益である様相を示す。

土占術のラエティーシャは、双魚宮の木星により支配される。その意味については「土占術の手引き」(『春秋分点』第一巻第二号)を調べられたい。喜びや嬉しさを表わすラエティーシャは、十六種のドットのなかで最良で最も力強いものの一つである。というのは、太陽、月、水星の象徴は、とどのつまり、両意に取れたり、見かけとは違って相反する二つの性質をもっていたりするからだ。金星の象徴は、積極的な有益性よりむしろ安堵感を意味する。土星と火星は最悪の状態にある。そして、ラエティーシャと同じ仲間のアクウィシショでさえ、その好ましくない面を示すし、危殆に瀕することもある。しかし、ラエティーシャとこのカードは一致する点が多く、ほぼ同一であると言ってよい。正真正銘の神々の酒が、ガニュメデスみずからの手で惜しみなくなみなみと注がれ溢れ出している。喜びの定めの宴であり、至福において自己達成された真の智慧である。

飽満

杯の10

このカードは、相争う要素を表わす。一方では、処女たるマルクト、10の影響を受ける。杯の配列は生命の樹のセフィロトと同じである。しかし他方、杯自体が不安定である。それらは傾いている。体系全体の端から端まで覆いかぶさるような巨大な蓮から、各杯に水がこぼれ出ている。〈水〉に固有の仕事は完了した。ゆえに騒乱が起こっても当然である。

これは、双魚宮に位置する火星の影響から生じる。火星は、完全性を想定されるものすべてを必ず攻撃する、粗野で荒々しい破壊的な力である。そのエネルギーは、双魚宮の平和で精神的なエネルギーと比べると、この上なく対照的である。

剣のエース

剣のエースは〈風〉のエネルギーの根源で、テトラグラマトンのヴァウの本質であり、ルアクの統合である。〈風〉は〈火〉と〈水〉が結合した結果である。したがって、それは男性的階層における優越者、〈火〉、〈太陽〉、〈男根〉の清浄さを欠く。しかしこれと同じ理由で、それは、人類の正常な意識によって直接に理解される、最初のカードである。〈杯の7や10〉のようなカードの誤りは、一見ずっと穏やかな〈剣の4〉より、依然として、全く高位の序列に属している。諸次元の、微妙な徐々に起こる衰退の研究は極めて難しい。

実際に、〈風〉の明らかな象徴は、「その欲する所、いずくにも吹く」風である。それは、〈水〉と結びつこうとする〈火〉の専念する意志をもたない。対の元素である〈地〉へ感応する熱烈さもない。確かに、その本質には、著しい消極性がある。明らかに、自発的な衝動をもたない。しかし、その父〈火〉と、母〈水〉によって動かされているにせよ、その力の恐ろしさは歴然としている。〈風〉は明らかに目標に襲いかかる。〈火〉と〈水〉は、より微妙で曖昧な性格であるので、そのようなことは決してできない。「全てを受容し、全てに踏み迷い、全てを洞察し、全てを燃やし尽くす」〈風〉の特性は、多くの作家によりみごとに描写されてきた。そして、それと類似したものは大抵、全く普通の観察者にも利用できるのである。

しかし、他の諸属性に照らして見て、この元素の地位の何たるかが、ただちに疑問にされるであろう。

「イェツィラー」界では、〈風〉は霊に従う第一の要素ではないのか？　ヴァユはアカーシャの秘儀的な朦朧としたものから、最初に出現した知覚できるものではないのか？　どのようにして、精神の教理を、ルー、つまりルアクは実際に精神自体を意味する、という事実と一致させうるのか？　「アチャト・ルアク・エロヒム・チイム」（合計値七七七）の意味は、「人間は、生きる者の神々の霊であって、（〈風〉ではない）」ということなのか？　そしてまた、水星に帰属する元素である〈風〉は、生命の息吹、言葉、ロゴス自体であるというのが最も適切ではないか？

　研究に励む者は、本書の著者――蝙蝠の目をし、ペンギンの翼をもち、金蝿の頭脳をもった者が、たわいもなく述べ連ねていることよりも、もう少し未熟さが少なく、ぞんざいでなく、皮相的でない論文を参照しなくてはならない。そうは言っても、〈風〉はどの体系においても最低のものではないので、マルクトが自動的に分解してケテルになるという理論から、知識の恩恵を要求することはできないけれども、次の論及は説得力やら適切さを、全面的には欠いていないようである。

　ルアクは、〈風〉のセフィラ、ティファレトに集中している。ティファレトは父なる神の第一の子息であり、創造的な男根《ファルス》の最初の放射である太陽である。彼は、高位の直観的感覚であるザインの径《パス》を通って、直接に母のビナーから派生している。それゆえに、彼は完全にネシャマーの性質を有する。彼の父コクマーからは、ヘーの径を通して、偉大なる母、星、我らが公主ヌイトを知らされる。(注)それゆえ、創造的な衝動が、紛うかたなく、彼に伝達される。ついには最高位のケテルから、女司祭であるギメルの径を通して、秘儀参入の三位一体の光が直接彼に下りてくる。一体化した三者。多種の形態を豊富にそなえた秘密の母。これらが、いやこれらだけが、至高者の祝福を受けたティファレトを三度《みたび》歓呼して迎える！

　このカードは魔術師の剣を表わす（『第四の書』〔『神秘主義と魔術』である〕第II部参照）。この剣は先端部に、放射状の二十二本の純粋光からなる王冠を戴いている。この数はアテュに関連する。また22＝2×11である。コクマー、智慧、ロゴスの魔術的顕現でもある。したがって、刃の上に法の言葉 *θελημα*（テレマ）が刻まれている。この言葉は、光の炎を放ち、精神の暗雲を消散させる。

注＝なんとみごとに、この事実は、先に陳述したIVとXVIIの置換が事実であることを確認していることか。つまりコクマーとティファレトを連結するものとして、皇帝はあまり重要性をもたないし、三人の母たちのこの絶妙な教義は失われるであろう。

平和

剣の2

このカードは、〈風〉の元素におけるコクマーにより支配される。このスートは、すべての知的な顕現を管理するが、常に複雑で混乱している。〈剣〉は、他のスートにはないような変化をすることがある。それは一般的な動揺を表わす。合体した〈火〉と〈水〉の葛藤が原因である。そして〈地〉が現われると、具体化へと進む。しかし、コクマーの純粋性と高揚性が大きいので、このカードはそのスートに可能なまさに最良の観念を顕現する。そのエネルギーは急襲する崩壊を受けずに持続する。この相対的な穏やかさは、天空の属性、天秤宮に位置する月により強調される。

月は変化であるが、本質は平和である。そのうえ、天秤宮は平衡を象徴する。両者の間で、〈剣〉のエネルギーは調整される。

カードには、交差した二本の剣が描かれている。この剣は、五つの花弁をもつ青い薔薇により結合されている。この薔薇は母の影響を表わす。その調和させる影響力が、このスート本来の、潜在的な拮抗作用を合成する。薔薇は白色光線を放射し、その表象の均衡を強調する幾何学模様を生み出す。

悲しみ

剣の3

偉大なる母ビナーが、ここで〈風〉の王国を支配する。この事実は、『霊視と幻聴』第十四アエティールで詳しく研究される必要のある、極めて難解な教理と関係がある。

ビナーはここでは、ケテルとコクマーとの三位一体を完成する慈悲深い母ではない。彼女は偉大なる海の暗黒を表わす。

これは、天秤宮に位置する土星が天空に支配力をもつことによりさらに強調される。

このカードは暗く耐えがたい。いわば混迷する子宮である。激しい創造の情熱が潜んでいるが、その子供たちは怪物である。自然の秩序の最大の超越状態を意味するかもしれない。秘密がここにあり、倒錯となる。

その象徴は、魔術師の偉大な剣を表わし、先端がカードの一番上にある。それは、二本の短い曲がった剣の結合を絶つ。その衝撃が薔薇を台無しにした。背景では、容赦のない夜のもと、嵐がそっと忍び寄る。

休戦

剣の4

　4の数、ケセドがここでは知性の王国に顕現する。ケセドは、この十分角《デカン》では、天秤宮に占位して支配する木星に関係がある。したがって、これらの表象のいずれに対しても抵抗がない。それゆえに、このカードは、知性の世界における権威という観念を称《たた》える。それはまた、教義とそれに関する法の確立である。そして、独断的な方式で選ばれた、精神的混迷からの避難所を表わす。さらに、慣習に対する賛成論を唱える。

　四本の剣の柄《つか》は、セント・アンドリューの十字架の四つの端にある。それらが作り出す形は、固定と硬直を連想させる。剣の先端は、社会的調和を象徴する、花弁四十九片から成る、かなり大輪の薔薇に納まっている。ここに妥協も見られる。

　精神はあまりにも怠惰であったり意気地がなかったりするので、身の問題を考えて解決することができず、この緩和方策を喜んで受け入れる。例の如く、4は期限である。この場合、休息の真に正当な理由はないので、5による妨害は進歩の保証にはならない。その動きをとめた贋物は、滅茶苦茶なやり方で、すっかり造り変えられる。流出は単なる混乱状態にすぎず、普通ひどい悪臭を放つのが特徴である。しかし、それは為されなければならない！

敗北

剣の5

　ゲブラーは、いつものように崩壊を生み出す。しかしここでは、金星が宝瓶宮を支配するので、過剰な力よりもむしろ脆弱さが災いの原因であると思われる。知性は感情により弱められた。敗北は平和主義に起因する。裏切りも含まれているであろう。

　剣の柄《つか》は逆さの五芒星を形成し、常にいくぶん不吉な傾向の象徴となる。ここでの事態はいっそう悪い。柄《つか》のどれも他のものと似ておらず、その刃は曲がったり欠けたりしている。それらは衰退の印象を与える。最も低い位置にある剣だけが、先端を上に向けているが、武器としての効果はほとんどない。4のカードにあった薔薇は、すっかり崩壊してしまった。

　歴史家としての筆者は、このカードの様式と、(1)オシリスおよび(2)ホルスの永劫《アイオン》の誕生における4のカードの様式との二つの完璧な例証を見て喜ぶ。また、スパルタやローマがローマの支配による平和《パックス・ロマーナ》に終わったことを特徴づけるような、美徳の衰退に眼をとめる。美徳が衰えるにつれ、内部からの崩壊が帝国を分解する。（その品位を落とした形における）ディオニュソス、アッティス、アドーニス、キュベレ、誤ったデーメーテールと、悪用されたイシスに見られるような、両性共通の祭儀が、真の太陽＝男根崇拝の神々のいっそう厳しい儀式に取って替わった。そしてついに（支配者が、自国民であれ外国人であれ、庶民からの尊敬を失い、さらには支配力をも失ってしまい）奴隷的祭儀すべてのなかで最低のものが、寄生動物のなかで最も下等なものの寓話のなかで麗々しく着飾り、既知の世界の上をさっと通り過ぎ、その世界を五〇〇年間、邪悪な暗黒に浸してしまった。筆者は、現代人の前に示されている同種の現象と極めて類似している点を見出して喜ばしい。

科学

剣の6

ティファレトは、このスートの観念の充分なる確立と均衡を示す。これは特にこのカードについて言えることで、知性自体がまた、6という数に関係するのである。宝瓶宮における水星は、天空のエネルギーが、人間のケルブに影響し、知性と人間性を示すことを表わす。

しかし、カードの表象のなかには、はるかにこれ以上のものがある。すべての精神的、道徳的能力の完全な平衡を勝ちとることは至難であるし、常に変化する世界ではそれを保つことはほぼ不可能であるが、それを最大限に解明するに当たっては、科学的概念を示す必要がある。

剣の柄《つか》は、非常に装飾的で、六芒星の形に配列されている。その先端が、六個の正方形から成る金色の十字架上の、赤い薔薇の外側の花弁に触れており、科学的真実の主要な秘密としての薔薇十字章を表示している。

無益

剣の7

剣のスートでは、ネツァクは、他のスートで見られるような大変動を表わしていない。というのは、金星のセフィラであるネツァクは、勝利を意味するからである。したがって、緩和する作用があり、これは宝瓶宮における月の天空の支配により強調される。

ゆえに、このカードの知的な破滅は、5に見られるほど激しいものではない。気の迷い、妥協したいという願望、ある種の寛容さがある。しかしある状況では、結果は今まで以上に悲惨であるかもしれない。これは当然、その方策の成功の如何によるものである。これは、それを当然の餌食とみなす、激しく、妥協しない力が存在する限り、常に不確かである。

　このカードは、4同様、宥和策を暗示する。

　カードの表象は、柄《つか》を三日月の形に並べた六本の剣を示している。各剣の先端はカードの中央部の下方で合わさっており、ずっと大きな、上に突き出す剣の刃に突き当たっている。まるで多くの弱いものと一つの強いものとの間に争いがあるかのようだ。これは、懸命に努力するが無駄であることを表わす。

干渉

剣の8

　8の数、ホドは、このカードでは知性と論争の問題における持続性の不足を意味する。しかしながら、十分角を支配する双子宮の木星の影響力のおかげで、幸運がこれらの弱まっている努力にさえ伴う。それにもかかわらず、意志は偶発的な干渉によって絶えず妨害される。

　カードの中央には、二本の長い剣があり、先端は下を向いている。六本の小さな剣がこれに交差しているが、三本ずつ剣の向きが異なっている。おのおのの剣は、それが使用される国や、そこでの祭儀に特有の武器であることを思い出させる。このカードには、クリース剣、クックリ刀、スクラマサックス、ダガー、マチェーテ、ヤタガンが見られる。

残酷

剣の9

　9の数、イェソドは、生命の樹の中央の柱へ、エネルギーを戻す。前の無秩序がいまや修正される。

　しかし、このスートの一般的観念は絶えず退化してきた。剣はもはや、純粋な知性を表わすというより、熱意のない感情の自動的な発動を表わす。意識は、理性によって啓発されない領域へ陥ってしまった。これは、無意識の未発達な本能、精神病者、狂信者の世界である。

　天空の支配者は、双子宮に位置する火星、つまり抑制なしに作用する、むき出しの激烈な渇望である。その形態は知的であるけれども、宗教裁判官の気性である。

カードの表象は、長さの異なる九本の剣を示し、そのすべての先端が下に向いている。剣の刃は、ぎざぎざで錆びついている。毒液と血がその刃から滴り落ちる。

しかしながら、このカードにも扱い方がある。消極的な抵抗、放棄、苦難の受容という方式である。

また、執念深い復讐の術式も、相容れないものではない。

破滅

剣の10

10という数、マルクトは、いつものように観念の純然たるエネルギーの極致を表わす。それは狂気に堕した理性、魂をもたない機構のいい加減な騒乱を示す。そして、狂人の論理と哲学者の論理（大部分はこちらである）を象徴する。それは、現実から分離した理性である。

このカードはまた、双子宮に位置する太陽により支配されるが、その宮の水星の〈風〉の特性は、太陽が光線を分散させるのに役立つ。このカードは、調和し安定したエネルギーの崩壊と混乱を示す。

剣の柄《つか》は、それぞれセフィロトの位置を占めている。しかし1から5までと、7から9までの剣の先端は、太陽であり、心であり、さらにコクマーとビナーの子供を表わす中央の剣（6）に触れ、打ち砕いている。十番目の剣もまた、裂片状である。それは、知性の破滅であり、すべての精神的道徳的特質の破滅でもある。

〈易〉では、双子宮に位置する太陽は、四十三番目の卦、夬《かい》（澤天夬）の美徳であって、男根の〈水〉による変形である。また、交錯する解釈によれば、この同一の卦、二個の調和でもある。

その意味は、剣の10の意味と完全に一致する。創造的な衝動の鎮静化、脆弱さ、堕落、あるいはその原則自体に作用する迷妄などを意味する。しかし、易の卦を武器、または処置の方式として考察すれば、それは支配者に、価値のない役人を追放して政府を浄化するよう勧告する。不思議なことに、結び目のある紐に取って替わる文字の発明は、この卦が賢人たちによって使われたことに帰因すると、中国語学者の間では考えられている。双子宮はトートに支配される。10はナポリ式取り決めの鍵である。アポロ（太陽神）は文学と芸術の後援者である。それゆえ、この提言は少なくとも、易が水と太陽を二重に強調するのに適切であるのと同様に、カバラの照応関係にも適切であるように思われる。

しかしながら、このことはさておき、対応は完結している。

円盤のエース

円盤のエースは、〈地〉と呼ばれる種類のエネルギーの始まりを描く。ここで、この現在のタロット・カードの構成に刺激を与えた、本質的な理論上の論題の一つをいささか強調するのが適当である。この特徴は重要である。これによって、達人《アデプト》としてみずからを前面に押し出そうとする、秘儀非参入者の膨大なる未熟な努力と区別できるからである。グロテスクな床屋のアリエッテ、どことなくひねくれたウィルト、気取り屋で食わせもののペラダンに始まり、果てはラファロウィッチやウスペンスキーのような泥棒同然のペテン師など、口数が多いが何も知らない者にまで至る。これらの人々、あるいはその同類の誰しも、因習的な中世の図案に対して、「勤勉に人真似をする」以上のことをしていない。（彼らの幸運は終わった。タロットは剃刀《かみそり》である！）エリファス・レヴィは、偉大な学者で、真の属性を知っていた。だが彼の「大いなる白き同朋」団における位階は6°＝5°（大達人《アデプタス・メイジャー》）にすぎなかった。そして彼は、新しい永劫《アイオン》に対する展望を知らされていなかった。彼は実際に、ナポレオン三世のなかに救世主を見出したかったのだが、新しい魔術の術式の宣言に伴う、完全な霊的隆盛を、彼は一瞬たりとも目にすることがなかった。彼には師匠役としてアルコフリバス・ナジエールがいたにもかかわらずである！(注)

ジェラール・アンコース博士こと「パピュス」は、エリファス・レヴィに従っていたが、自分自身、〈秘密の誓い〉のほうにずっと深いつながりを感じていたので、彼がタロットに関して論じることには価値がない。彼は、フランスのO∴T∴O∴のグランド・マスターであり、しかも、ジョン・ヤーカーが死んだ時、メンフィスの儀式のグランド・ハイエロファント97°だったが駄目である。

これらの歴史的なデータは、今までのタロット・カードがいずれも、なぜ考古学的関心以上のものをもたれなかったかを説明するのに必要である。というのは、新しい永劫《アイオン》は新しい象徴体系を必要としたからである。こういうわけで、特に〈地〉を、受動的で静止しており、死んでさえいる「悪い」元素であると考える古い考えは、捨てなければならなかった。エジプトの神官たちが理解したように、王の色階の色が、イシスの永劫《アイオン》の色、エメラルドグリーンに属するという考えを復活させることは避けられなかった。しかしながら、

注＝ナジエールの「ガルガンチュア三部作」を見よ。第一巻第五十八章には俗歴二十世紀の社会情勢の素晴らしい描写がある。また、予言詩の最終行に、この術式を発表するためにマスターたちから選ばれた達人のマジカル・モットーが明確に示されている。この〝言葉〟は〝僧院〟自体の名前であからさまに述べられた。しかし、よくあることだが、あまりにも単純かつ平明であったために気づかれなかったのである！

このグリーンは、イシスの本来の色である野菜のグリーンではなく、オシリスがホルスとして復活するのに続く、春の新しいグリーンである。また、円盤はもはやコインと考えられていない。円盤は回転の象徴である。今では、あらゆる星、あらゆる真の惑星は回転する天体であると知られているから、当然そういうことになる。原子はさらに進んで、もはや堅固で手に負えない、不毛のドルトンの原子ではなく、回転する力の体系であって太陽の階層自体に匹敵する。

　この論題は、新しいテトラグラマトンの教義にぴったり当てはまる。この教義では、〈地〉の構成要素にして、末尾のへーなる娘は、母の王座に据えられ、「全ての父の長《おさ》なる者」を覚醒させる。したがって、名前自体はもはや固定した象徴、延長と制限の象徴ではなく、連続的に回転する球体である。ゾロアスターの言葉では、「跳ねかえり、前方へ回転し、大声で叫ぶ」球体である。

　タロット・カードの出版者や図案家が、自分の個人的印章を円盤のエース状に配置するのが習慣になっている。その理由は、ラテン語の代名詞“meum”（私のもの）と“tuum”（あなたのもの）に見られる、おそらく便宜的なものらしい区別と無関係ではなかろう。吟唱詩人が歌うではないか？

「恥をかくまいとして、この書をこっそり手に入れ
　てはならぬ！
円盤のエース――それが著者の名である
剣のエース――汝の屍《しかばね》はサムエル書のアガクの屍
　のごとく見えむ
杯のエース――汝の酒はブランヴィリエ侯爵夫人
　に匹敵する
棒のエース――汝の死が断定される、
ご立派なエドワード二世の死のように！」

円盤のエースの中心的象徴は、その結果、「無限の空間の祭司にして使徒となるべく選ばれた者」、「王子＝祭司たる〈野獣〉」の人格的象形文字となる。（『法の書』第一章第十五節）。

　これは、A∴A∴の聖なる紋章《シギッルム・サンクトゥム》と比較できる。すべての中心に、さらに別のテトラグラマトンの形態、男根像があり、666という数が正しく刻まれ、太陽と月を示している。その様子はあたかも《浮袋》のなかに適合させるために、七つの7を加えて156とすることで（BABALON　2＋1＋2＋1＋30＋70＋50＝（7＋7）÷7＋77＋77＝156）、合計値が666となる一辺六桝の太陽の魔方陣と釣り合いをもたせたかの如くである。（∴1－6²＝TO ΜΕΓΑ

ΘΗΡΙΟΝ　300＋70＋40＋5＋3＋1＋9＋8＋100＋10＋70＋50＝תריון　400＋200＋10＋6＋50)。666の上にある垂直線を1と解釈し、それを加えるならば、緋色の女の数である667が出現する。(667＝Η　ΚΟΚΚΙΝΗ　ΓΥΝΗ＝8＋20＋70＋20＋20＋10＋50＋8＋3＋400＋50＋8)。これだけの秘儀を伝えるいわば暗号に等しい密儀が、解読を心待ちにするように七芒星に囲まれている。またこの数字は七芒星に重なる五角形に囲まれてもいる。そして五角形の各辺は延長され、十本の輻の車輪を形成し、その境界が十角形となっている。さらにこれが円に囲まれ、円の帯には12文字（6×2）の名称ΤΟ ΜΕΓΑ ΘΗΡΙΟΝが余すところなく刻まれている。

この回転する円盤の周りに、六つの翼がある。表象全体が、この新しいホルスの永劫《アイオン》において理解される〈地〉の絵文字であるばかりでなく、6の数、つまり太陽の数の絵文字でもある。このカードは、かくして太陽《ソル》と地《テラ》の同一性を肯定する――そして、そのことは、むしろサハラ砂漠にあるような隠者の庵で、必要な年月、きちんと『レシュの書』の修練を積んだ人々により、最もよく理解されるであろう。サハラ砂漠では、太陽と大地が生命をもった存在として、純粋な喜びの宇宙における、人の絶えざる仲間として、ただちに本能的に認められうる。

変化

円盤の2

第二のセフィラ、コクマーはここで、〈地〉に関係するスートにおいて支配する。それは2にふさわしい種類のエネルギーを、その最も固定した形態で示す。変化は安定の土台であるという教義に従い、このカードは変化と呼ばれる。

その天空の支配者は、木星と磨羯宮である。そして、この両象徴は全く調和がとれていないので、実際的な事柄において木星の幸運が非常に制限される。両者のこのカードへの影響は大きくない。にもかかわらず、木星自体が車輪（アテュX）であるので、その観念を強調することになる。

このカードは二つの万能章を表わし、一方が他方の上方にある。それらは中国の象《しよう》にあるように、対をなす〈陽〉と〈陰〉の象徴である。一方の輪は右旋回、もう一方は左旋回である。このようにして、この二つの輪は、恒久的な動きにおける四大元素の調和ある相互作用を象徴する。要するに、このカードの原動力に鑑みて、完全な宇宙を明示するものと考えてよかろう。

輪の周りに、一匹の緑色の蛇が絡みついている(『第六五の書』第三章十七―二十節参照)。その尾は口のなかにある。蛇は、無限の象徴にして等式0＝2なる、8の数を形成する。

作業

円盤の3

〈地〉の領域におけるビナーの勢力は、宇宙の観念の物質的確立、その基礎的形態の決定を明らかにする。このカードは磨羯宮に位置する火星に支配される。火星は、その宮で興になる。したがって全盛状態である。火星のエネルギーは、建築家や技師のエネルギーのように建設的である。このカードは、頂点上方から見たピラミッドを表わす。基盤は三つの車輪――水銀、硫黄、塩により形成される。ヒンズー体系では、サットヴァ、ラジャス、タマスである。アレフ、シン、メム――〈風〉、〈火〉、〈水〉――はヘブライ語のアルファベットの三母字である。

　このピラミッドは、時の夜にビナーの偉大なる海に立っているが、海は凝結している。それゆえ、背景の色調は斑《まだら》である。藍色と緑色が模様を織りなす、冷たく鈍い暗灰色である。ピラミッドの側面は、濃い赤味を帯びた色合いになっており、火星の影響を示している。

力

円盤の4

　第四のセフィラ、ケセドは、三次元の宇宙、すなわち深淵下の宇宙の確立を示す。発生についての観念は、その全く物質的な意味で示されている。このカードは、磨羯宮に位置する太陽により支配される。磨羯宮は太陽が再生する宮である。円盤はいずれも非常に大型で充実している。このカードが暗示するのは要塞である。これは法と秩序を表わし、絶えざる権威と警戒により維持される。円盤そのものが四角い形をしている。回転はこのカードには全く縁がない。そして、円盤には四大元素の宮が含まれている。それにもかかわらず、円盤は回転する。防御は、猛烈に活動している時のみ有効である。静止しているように見える限り、それは技師の言葉で言う「どまんなか」である。そして磨羯宮は、太陽が「再び北方へ転じる」場所である。背景は、斑《まだら》に黄色が混ざった濃青色で、堀を暗示する。しかしその向こうに、緑藍色の部分があって、要塞によって安全が保証された保護区域を表わす。

〈易〉では、磨羯宮の太陽は、二番目の卦、坤《こん》（坤為地）という女性的原理により表わされる。英語のQueen、アングロサクソン語のCwen、古マーシア語のKwoenを比較してみよ。同じ語源をもつものとしては、womanを意味するアイスランド語のKvan、ゴート語のKwensがある。インド・ゲルマン型はg(w)eniで、サンスクリット語原形はGwENである。また、普通そこから水が流れ出ている〈深い谷《たに》間《あい》〉を意味するCwmやcoombe〔共に発音は[ku:m]〕、その他の同種の語にも注目されたい。Womb〔[wu:m] 子宮の意〕――これはひょっとして、音が軟化したのではなかろうか？

また、Casを語根とする、数えきれないほど多数の語も比べてみよ。Casは囲まれ要塞化した空間を意味する。case, castle, chest, cyst, chaste, incestなどである。

この種のすべての語において根本にあるのは、喉頭音である。ヘブライ語を観察してみよう。ギメル（月）、ケス（巨蟹宮、月の室）、カフ（運命の輪）、クォフ（アテュXVIII月、溝、咽喉《のど》）。そのような音は、もう一つの咽喉を連想させる。つまり、一方は呼吸と栄養摂取の径路であり、他方は生殖作用と排泄作用の径路である。

心配

円盤の5

〈地〉のスートにおける第五のセフィラ、ゲブラーは、四大元素の崩壊を示す。他のスートに見られるのと全く同じである。これは、反対の種類のエネルギーとなる、金牛宮に位置する水星の支配により強調される。金牛宮を混乱させるには、非常に強力な水星が必要である。それゆえ、本来の意味は、労働に適用される知能である。

この表象は、逆さの五芒星を形づくる五個の円盤であるが、それらは、まさしく物質の基礎における不安定を表わす。その効果は地震の効果である。けれども円盤は、五個のタットワの代表でもある。これらは、非常に低い次元で、さもなければ完全に崩壊してしまうであろう有機的組織体を一つにまとめている。背景は、怒れる醜き赤で、黄色い斑点が付いている。一般的印象は、激しい緊張の一種である。さらにこの表象は、長く続く休止を意味する。

成功

円盤の6

第六のセフィラ、ティファレトは、従前どおり、元素のエネルギーの充分釣り合いのとれた達成を表わす。金牛宮に位置する月がこのカードを支配する。そしてこのことは、完全（月は金牛宮において興になるので、月の最高の形になるからである）へ接近度を増していくあいだは、その状態が一時的なものであることを示している。

円盤は、骨組みだけの六芒星のなかに配置されている。画面の中央では夜明けの薄桃色の明かりが光を放ち、その外周には黄金色とサーモンピンクと琥珀色の三個の同心円がある。これらの色は、ティファレトが〈地〉で充分に達成されたことを示す。それは、エースの記述に際して数学的に述べたことを、形をとって再び確信しているのである。

惑星は、その通常の属性に従って配置されるが、中央にある太陽によって照らされる円盤として示されるにすぎない。

この太陽は、薔薇十字として偶像化されている。薔薇は四十九枚の花弁をもち、七と七の相互作用である。

失敗

円盤の7

第七のセフィラ、ネツァクには、慣例的に脆弱化を進める効果がある。これは、金牛宮に位置する土星の影響力により、いっそう悪いものとなる。円盤は、土占術におけるルベウスという、十六種のドットのなかで最も醜悪で脅威を与える卦相の形に配置されている（杯の5参照）。カードには暗い影が投じられている様子である。背景は、植生と耕作を表わすが、あらゆるものが台無しになっている。ネツァクの四つの色が現われている。だがその色は、恐ろしい藍色と赤味がかったオレンジ色で汚染されている。円盤そのものは、土星の重苦しい円盤である。それらは悪銭を暗示する。

深慮

円盤の8

第八のセフィラ、ホドは、このカードにおいて大きな助けとなる。なぜなら、ホドは最も精神的な面における水星を象徴し、水星は処女宮に位置して支配もするし興にもなる、また、処女宮はその十分角に属していて太陽の影響を受けるからである。このカードは、物質的な事柄に入念に適用される知能、特に農学者、技術者、工学者の知能を意味する。

　このカードでは、形勢の逆転が際立っているという示唆を受けるだろう。円盤の7は、ある意味では、物質の最も完全な確立である――アテュのXVと比較せよ――最低のものが落下するがゆえに、最高のものが高められている。8、9、10の三枚のカードは、全周期を再開させる爆発を準備しているように見える。処女宮が生命の秘密の種《たね》、ヨッドであり、また処女の地は、男根の鋤に耕されるのを待っていることに注目せよ。

　このカードの関心は、一般庶民の関心である。処女宮に位置する太陽の支配権はまた、新生をも暗示する。円盤は、土占術のドットのポプラスの形に配置されている。これらの円盤は、偉大なる樹の花とか果実として、また肥沃な土地に生える、その堅固な根として表わされているのかもしれない。

〈易〉では、処女宮に位置する太陽は、三十三番目の卦、遯《とん》（天山遯）䷠「大風」により表わされる。それは「去り行く」を意味する。そして、注釈はかの巧みな処置の最良の利用法を指示している。これは、処女宮の本質、力を蓄えている〈地〉への、エネルギーのひそかな引退と確かに合致する。その上ポプラスは、顕現から退き、太陽と結合する月である。

獲得

円盤の9

第九のセフィラ、イェソドは、必然的に力の均衡を取り戻し実現させる。このカードは、処女宮に位置する金星により支配される。物質的な事柄、好意、人気などに伴う幸運を示す。

　円盤は、頂点が上向きの正三角形の形に配置され、互いに接近している。また少し距離をおいて、一つの輪、つまり六角形状に位置するさらに大きな六個の円盤に取り囲まれている。これは、根源的な確立した言葉の増加を意味する――「幸運とすぐれた処理」が相共に増加を促進するのである。中央の三個の円盤は、従前のカードに見られるような魔術的基本型を示している。しかし他の円盤は、降下して物質性をもつことが根源の回転するエネルギーの漸次の消耗を意味する以上、いまや硬貨の形態を帯びている。これらは、適切な惑星の魔術的概念を用いることにより特色づけられるかもしれない。

　一般的に述べるなら、エネルギーの象徴の増加は、常に、その本質的な意味を複雑にするばかりか、それを低下させる傾向があるといえよう。

富

円盤の10

第十のセフィラ、マルクトは、いつものようにエネルギーの最後の流出を表わす。ここに偉大なる最終的固体化がある。力は完全に拡大され、その結末は死である。水星が処女宮に位置してこのカードを支配する。そして、このことが意味するのは、獲得された富は不活発なので、その力を単なる蓄積以外の目的に向けることによって、さらに用いるようにしなければ、消散してしまうということであろう。

円盤（いまや変貌して硬貨となっている）は、生命の樹の形に配置されているが、十番目の硬貨は他のものよりずっと大きい。それが象徴するのは物質的増大の無益さである。

これらの円盤には、水星の特質の様々な表象が刻まれているが、樹上のホド（水星）の位置にある硬貨にだけは太陽の符牒がついている。これは、元素の力がすべて使い尽くされることによって生じた難局を脱する、唯一の可能性を示す。物質の終末には、神の意志、偉大なる造物主、偉大なる算術家、偉大なる幾何学者が常に内在しているのでないとすれば、そこには完全な停滞があるに違いない。この場合には、水星は、その象徴の関連するあらゆる意味において、ロゴス、言葉、意志、智慧、神の息子、処女宮を表わすであろう。このカードは要するに、再生の循環過程の絵文字である。

土占術の卦のなかで、処女宮に位置する水星はコンジャンクショである。その意味は連結《コンジャンクション》で、下向き（女性）の三線図形ヨーニ（▽）の符牒を、上向き（男性）の三線図形リンガム（△）の符牒に引きつけることにより、明白に示される。この結合が完了し、さらに交錯して現われ、磨羯宮の卦相を形成する。この宮は、太陽が復活する宮である。それは神聖な六芒星で、大宇宙と小宇宙を統一する象徴で、大いなる業《わざ》、至高善《スムムン・ボヌム》の達成、真の智慧と完全なる幸福である。

召喚儀式

（夜明けの瞑想のあいだに書かれた誓い）

エイワスよ！　汝との吾が約束を確かめよ！　把握し難い自由な、創造する〈火〉の神秘的な精子によって、吾が意志の奮い立たんことを！

汝はまさしく吾が肉体を汝のものに形づくり、吾が陽気な幼児期の出現を、神聖なる、魔力をもつ〈地〉に作り変えよ！

汝自身の歓喜における吾が歓びを融解させよ。それにより、〈水〉の魂を捕らえ贖《あがな》う、神聖な殺戮なり！

吾が心を激しき希《まれ》なる、きらめく思考で満たし、純化せる、〈風〉の言葉たる無の状態にせよ！

最大の、結婚の祝宴が結びつくとき、このように自己から解放されたる吾が第五元的形態に、聖霊と混ぜ合わされた自我の見出されんことを。

アテュ＝記憶法

א 真実、哄笑、欲望。ワインの聖なる愚者！ 裂かれたヴェール、淫らな狂気は荘厳な啓蒙である。

ב 智慧の言葉が虚妄の織布を織り、削減不可能な無限量を結合させる。

ג 母、月の娘、遊び仲間、牧神《パン》の花嫁、あらゆる人にとっての神の天使の僕《しもべ》。

ד 美。汝の帝国を示せ！ 思考の及ばない真実。世界の総体は愛である。

צ 死すべき万物のなかの、祖先にして創始者、皇帝にして国王。彼を春の主として迎えよ！

ו 彼の必要に対し、光の様式により割り当てられた、各々の智慧を放出せよ。偉大なる神官！

ז めいめいへの彼の理解力は言葉に表わせないことを事実が示す。汝の様式、不滅の双子宮と恋人たち！

ח 見よ、戦車を！ 水によって、聖杯は、生命と歓喜を、ワインの聖杯と血の聖杯を氾濫させる。

ט ライオン＝蛇から神々が生じる！ 汝の王座、猛獣、我々の公主、ベイバロン！

י あらゆる生命の、悪意ある計画の最も秘密の種子。処女。隠者が行く。無言の守護者。

כ その三位一体のエネルギーにより促進され、運命の神の車輪が回る。その車軸は固定している。

ל 調整！ あらゆる行為のなかで、くねり曲がる律動。踊りは野性的で、その均衡は正確である。

מ 大海の本源の深みに、神＝人間が吊り下がる、永劫の深淵の灯火《ともしび》。

נ 鷲、蛇、蠍！ 死の踊りが恍惚から恍惚へ、さらに恍惚へと生命を回転させる。

ס　分解し、融合せよ！　ＶＩＴＲＩＯＬに示されたるはチンキ剤、霊薬、賢者の石なり。

ע　牧神万歳《イオ・パン》！　山頂で牧神《パン》が恍惚の野性的欲望を抱き、中空を跳びはねる。

פ　ベロナ、声高く叫べ！　鷹の目隠しをはずせ！　戦争に突き進む宇宙の轟き！

ה　ヌイト、我らが星の公主！　出来事は全て汝の戯れ、荘厳なる試み！

ק　魔女＝月、汝の血の小川に、真夜中の甲虫の、恐れなき予言の小舟が浮かぶ。

ר　太陽、我らが父！　生命と光の権化。自由に愛し戯れよ。汝の目に聖なるもの。

ש　ヌイト、ハディト、ラ＝ホール＝クイト！　双子の永劫《アイオン》よ！　歓喜せよ、おお最高天よ！

ת　無が無の範囲を認識する全となる。おお、牧神《パン》の完璧なる宇宙。

補遺A

タロットの作用
占いの技法

タロットの作用

この試論の結びで、タロット・カードはいずれも生命をもつ個人であることが確証されたので、次に、カードとそれを学ぶ者との間に一般に見られる関係を考察するのがよかろう。

初めて社交界へデビューする女性の舞踊会の場を想定し、比較してみよう。彼女は七十八人の大人の人たちに紹介される。彼女が社会的に高い教育を受けた、著しく聡明な娘であるとすれば、この人たちの身分や、一般的な特徴については多分すっかり分かるであろう。けれども、これだけでは一人一人についての本当の知識を得たことにはならない。誰がどのように彼女に対応するか不明である。せいぜい、ほんの二、三の事実を知って、それから推論するだけである。例えば、その家に強盗が入ったと誰かが判断しても、内大臣が地下室に隠れることはないだろうし、主教が思うぞんぶん悪態をつくこともまず考えられない。

タロットを学ぶ者の立場も大変似かよっている。この試論で企てられているのは、各カードの一般的特性を分析することである。けれども、長い時間をかけてカードの性質を観察しなければ、本当の正しい認識に達することはできない。経験を通してこそ、タロットを理解できるようになるのである。カードを実在するものとして、猛烈に研究に取り組むだけでは充分でない。カードを働かせなくてはならない。カードと共に生きなくてはならない。また、カードも、学ぶ者と一緒に生きなくてはならない。どのカードも、他のカードから孤立しているのではない。カードの反応、および各カード間の相互作用が、学ぶ者の生活そのもののなかに形成されねばならない。

それでは、どうやったらカードを働かすことができるのか。どうやってカードの生活を自分の生活と混ぜ合わせられるのか。理想的なやり方は瞑想である。しかし、この瞑想のなかには、ここでその方法を述べることが不可能であるほど高度の段階の秘儀伝授も含まれている。また、それは大部分の人にとって魅力的でもなければ適切でもない。実際的な、毎日行なえる平凡なやり方は、占いである。

タロットによる、伝統的な専門的占術法を以下に述べる。『春秋分点』誌第一巻第八号から引用。フラターI・O・M・アデプタス・イグゼンプタスにより承認済。(訳注)

訳注＝以下に紹介される占法は、「黄金の夜明け団」の教義文書「Tの書」に記されていた《オープニング・オヴ・ザ・キー》と呼ばれる占法をクロウリーが大胆に簡略化したものである。ゆえに意味がとりにくくなった部分もあるため、土台となった文書から適宜引用して解説する。

1、象徴札

依頼人の肉体的特徴を考えるよりは、むしろ彼の性格についての知識なり判断なりから、彼を象徴するカードを一枚選ぶこと。[訳注1]

2、全カードを左手に持ち、右手の魔法の棒をカードの上に掲げて申すべし。「吾が至高の神ＩＡＯに祈念致します。この神秘の智慧の運用を支配する偉大なる天使ＨＲＵを吾が神が呼び出し給い、これら聖なるカードの上に見えざる天使の手が置かれ、吾が神の、口にすべからざる御名の栄光により、隠れたる事実の明かされんことを。アーメン」。

3、依頼人に全カードを渡し、当該の問題に注意を集中するよう命じ、次にカードをカットさせよ。[訳注2]

4、全カードを受け取り、保持せよ。

第一作業

これは依頼人が相談に来た時の、本人の状況を示すものなり。

1、自分の前に置かれた全カードをカットし、上半分を左側に置け。

2、二分されたカードのそれぞれをさらにカットし、いずれもその左側に並べよ。

3、これら四個のカードの山は、右から順に左へ、

訳注1＝もとの文書では、象徴札の選択は依頼人の外見的特徴によっていた。「Ｔの書」にはこう記されている――

「占術を行なう前に、十六枚のコート・カードのなかから質問者の外見をできるかぎり正確に象徴するカードを選べ。

棒は一般に極めて明るい金髪か赤毛で、色白の人物。
杯は一般に中くらいの金髪の人物。
剣は一般に暗い髪の色の人物。
金貨は一般に黒髪の人物。
王は一般に男性。
女王は一般に女性。
王子（騎士）は一般に若い男性。
王女（小姓）は一般に若い女性」。

訳注2＝「Ｔの書」にはこう記されている――

「通常の場合、質問者が自分でカードをカットするかシャッフルするほうがずっとよい。しかし、占者が自分でやらなければならない場合、作業中に質問者や占う事項に関して熱心に想像力を働かせること」。

クロウリーはカットという言葉しか用いていないが、通常ここではシャッフルすなわちカードを両手でかき混ぜる作業が行なわれる。

ＩＨＶＨを表わす(図解参)。

4、象徴札を見つけよ。それが右端のヨッドの山にあれば、占う問題は仕事、商売などに関係がある。つぎのへーの山にあれば、愛情、結婚、喜びに関係がある。ヴァウの山にあれば、心配事、損失、醜聞、争いなどに関係がある。左端のへーの山にあれば、金銭、家財など、全く物質的な問題に関係がある。

5、依頼人に、彼の来たりし理由を告げよ。誤てば、その占いは中止せよ。

6、正しければ、象徴札を含む山を表向きに並べよ。象徴札の人物が顔を向けている方向に、数を数えよ。並べる枚数には一番上にあるカードも含める。そのカードが騎士、女王、王子ならば4枚。王女ならば7枚。エースならば11枚。2から10までの数札なら、その数の枚数。大アルカナの場合は、元素のカードなら3枚。惑星のカードなら9枚。十二宮のカードなら12枚。

並べられたカードから依頼人の「来歴」を読み取れ。この内容が当該問題の発端を示す(訳注3)。

7、象徴札の両側にあるカードを1枚ずつペアにして読む。次にその外側に1枚ずつ、というように続けていく。これによって〝物語〟をもう一種作る。これ

図解

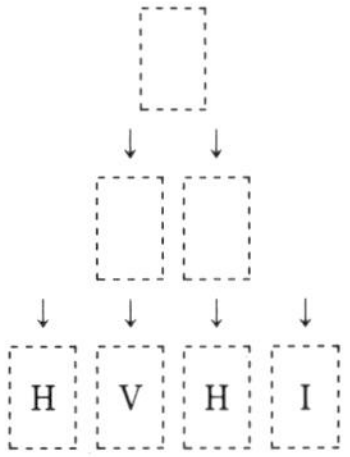

訳注3＝「Tの書」にいわく、

「カードをレイアウトする際、逆位置になったカードがあっても、そのままにしておくこと。ひっくり返してはいけない。そんな真似をすれば、カードの向いている方向が変わってしまうからである。逆位置だろうが正位置だろうが、カードの意味や強さは変わらないから、特に注意を払う必要はない。

並べられたカードの順番もまた手を加えてはならない。並べられたカードを読む際には、象徴札が開始点となる。それから、象徴札として選んだコート・カードの人物の顔が向いている方向に、何枚かカードを飛ばして読んでいく。

飛ばす数の数え方は次の如し。読み始めのカードを1として数えること。

エースからは5枚（霊と四大元素の数）

王女（小姓）からは7枚（マルクトの7宮殿の数）

王、女王、王子からは4枚（テトラグラマトンの文字数）。数札からはその数（セフィラ）

アレフ、メム、シンの大アルカナからは3枚（母字の数）

複字の大アルカナからは9枚（7惑星とカプト・ドラコニスおよびカウダ・ドラコニス）

単字の大アルカナからは12枚（十二宮）

すでに読んだカードにもう一度とまるまで、飛ばし読みを続けること」。

以上のように、クロウリーの占法と若干異なる部分があるが、実占においては「Tの書」の解説のほうが参考になるであろう。象徴札が入っていたカードの山を展開する際には、馬蹄形になるよう心がけるとよい。場所的余裕がない場合は横一列に並べるしかない。いずれの展開の場合も一方の端が他方の端につながっていると想定せよ。並んだカードの端に行き着いたなら、反対の端から数えていくこと。次に示す占例は「Tの書」に紹介されているものである。

で前回の占いで漏れていた詳細が知れるであろう（訳注4）。

8、こうして作り上げた物語があまり正確でなくても、落胆することはない。おそらく、依頼人自身もすべてを知っているわけではないのである。しかし、話の主要部分は正確でなければならない。さもなくば、その占いは中止すべきである。

第二作業　質問の発展

1、カードをシャッフルし、適切な召喚を行なったのち、前と同様に依頼人にカットさせる。

2、占星術の12の室に対応するよう、カードを12の山に分配する。

3、どの山に象徴札が入っているか、心に決めよ。例えば、結婚に関する質問であれば、第七室つまり七番目の山を開けてみるのである。

4、この山を探しても象徴札が見つからなければ、同じ性質を有する室をもう一つ当たってみよ。それでも見つからなければ、占いを中止する。

5、象徴札が見つかれば、第一作業と同じ手順でカードを読み取れ。

第三作業　さらなる質問の発展

1、シャッフルその他、前に同じ。

										←	
月	金貨の5	金貨の2	杯の騎士	愚者	杯の6	棒のエース	金貨の王	棒の小姓	教皇	杯の女王	塔

「象徴札である杯の女王は左を向いている。杯の女王――金髪の美しい女性。4つ数えると金貨の5、つまり〝金銭の損失〟。しかも月と金貨の2に挟まれているから、これは商取引での詐欺を示している。ここから5つ数えると杯の6に当たる。このカードの意味は〝成功〟である。しかし愚者と棒のエースに挟まれているから、愚かしい振舞のためにたいした成功にはならないであろう。ここから6つ数えると杯の女王に当たる。これはもう読んだカードであるから、ここで終わる。

かくしてカードから読み取れる表象は、〝かなりの美女が何らかの商取引で詐欺に遭い、金を失ってしまった。彼女は再び成功しつつあるが、この成功も彼女側の愚かしい振舞によって損害を被りやすい傾向にあるから、彼女はよく考えたほうがいい〟となる」。

2、十二宮に対応するようにカードを12の山に分配する。
3、象徴札のある山を見抜き、前と同様の手順で進め。

第四作業　質問の終了直前の局面

1、シャッフルその他、前に同じ。
2、象徴札を見つけ出し、テーブル上に置く。象徴札の下に続くカード36枚をその周りに円状に並べる。(訳注5)
3、前と同じように、数え、ペアにせよ。(訳注6)(各デカンの性質は、それに配属されるスモール・カードおよび『七七の書』の柱欄149—151にある象徴群により示されることに留意せよ。)

第五作業　最終結果

1、シャッフルその他、前に同じ。
2、生命の樹の形態になるよう、カードを10個の山に分配する。
3、前と同様、どの山に象徴札が入っているか、心に決めよ。だがこの場合は、外れても、必ずしも占いが失敗したというわけではない。
4、カードの読み取りと手順は前と同様。

訳注4＝「Tの書」の前出の展開を例にとれば、象徴札「杯の女王」の両脇のカードつまり教皇と塔をペアにして読む。次に棒の小姓と月のペア、金貨の王と金貨の5のペアという具合に進むのである。ちなみにこれはクロウリー特有のペアリング法であり、「Tの書」では並べられたカード群を両端からペアにしていく。つまり、月と塔のペア、杯の女王と金貨の5のペアという具合に進む。


訳注5＝「Tの書」の記述は次の如し。

「以前と同様、質問者に指示してカードをシャッフルさせ、テーブル上に置かせるが、カットはしない。占者は78枚のカードを手に取り、表を向けてカードをめくりながら象徴札を探すが、このときにカードの順番を変えないように注意を払え。象徴札を見つけたなら、そこでカードをカットする。つまり、占者は象徴札とその下にあったカードを取って、それを残りのカードの上に重ねる。それから78枚全部を表を下にしてテーブル上に置き、配る準備をする。

　この作業の結果として、象徴札が78枚の一番上にくる（あるいは象徴札の表がテーブルに密着しているから、一番下と言うべきであろう）。占者は象徴札を取って、表を向け、テーブルの中央に置く。それから36のデカンどおりに36枚のカードを配る。十二宮の36デカンに合わせて、表を向けていたカードを円状に並べるのである。これが質問のさらなる発展を示す」。


訳注6＝「Tの書」の記述は次の如し——

「カードを読む際の数え方は以前と同じであるが、象徴札から数え始めるのではなく、36枚の最初のカードから数え始め、配った際と同じ方向に進んでいく。36のデカンのなかに同じスートのカードが多数入っていたり、同じスートのカードが三、四枚続けて並んでいた場合は特に注意せよ。数え読みが終了したら、カードのペアリングを始める。第1のカードと第36のカード、第2と第35、第3と第34という具合である」。

（占いのどの作業段階で現在時が生じるかは、全く不明である点に注意せよ。通常、第一作業は質問の過去の経緯を示すようだが、必ずしもそうとは限らない。経験を積めば悟るようになる。時には、高次の助力が新たなる力として占者の意識に流れこみ、占断の時期を明らかにすることもあろう。

物質的な事項に関しては、この占術が極めて有効であると付記してもよかろう。筆者はこれまで、実に複雑な問題を細部にわたって解き明かすことができたのである。O・M）。

何らかの占いから満足のいく結果を得るためには、上述の技法が絶対に必要である。これは最もデリケートで困難な、また危険を伴う魔術部門である。必要とされる諸条件は、使用される重要な方法のすべてに関して包括的に比較しながら為された再吟味ともども、『マジック』第十七章で充分に述べられ論じられている。

占いの悪用は、マジックの全主題が陥ってしまう不信任に対し、他のどんな原因による場合よりも、責任が重い。その名誉回復の務めを引き受けるのが、マスター・セリオンである。彼の警告を無視したり、深遠な技法の神聖さを冒瀆する人々は、取り返しのつかない恐るべき災害が降りかかり、必ず身を滅ぼすが、彼ら自身の責任であって他の者を非難することはできない。プロスペロは、ファウスト博士に対するシェイクスピアの回答である。

占いに見られる、大アルカナの一般的特性

ゼロを知れ！
いずれの遣り方も、無知であれば許される。
純粋な愚行は秘儀伝授への手がかりである。
沈黙は突然、歓喜にかわる。
男にも女にもならず、両者を兼ねよ。
黙せよ、青き卵の赤子よ。汝、成育し、聖杯と槍を身に帯びよ！
一人で放浪せよ、そして歌え！　王の宮廷では、王の娘が汝を待つ。

精神的な事柄においては、愚者《フール》は概念、思考、精神性、地を超えようと努めるものを意味する。

物質的な事柄においては、格式が悪いと、愚行、奇行、さらには躁病さえ意味するだろう。

しかし、このカードの本質的要素は、出所が全くつかめない、根源的な、微妙な、突然の衝動とか衝撃を表わすということである。

そのような衝動のすべてが、正しく受け取められれば申し分ない。そして、カードの解釈の善し悪しは、いつに依頼者の態度の正しさにかかっている。

Ⅰ

真の自我は、真の意志を意味する。
汝のやり方を通して、汝自身を知れ。
汝の決まったやり方をよく評価せよ。
自由に創造せよ。楽しく吸収せよ。
一心に分類せよ。完全に強化せよ。

全能にして全知の、遍在する汝よ。
永遠に努力すべし。

技量、智慧、器用さ、融通性、技巧、抜け目なさ、欺瞞、窃盗。時には、超自然的な智慧や能力、鋭い衝動、「突然ひらめく名案」となる。通信、仕事の取引、手近の問題についての知識や情報の妨害になることもある。

II

純粋さとは、ただ最高に生きることである。最高がすべてである。牧神《パン》に対するアルテミスとなれ。『法の書』を読み、聖母マリアのヴェールを通り抜けよ。

純粋で高められた、優雅な効果が、問題に付け加わる。これゆえに、変化、交替、増加と減少、動揺となる。けれども、熱中して逸脱しやすい。釣り合いが注意深く保持されなければ、「狂気」に走るかもしれない。

III

これは宇宙の調和である。その愛が、創造する意志と、その創造の理解とを結びつける。汝自身の意志を理解せよ。
愛し、愛されよ。いかなる形の愛でも喜びをもて。
歓喜を得て、それをはぐくみ育てよ。

愛、美、幸福、楽しみ、成功、完成、幸運、優雅さ、高尚、贅沢、怠惰、浪費、放蕩、友情、優しさ、大喜び。

IV

汝自身に水を注げ。さらば、汝、宇宙への泉となるべし。すべての星辰に汝自身を見出せ。
あらゆる可能性を達成せよ。

戦争、征服、勝利、闘争、野心、独創性、傲慢な自信と誇大妄想狂、短気、精力、活力、頑固さ、実行不可能、無分別、不機嫌。

V

汝の聖なる守護天使を理解し談話を交わすことに、汝自ら処女性を捧げよ。他のすべては罠である。ヨーガの八本の手足をもつ逞しき者となれ。これが無ければ、闘うために鍛えられないからである。

不屈の体力、苦労、忍耐、平穏、明示、説明、教育、人徳、目上の人からの援助、辛抱、組織、平和。

Ⅵ

神々の託宣は、汝自身の魂における愛の幼児《おさなご》の声である。それを聞け。

意識のセイレンの声、あるいは理性の幻の声を聞くなかれ。無垢の休息をとれ。静寂に耳を傾けよ。

霊感に対し心が開かれていること、直観、聡明、透視力、幼稚、軽薄、実際的考慮から分離した思慮深さ、優柔不断、自己矛盾、他人との表面的な結合、不安定、矛盾、平凡、「知識人」。

Ⅶ

禿鷹の子孫、伝達され一体化した二者。

これは力の戦車である。

ＴＲＩＮＣ＝最後の神託。

大勝利、征服、希望、記憶、消化、伝統的諸概念を維持する激しさ、「頑強な抵抗者」、無慈悲、破壊欲、服従、忠実、権威の下《もと》の権威。

Ⅷ

それぞれの思考に対し、その正反対のものを釣り合わせよ。

これらの合体が幻想の絶滅なればなり。

正義、むしろ正確さと言うべきか、調停行為、決定をみるまで全行動の保留。物質的事柄では、訴訟または起訴を示す。社会的には、結婚または結婚の承諾を、政治的には、協定を示す。

Ⅸ

光と杖を携え、一人で放浪せよ。

誰も汝が見えぬほど、光を輝かせよ。

内外のどのようなものによっても揺り動かされるな。

いかなる場合も沈黙を守れ。

内部からの啓発、内部からの神秘的な衝動。適宜に得られる実際的な計画。現在の出来事への関係を絶つこと。

Ⅹ

汝の運命が導くままに、気にかけずに従え。

車軸は動かない。そこに到達せよ。

運命の変化（これは一般的に幸運を意味する。実際の相談内容が不安とか不満足を示すからである）。

XI

愛で精力を和らげよ。しかし愛にすべてのものを滅ぼさせよ。

その名を崇拝せよ。堅固で、神秘的で、驚嘆すべき名を。彼の家は418なり。

勇気、力、精力と行動、熱烈な恋愛。魔術に頼ること、魔術的能力の行使。

XII

汝が旅する水域をして、汝を濡らさすなかれ。そして、岸辺に到達すれば、葡萄を植え、恥ずることなく喜ぶがよい。

強いられた犠牲、罰、損失、宿命的または自発的な苦しみ、敗北、失敗、死。

XIII

宇宙は変遷なり。各変化は、いずれも愛の行為の効果である。愛の行為はすべて純粋なる喜びを含む。日毎に死すべし。

死は、蛇の生命のカーヴの頂点なり。必要な補完物として、反対の物すべてを見よ。そして喜ぶべし。

変形、変化、自発性の有無を問わず、存在する諸条件の論理的発展である。だがおそらく、突然の予期されないものである。明白な死または破壊、しかし、そのような解釈は幻想である。

XIV

汝の右手に持ちたる壺より、すべてを惜しみなく注げ。一滴たりとも無駄にするなかれ。汝の左手には壺を持たざるや。

すべて悉く汝の意志の姿に変えよ。それぞれを、完全性の真の証拠となせ。

ワイン・カップの真珠を溶解せよ。飲みて、その真珠の効力を明らかにせよ。

諸力の結合、実現、正確な計算に基づく行動。逃亡の方法、手の込んだ策略を用いた成功。

XV

右眼にて、汝自身のために、すべてを創造せよ。
左眼にて、他のやり方で創造されるすべての物を受け入れよ。

盲目的衝動、抗いがたい強力で無節操な野心、誘惑、強迫観念、実施直前の秘密計画。困難な仕事、頑固、硬直、やるせない不満、忍耐。

XVI

汝の砦、個人の自我を打ち壊せ。汝の真実が、その廃墟から自由を得て立ち上がる。

喧嘩、格闘、危険、破滅、計画の挫折、急死、脱獄。

XVII

汝の思考を支配するため、汝の全精力を用いよ。
汝の思考を焼き尽くし不死鳥とせよ。

希望、予期せざる援助、明晰なる幻視、可能性の実現、悪い局面についての霊的洞察力、判断の誤り、夢心地、失望。

XVIII

汝が深夜から朝まで進みゆくとき、世界の幻影をして汝の上を通過せしめ、意に介することなかれ。

幻影、欺瞞、当惑、ヒステリー、狂気、虚偽、誤謬、危機、「暁闇」、重大変化の瀬戸際。

XIX

汝の光を間違いなくすべてのものに差し出だせ。
暗い影は汝にとって問題ではない。
演説し、かつ沈黙を守れ、精力と静けさ、汝の演技の一対の形態。

栄光、利益、富、勝利、喜び、率直さ、真実、無恥、傲慢、虚栄、表明、病気の恢復、時によると急死。

XX

それぞれの行為をして、愛と崇拝の行為たらしめよ。
それぞれの行為をして、神の命令たらしめよ。
それぞれの行為をして、輝ける栄光の根源たらしめよ。

過去に関する最終的決定、未来に関する新しい傾向。明確な手段の獲得を常に示す。

XXI

汝の意志の奉仕者として、時間、並びに事象の全条件を取り扱え。その奉仕者が、汝の計画という形で、汝に宇宙を提示するよう定められている。そして、麗しき運勢の予言者には、祝福と崇拝を。

問題自体の本質、統合、事件の終了（場合によっては遅延）、抵抗、頑固、惰性、辛抱、忍耐、困難に際しての粘り強い不屈さ。関わり合いのある事柄全般の具体化。

補遺B

万物照応

聖なるカバラとは、存在、偶然の事象、思考、単細胞生物、原子、波動、大量のエネルギー、概念、その他われわれが何と呼ぼうとするものであれ、それらを分類し、その間の関係を記憶し、論じ、巧みに処理する、一つの方式である。

この方式の構成単位は数である。一般には「自然数」であるが、$\sqrt{-1}$、ε、π、ש、θ、א、O、Ωなどのような、他の数学的専門記号を除外する理由はない。

各単位は生命のある概念または人である。その一つひとつに対し、他のすべての概念が何らかの形で本質的に関係している。

したがって、93は31の倍数であるから、31に関係がある。統一を表わすヘブライ語 AChD は1の意味であるので、13は1に関係がある。竜胆《りんどう》は空に関係がある。共に青く見えるからである。そして青は、何らかの度合いで、木星、金星、月の色であるので、この三つの惑星に関係がある。それゆえ、それらの惑星に当てられる数、4と7と9に関係がある。

こうして、すべての語が、他のどの語でも、また数でも、何らかの形で内包する。それらの間の関係を主張することは、正しいカテゴリーを発見するという問題にしかすぎない。HVD、光輝、エロヒム、ギボール、コカブ、水星、サマエル、すみれの紫色、アヌビス、タヒュティ、トート、オレンジ色、小豆色、黄褐色の斑点のある白、オーディン、ロキ、ヘルメス、ハヌマン、ヘルマフロディトス、ジャッカル、星空の一角獣、モーリュ、ウバタマ、オパール、聖霊、蘇合香、祭式で使われる名称と短句、真実性、八角形、静の宮殿、アロン、詐欺師、赤金の楽園、そのほか無数の諸概念の照応関係を見ると、これらはいずれも8の数に関係がある。

これらの「万物照応」は恣意的なものではない。直接・間接に合理的関係がある場合もあれば、その関係が直接の観察から生じる場合もある。

あらゆる概念は、究極的には、相互に全体の構成要素をなすので、完全無欠なカバラを作ることは明らかに不可能である。同じことが、無限級数、発散級数、微分、現代物理学の一理論「膨張する宇宙」に適用される。

ここに掲載した諸表は、七十八枚のカードの形態と色彩の基礎として使われているもので、充分に吟味され実証されて慣例化している。調和した結果が得られていることが、この方法の厳密さの証拠であり、聖なるカバラの証明である。

図表1　キー・スケール

この図は、予測の便宜をはかる目的で『タロット』に採択された。宇宙の構造に関する伝統的な理論を図解したものである。楕円、放物線、双曲線が消極の三重のヴェールを示している。十個の円は十進法の尺度の十個の数字に関係する。そして、それらの精神的意義は、円の縁に示されている。この方式の必要性と妥当性は、ナポリ式取り決めに詳しく述べられている。また、この書の前置きの注釈で十二分に論じられている。これらの円を結ぶ線は、ヘブライ語アルファベットの二十二個の数に相当し、それぞれ、その名称の実際の意味と数値を有している。これもまた、この試論で詳しく論じられている。

この図表は、タロットの主題についての全思考の基礎として、自分の心が無意識のうちに受け入れるようになるまで、持続的に深く学ばなければならない。正確に言えば、アルファベットの文字とその恣意的な順序が、言葉とその発音に関する思考全体の基礎として受容されるようにである。この最初の課題が修得されるまでは、タロットの詳細は、打ち続くいらだたしさの根源であることが分かるだろう。書中の記号のいずれもが、思考の意識下の層に完全に浸透するほど馴染み深いものにならなくてはならない。理知的な知識が本能的なものになるように、精神の本質に混ぜ合わされねばならない。

図表2　タロットの一般的特性

図表1が、理想どおりに修得されれば、この図の理解は容易であろう。十個の数字は明らかにスモール・カードに関連している。エースは数字の1に、デュースは数字の2にという具合である。絵札《コート・カード》は、父、母、息子、娘の概念の典型としての立場において、数字の2、3、6、10に関係をもつ。二十二枚の大アルカナは二十二本の径に関係がある。

第一の図表の叙述における一般的注意が、図表2でも同じく適用される。しかし、図表2は他の図表と切り離して学ぶ必要がある。これは、迷っている時に参照すべき表として使用してはならない。詳細な研究に進む前に、この図を暗記すべきである。

図表3　中国人の宇宙観

この図表は、十個に分かれているセフィロトと、テトラグラマトンの四重の形式との、相互作用の説明として導入されたものである。なぜなら中国人の体系は、単純な加法と減法の原則にもっぱら基づいているけれども、我々のカバラと正確に一致することが分かっているからである。
宇宙の起源は次のように説明される。道《タオ》は、カバラのアイン、つまり無とまさしく等価値である。なぜなら、道《タオ》はまた、必然的に顕示の一面を有するものと理解されねばならないからだ。その概念は進展するにつれて、いっそう客観的になる。それゆえに、道《タオ》ならびに、それと隠れた相互関係にある徳《テ》は、陽と陰のように全く系統だてて述べられる。陽と陰はリンガムとヨーニに正確に対応する。これらに衣服をまとわせると、父と母の庶民的象徴となる。

大宇宙のなかでは、彼らは太陽と月に対応する。そして問題をさらに掘り下げていくと、男性の側では火と風になり、女性の側では水と地になる。

徳《テ》によって発展する道《タオ》の本来の概念は、太極の名において再び始まる。陽と陰は両儀と呼ばれる。これらが一度に二つ結びつくと、象と言われる四つの図形が得られる。これはテトラグラマトンに比較されよう。そして、この発展段階は、中国人の概念では非常に神秘的であるので、実際には、これらの形態についてはなにも述べられていない。それらは、この図表の下方の部分で示されているように、陽と陰の結合が一時に三つなされる時に、明瞭な光のなかに出てくるだけである。

この形は八個あることに気がつくだろう。それらは卦と呼ばれる。これらのうち二個は純粋さの点で完全に釣り合いを保っている。それぞれ三つの陽と三つの陰をもった乾《けん》と坤《こん》である。次に完全な釣り合いが初めて破れる。離《り》と太陽、および坎《かん》と月である。前者は、その間に二つの陽と一つの陰を含み、後者は、二つの陰と一つの陽を含む。

残りの四個の三線図形は、それ自体、完全にバランスを欠いている。しかしそれぞれ、対応する片割れによって釣り合いが保たれている。それゆえ、バランスのとれた中央柱に見出されるのは、調和したものと、ほぼ調和したものであって、その他のものは、側柱において四元を示している。

天を象《かたど》る乾《けん》はダアトの場所に見出される。ダアトは天の三つ組の力を続行する。物質的幻影が始まることを示す真の場所は、樹上のどこにも存在しないことに注意されたい。

カバラにおいては水にあたるケセドの場所には、兌《だ》がある。これは中国人の体系における水である。カバラで火であるゲブラーには、中国体系の火である震《かん》がある。カバラで地であるネツァクの場所には、中国人の方式の地である艮《ごん》がある。最後に、カバラでは風と水星にあたるセフィラ、ホドに関しては、中国の三線図形の風である、巽《そん》がある。
それゆえ、中国人の体系は、すべての点で、カバラと同等である。中国人が、二個一組の方式とは別の方式にたよることなく、我々の秘儀伝授の方式の概念に、我々同様に到達するのを見てとることは非常に興味深い。

図表4　ヘルメスの蛇杖

この図は、生命の樹、言い換えれば、棒つまりメルクリウスの創造力としての宇宙を説明している。この創造力は、実在の幻想を創り出した釣り合いのとれた活動力である。その象徴の形態は、それぞれヘブライ語アルファベットの三母字、シン、アレフ、メムを示すことが分かろう。

この象徴の重要性は、主として、タロットが本来トートすなわちタヒュティ、つまりエジプトのメルクリウスの書であることだ。この書物を理解するためには、直覚的、無意識的に、おのおのの単純な象徴を複雑な象徴に変えるやり方、またその逆のやり方を習得する必要がある。そうすることによってのみ、宇宙の問題の解決であるところの調和と多様性を真に理解することが可能になる。

図表5　惑星の数

この図は、生命の樹における太陽系を示す。土星は、実在しないセフィラ、ダアトの位置にある。しかし、土星は深淵の上方の三つのセフィロトの特性をなぞる。教理上の眼目は、これが事実上、生命の樹に存在しないことである。したがって真理を探求する者にとっての問題は、土星の不明瞭なところに入りこみ、そこに、太陽系上の土星の位置により、探求者の心に繋がりをもつ天上の三つ組の形態を発見することである。

地球に関連する第十番目のセフィラは、この図には示されていない。この数は、ネフェシュ、言い換えれば人間の動物的な霊魂と、精神の具体化と、娘つまりテトラグラマトンの最後の文字へーを表わしているからである。

本書では、キリスト紀元の、影を投げかける厖大な独断的見解には、ほとんど注意を払っていない。この見解は、原罪や堕落や贖罪の教義として様々な表現がなされている。この教義の一部は、〈失われた言葉〉、寡婦とその息子、堕落した孤独な嘆き悲しむ娘、などに関する言い伝えのなかに述べられている。これらの教義はすべて、時代の無知に基づいていた。そして、聖職者たちの策謀により、太陽は夕方になると滅され、翌朝また揚げなおされねばならないと考えられていた。

普通に言われている「死にゆく神の術式」はまさしく存在している。しかし形式的神学に関するかぎり、いまや過去のものとなった人間発達の一段階を表わすのである。それは心理学で言う、影の多い確実性《シャドウィー・ヴァリディティ》の一種である。例えば、重要性のある新しい仕事に着手する際には、非常に心楽しい。これはイシスの期間である。その仕事に飽き飽きし、どうしてよいか分からなくなると絶望する。アポーフィスの期間である。その後突然、対象が克服されると意気揚々たる結末に至る。オシリスの期間である。

しかしながら、この術式はすべて、自然法則の無視の上に成り立つ。実際のところ、破局には至らない。自然は塩を作らない《ナトゥーラ・ノン・ファキット・サルテム》。すべての変化は完全なる秩序、平易さ、調和を伴って進行する。現実の状況に対する行動の手段を会得し、かつそれを修正することが、現在、人類の前に設定された大いなる務めである。このようにして驚異の要素を排除し、破局の幻想を防止するのである。もちろんそれと共に、意志から生じる弊害である、偏見を伴う欲望を除去することは、最も重要である。「意図の緩和されない、結果に対する渇望から発する、純粋な意志は、あらゆる点で完璧であるからだ」。

もし、剣《ソード》の10が無ければいいとか、棒《ワンド》の5が4のあとに続いて4を台無しにしなければいいと願ったりすれば、事態はいっそう悪化するだけである。

図表6　各元素とその象徴

この図は、一見したところ、大変不安にさせられる。どんな単刀直入なやり方でも、生命の樹に配属することができないからである。

初めから《アブ・オウボウ》、問題を論じるのが最良であろう。元素の数は4である。それらは調和がとれ、釣り合い、循環しているが、その完成は困難であり融和し難い面を有する。縦、横、対角線の合計が同じ数になるように四つの数を「魔方陣」に配列することは不可能である。これができる数は2だけである。このようなものが、不運な二個一組《アカースト・ダイアド》と呼ばれるものについての教理を述べる数学的定式である。

それゆえ、達人《アデプト》の問題は、この矛盾する二元性に取り組むことであった。その二元性の限界は、正方形にすることにより強化され、強固になるのである。ゆえに、火と水という本来の二元性が、両者の性質を同等に帯びる第三の元素、風の導入によって克服されたように、第五の元素が導入された。そして五芒星が救済の象徴として設定された。クリスチャン・カバラでは、四個の硬直した対立する元素を調和させ、制御する基本要素、霊を表わすために、テトラグラマトンの中央に、文字シン（Shin）を導入して、これを象徴させている。かくして、Jehovah《イエホヴァ》、IHVHの名称は、IHShVH、Yeheshuah、Jesus《ジーザス》となる。これが救世主としてのイエスの教義を表明するカバラ的方法である。この方法は、INRI、十字架の碑文が、Yod Nun Resh Yodとなる術式によって詳細に説明された。後者は天上における処女宮、聖母マリア、およびイシス、蠍座、竜アポーフィス、破壊者、および太陽、オシリス、滅ぼされ現われ出ずる者である。かくして、これら三種の神聖なる存在の頭文字は、Jehovah《イエホヴァ》 IAOの、さらに古き名称となる。このようにして、昔の秘儀参入者《イニシエイト》は、少しばかり巧妙な操作を要するとしても、宇宙は結局のところ完璧なものであるという事実を理解できると表明した。しかし、先に説明したとおり、この教義は、比較的下位の会員、不完全性の幻想に悩んでいる人々のためのものである。これによって、彼らは無限光に向かって進むことができるのである。

図表7　各元素の武器

この図は、四種の組札《スート》の、四大への配属を示す。第五元素、霊は灯《ランプ》で表わされる。そして、これはタロットのなかで二十二枚の大アルカナに関連する。各象徴の相互作用に注意すべきである。惑星の、十二宮の、四元の象徴全体が、いずれもランプの光線のなかに含まれるからである。この図、および次の二つの図は、マスター・セリオンによる新しい発見、伝統の完成を示すことに注目されたい。

図表8　スフィンクス

この図は全能者の玉座に関わっている四つのケルブを表わす。四大の中心の宮、獅子宮、天蝎宮、宝瓶宮、金牛宮を示すのである。どの元素においても、ケルブ宮はその元素の最も強力で調和のとれた形態を提示する。これらに結びついているのが達人《アデプト》の四つの美徳の名称である。この美徳が四大の抵抗を克服させるのである。それらは、〈意志する、敢行する、知る、沈黙する〉ことである。これらを調和を保って行使することにより、第五元素の霊がアデプトの存在のもとで定式化される。それは内なる神、太陽である。それは人間の観点からは、宇宙の中心であって、太陽自体の特別の美徳である、進行を伴う。神格の本質的な特性は、この進行するという機能である。空間と時間と他のすべての可能な状況に関する自由な運動である。エジプトの象形文字の体系では、この進行するという機能が、サンダルの革紐によって表わされた。それは、その象形文字の形態によって、輪頭十字、薔薇と十字架を表現する。そして、これ自体は、意志の支配下の愛の術式、達成の秘訣を示す。

惑星の主要格式

この図は、太陽系の真の釣り合いのとれた完成状態を表わしている。ハーシェル（天王星）、海王星、冥王星の天文学上の発見は、セフィロトの十層の仕組みを完成させた。そして、マスター・セリオンが、完全に釣り合いのとれた基盤の上に立つ儀式魔術との関連において、占星術を確立することを可能にした。

あらゆる好戦的国家が、価値があろうと無かろうと、魔術的象徴とジェスチャーを採択していることは、魔術の勝利の注目すべき証拠である。

英国および米国：「いいぞ！」《サムズ・アップ》——ケムの印、男根的力。

Vサイン——アポーフィスとテュフォンの印。

ソ連：ソ連国旗（ハンマーと鎌）——木星と土星。五芒星。

第三帝国：鉤十字。

イタリア：ファシズム——男根《ファスキヌム》。

日本：旭日。

フランス：ユリの花（男根像）を放棄し、レジョン・ドヌール勲章の五芒星を冒瀆しているが、——？

図表1　キー・スケール（生命の樹、セフィロトと径の属性）

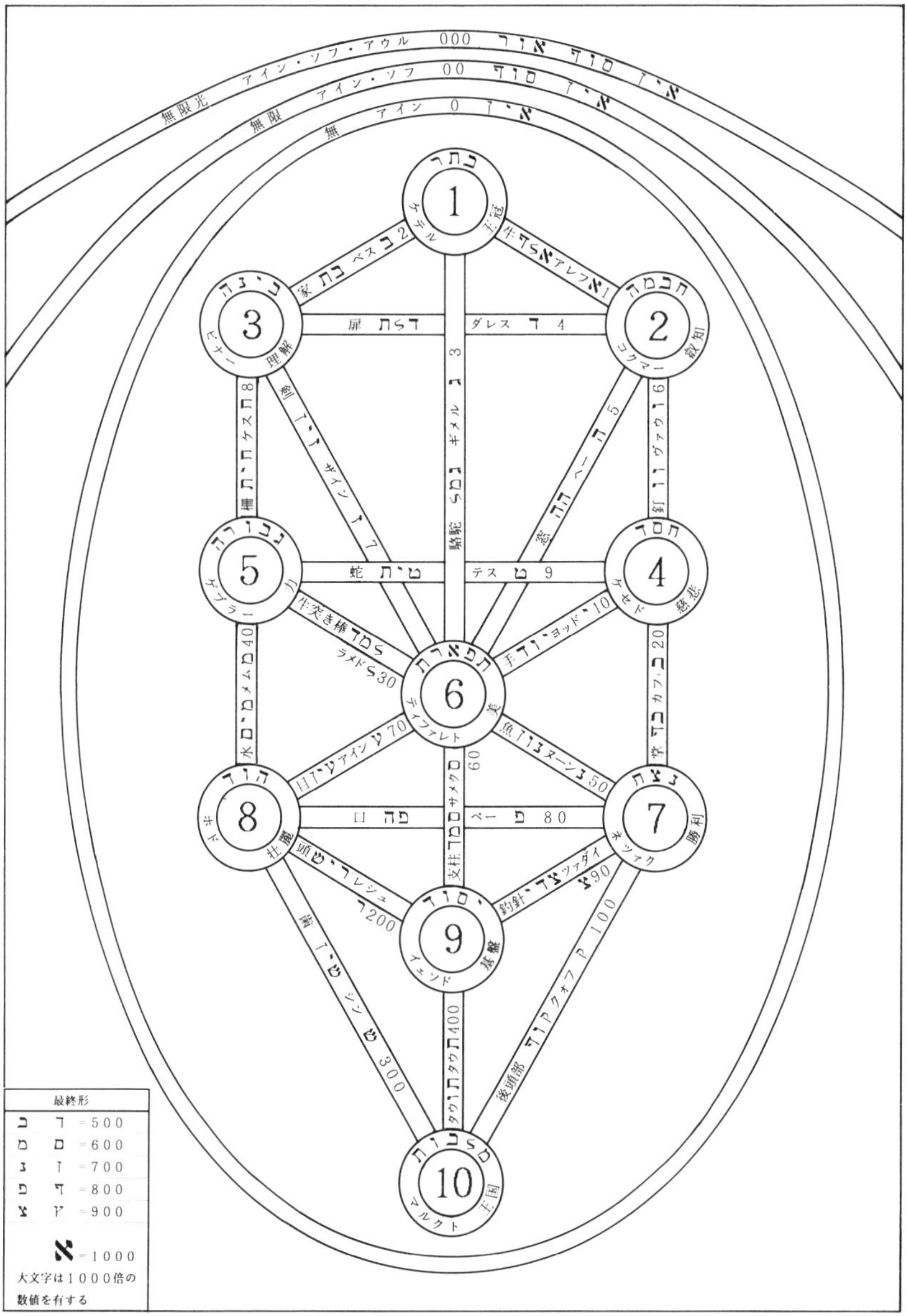

図表2　タロットの一般的特性(タロットと生命の樹)

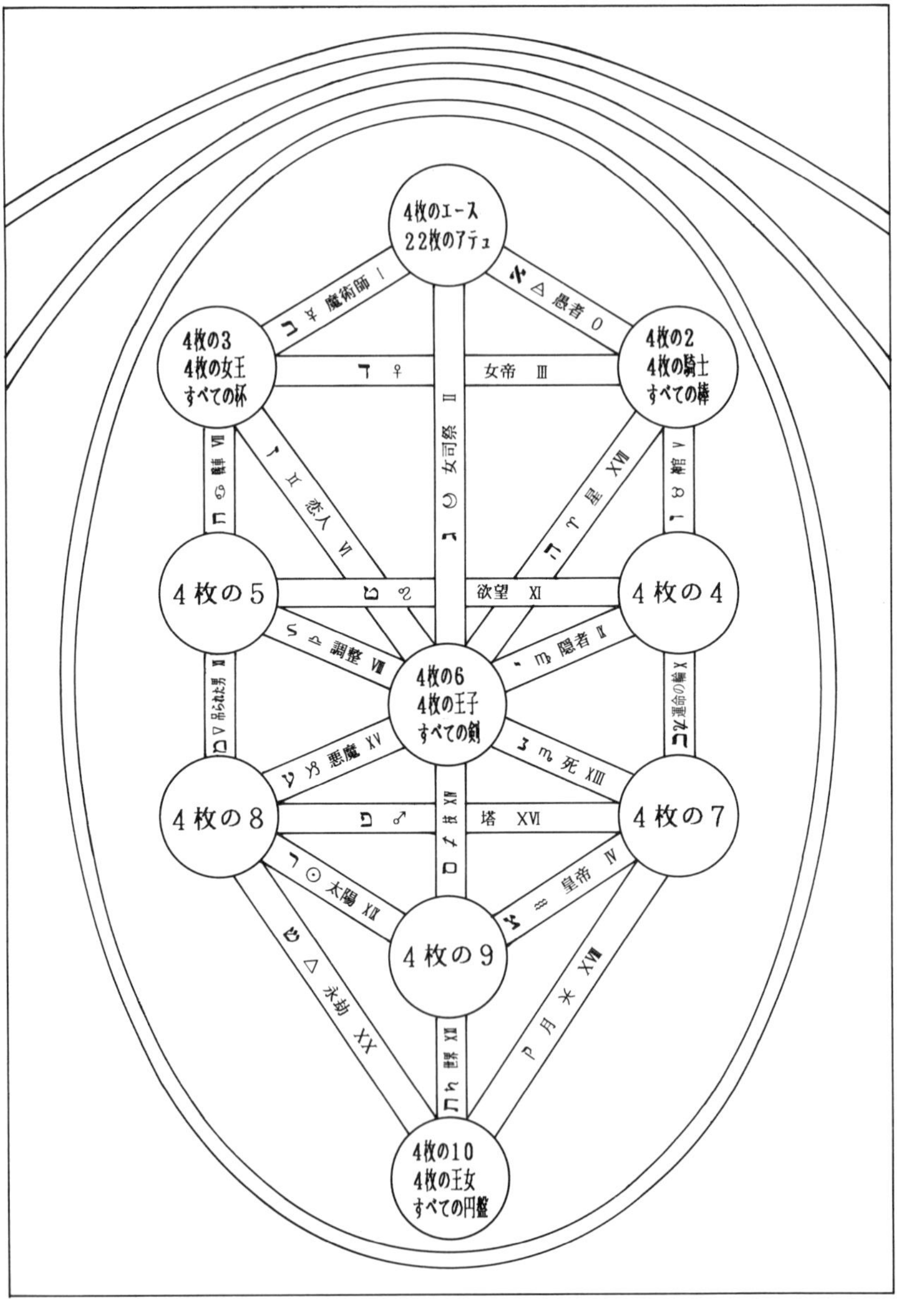

図表３　中国人の宇宙観（易と生命の樹）

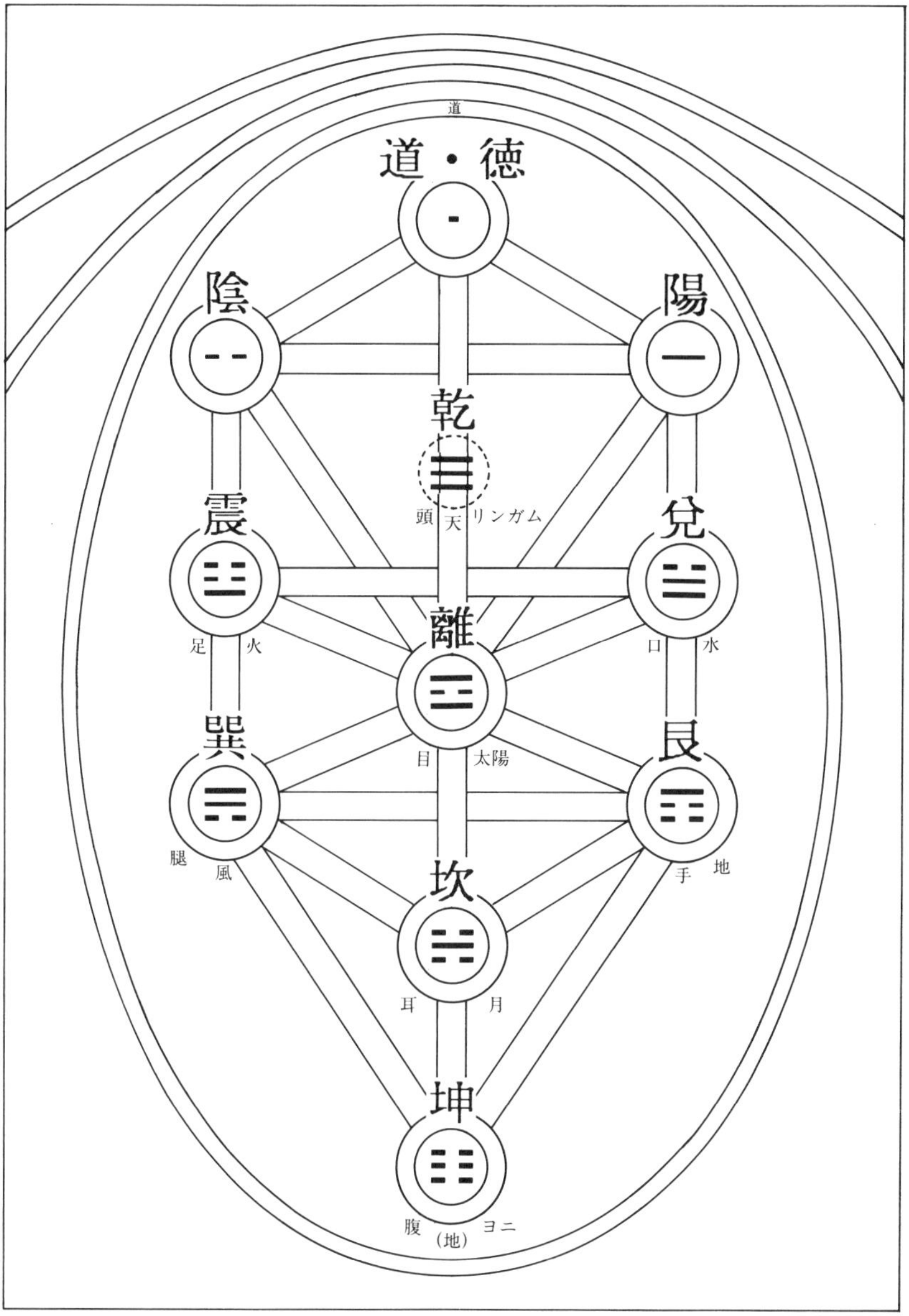

図表4　ヘルメスの蛇杖

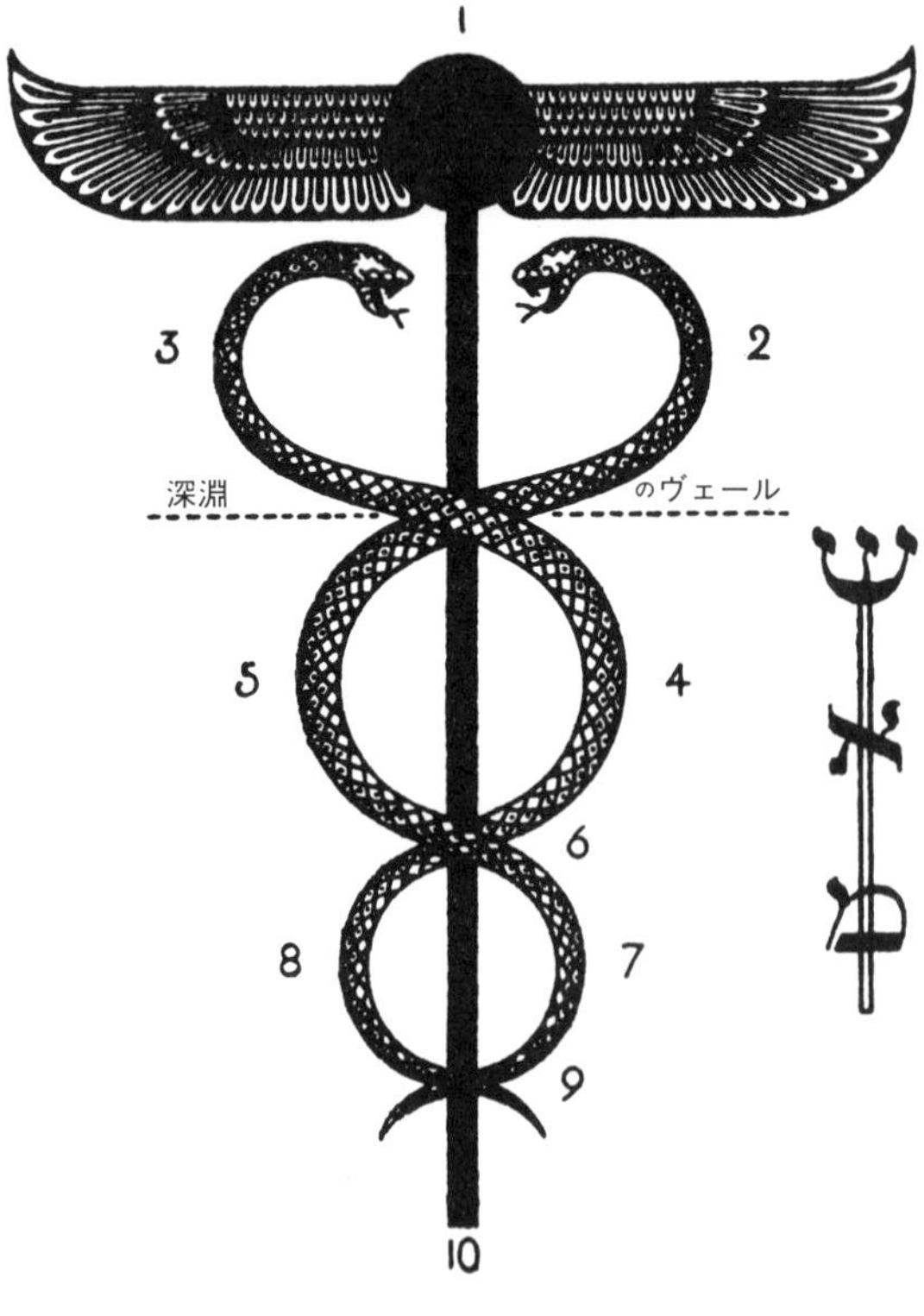

図表5　惑星の数

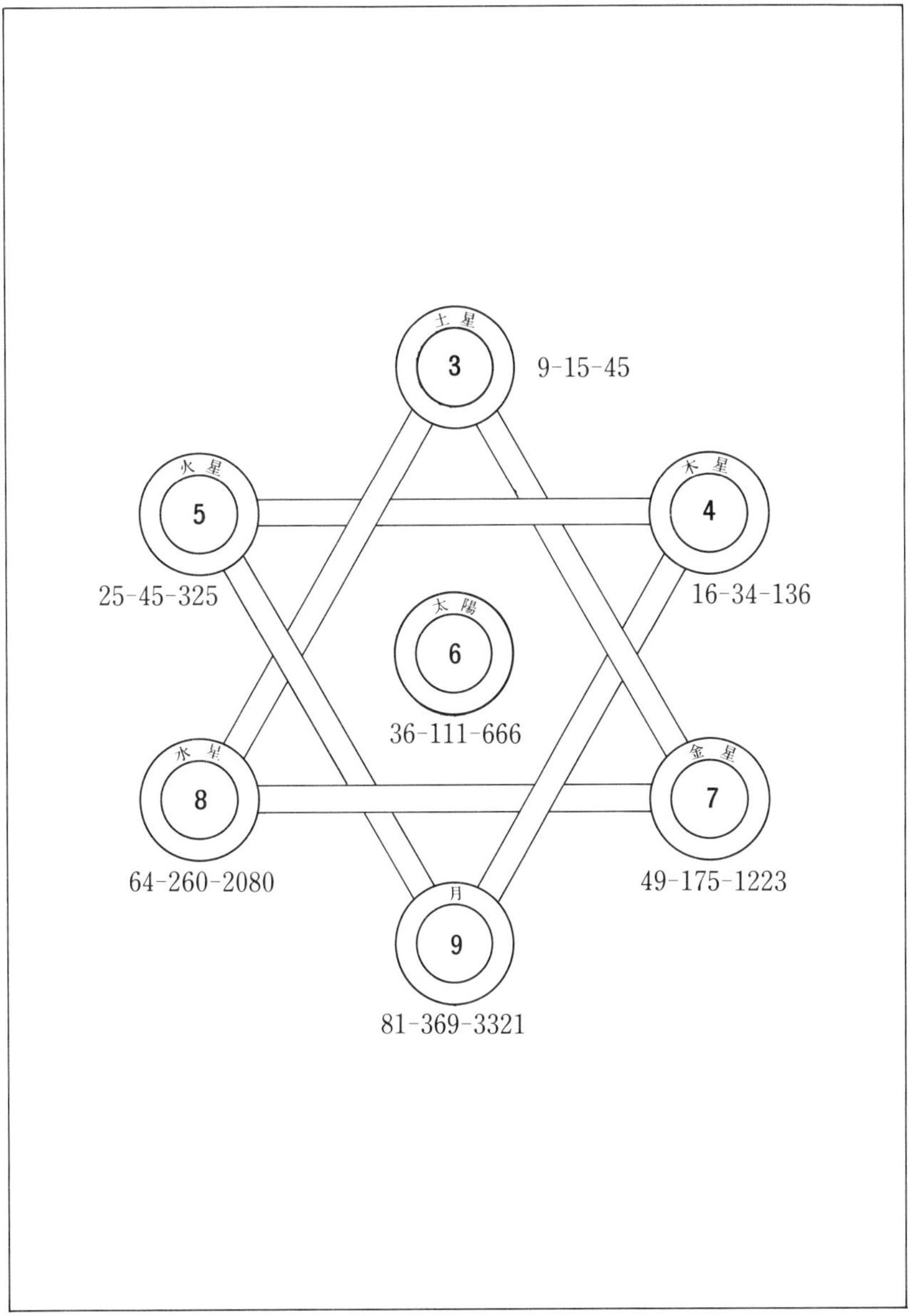
土 星
3
9-15-45
火 星
5
25-45-325
木 星
4
16-34-136
太 陽
6
36-111-666
水 星
8
64-260-2080
金 星
7
49-175-1223
月
9
81-369-3321

図表6　各元素とその象徴

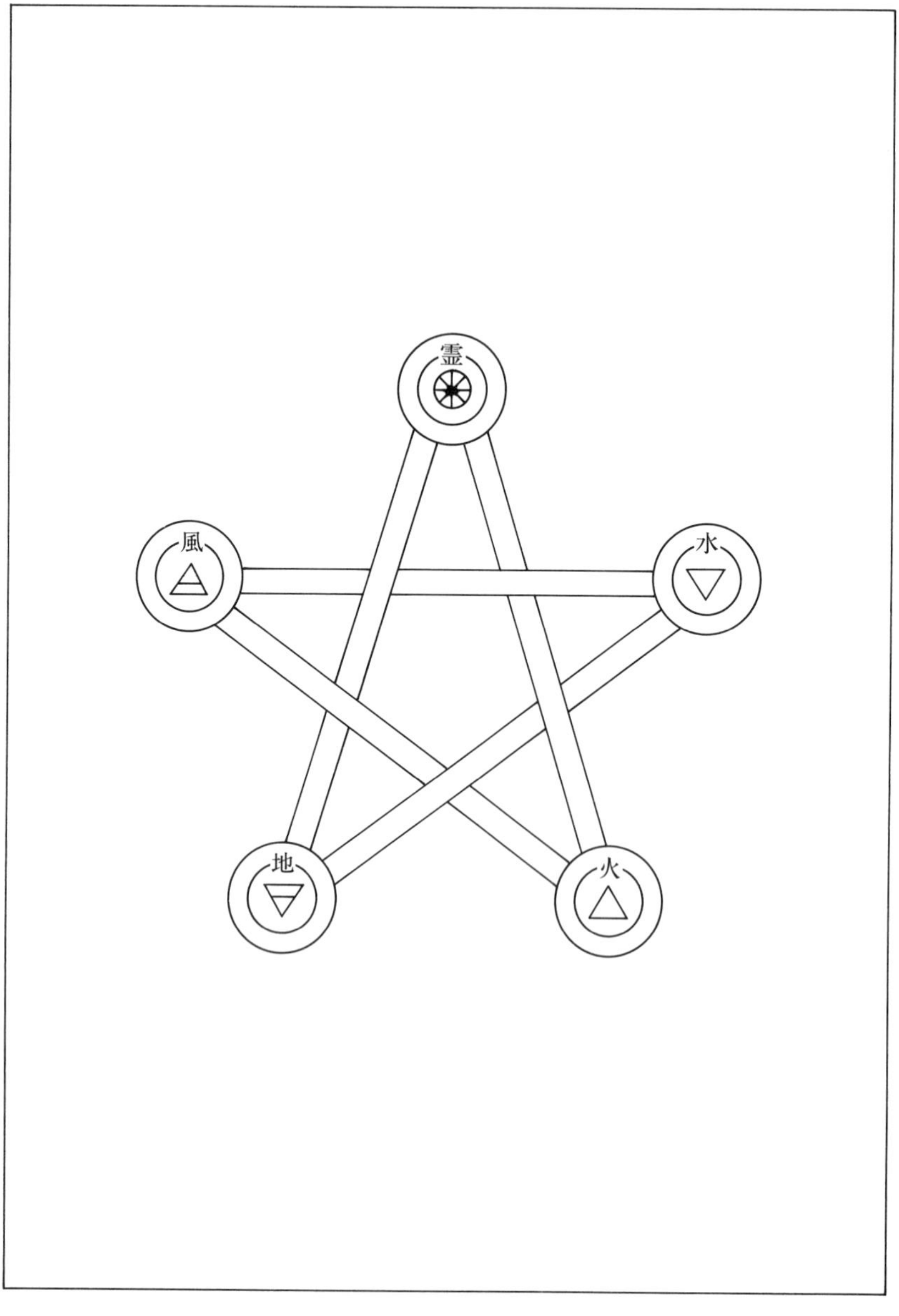

図表 7　各元素の武器

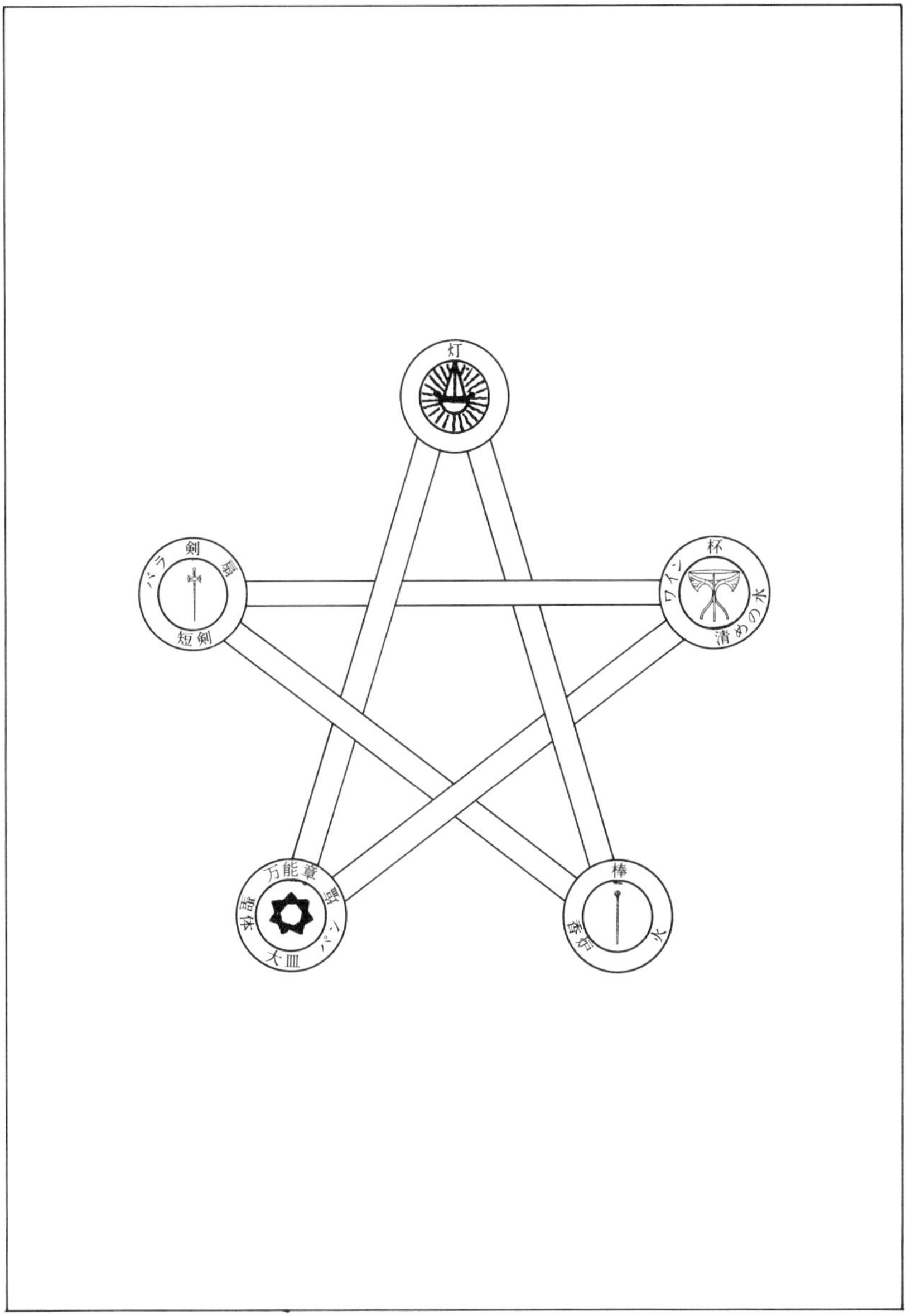

図表 8　スフィンクス

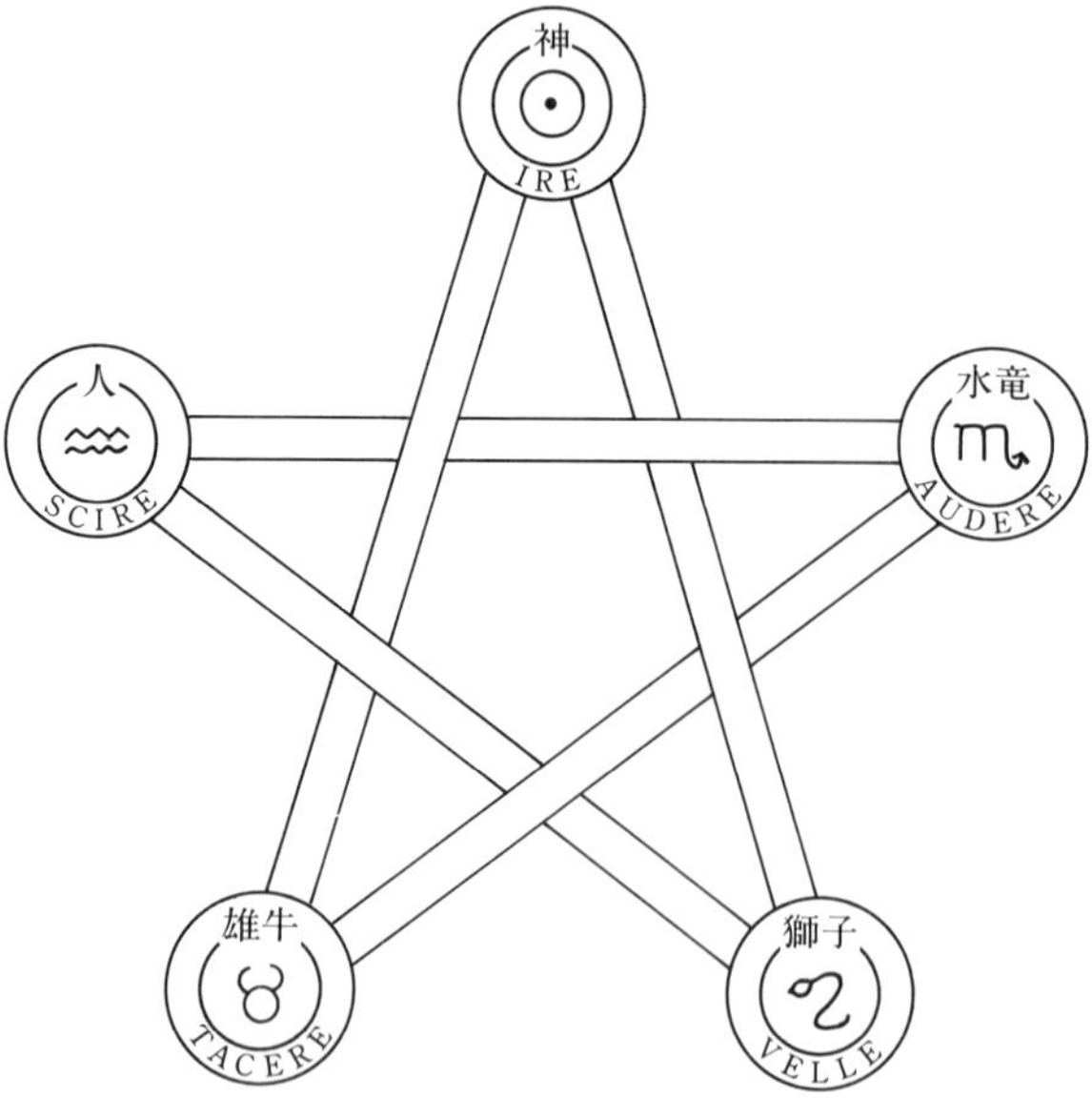

タロットに印刷された称号と数		ヘブライ文字	数と文字のヘブライ語名称	数値	配属	日本語	キー・スケール
0	愚者	א	アレフ	1	🜁	牛（鋤）	11
I	魔術師	ב	ベス	2	☿	家	12
II	女司祭	ג	ギメル	3	☽	駱駝	13
III	女帝	ד	ダレス	4	♀	扉	14
IV	皇帝	צ、ץ	ツァダイ	90、900	♒	釣針	28
V	神官	ו	ヴァウ	6	♉	釘	16
VI	恋人	ז	ザイン	7	♊	剣	17
VII	戦車	ח	ケス	8	♋	柵	18
VIII	調整	ל	ラメド	30	♎	牛突き棒	22
IX	隠者	י	ヨッド	10	♍	手	20
X	運命の輪	כ、ך	カフ	20、500	♃	掌	21
XI	欲望	ט	テス	9	♌	蛇	19
XII	吊られた男	מ、ם	メム	40、600	🜄	水	23
XIII	死	נ、ן	ヌーン	50、700	♏	魚	24
XIV	技	ס	サメク	60	♐	支柱	25
XV	悪魔	ע	アイン	70	♑	目	26
XVI	塔［戦争］	פ、ף	ペー	80、800	♂	口	27
XVII	星	ה	ヘー	5	♈	窓	15
XVIII	月	ק	クォフ	100	♓	後頭部	29
XIX	太陽	ר	レシュ	200	☉	頭	30
XX	永劫	ש	シン	300	△	歯	31
XXI	宇宙	ת	タウ	400	♄	タウ(エジプト)	32
・			タウ	400	🜃		32-bis
・・			シン	300	⊛		31-bis

四色階

	騎士	女王	王子	王女
11	輝く薄い黄色	空色	青みがかったエメラルドグリーン	金の斑点入りのエメラルド
12	黄色	紫	灰色	菫の縞入り藍色
13	青	銀	冷たい薄い青	空色の縞入り銀色
14	エメラルドグリーン	空色	初春の緑	薄緑の縞入りの淡紅色
28	緋色	赤	輝く炎色	燃える赤
16	レッドオレンジ	深い藍色	深い暖色のオリーヴ	濃い茶色
17	オレンジ	薄いモーヴ	新品の皮革の黄色	モーヴがかった赤灰色
18	琥珀色	マルーン	輝く濃い小豆色	暗い緑がかった茶色
19	黄色(緑がかる)	深紫	灰色	赤みがかった琥珀色
20	緑(黄色がかる)	青灰色	緑灰色	暗紫色
21	菫色	青	濃い紫	黄色の縞入りの明るい青
22	エメラルドグリーン	青	深青緑	薄い緑
23	深い青	海の緑	深いオリーヴグリーン	紫の斑入り白
24	緑青	鈍い茶色	とても暗い茶色	ゴキブリのような藍茶色
25	青	黄色	緑	暗く鮮やかな青
26	藍色	黒	青黒	黒に近い冷灰色
27	緋色	赤	ヴェネティアン・レッド	空色あるいはエメラルドの縞入りの明るい赤
15	菫色	空色	青みがかったモーヴ	紫に染まった白
29	深紅（ウルトラ・ヴァイオレット）	銀白色の斑入りの鈍黄色	明るい半透明のピンクがかった茶色	石の色
30	オレンジ	黄金の黄色	濃い琥珀色	赤の縞入りの琥珀色
31	燃え立つオレンジ・スカーレット	ヴァーミリオン	金の斑入りの緋色	深紅とエメラルドの縞入りのヴァーミリオン
32	藍色	黒	青黒	青の縞入りの黒
32bis	レモン、オリーヴ、小豆、黒	琥珀色	暗い茶色	黄色の縞入りの黒
31bis	灰色に移行する白	黒に近い深紫	プリズムの７色(紫は外側)	白、赤、黄、青、黒(後者外側)

	騎士	女王	王子	王女
1	輝光	白輝光	白輝光	黄金の斑点入りの白
2	純粋な柔らかい青	灰色	真珠貝のような青い灰色	白の斑点入りの赤、青、黄色
3	深紅	黒	暗い灰色	灰色の斑点入りのピンク
4	深菫色	青	深紫	黄色の斑点入りの深空色
5	オレンジ	緋赤	輝く緋色	赤の斑点入りの黒
6	ピンクローズ	黄色（黄金）	サーモンピンク	金琥珀色
7	琥珀色	エメラルド	輝く黄緑色	オリーヴの斑点入りの黄金
8	菫色	オレンジ	赤あずき色	黄茶の斑点入りの白
9	藍色	菫色	とても暗い紫	空色の斑点入りのレモン色
10	黄色	レモン（北）、オリーヴ（東）、小豆色（西）、黒（南）	女王の色階と同じ、しかし金の斑点入り	黄色の縞入りの黒

タロットのコート・カード およびその天上支配領域 **棒**	タロットのコート・カード およびその天上支配領域 **杯**
棒の騎士。 ♏ 20°から ♐ 20°を支配し、ヘラクレス座の一部を含む。	杯の騎士。 ♒ 20°から ♓ 20°を支配し、ペガサス座のほとんどを含む。
棒の女王。 ♓ 20°から ♈ 20°を支配する。	杯の女王。 ♊ 20°から ♋ 20°を支配する。
棒の王子。 ♋ 20°から ♌ 20°を支配する。	杯の王子。 ♎ 20°から ♏ 20°を支配する。
棒の王女。北極周辺の天の四分円の一つを支配する。(182頁を見よ)	杯の王女。もう一つの四分円を支配する。

タロットのコート・カード およびその天上支配領域 **剣**	タロットのコート・カード およびその天上支配領域 **円盤**
剣の騎士。 ♉ 20°から ♊ 20°を支配する。	円盤の騎士。 ♌ 20°から ♍ 20°を支配する。
剣の女王。 ♍ 20°から ♎ 20°を支配する。	円盤の女王。 ♐ 20°から ♑ 20°を支配する。
剣の王子。 ♑ 20°から ♒ 20°を支配する。	円盤の王子。 ♈ 20°から ♉ 20°を支配する。
剣の王女。第三の四分円を支配する。	円盤の王女。ケテル周辺の天の第四四分円を支配する。

棒のスート（クラブ）の称号と配属	杯のスート（ハート）の称号と配属	
・　・　・　・　・	・　・　・　・　・	0
火の力の根源	水の力の根源	1
♂ in ♈ 支配	♀ in ♋ 愛	2
☉ in ♈ 美徳	☿ in ♋ 豊潤	3
♀ in ♈ 完成	☽ in ♋ 贅沢	4
♄ in ♌ 闘争	♂ in ♏ 失望	5
♃ in ♌ 勝利	☉ in ♏ 喜び	6
♂ in ♌ 勇気	♀ in ♏ 堕落	7
☿ in ♐ 迅速	♄ in ♓ 怠惰	8
☽ in ♐ 剛毅	♃ in ♓ 幸福	9
♄ in ♐ 抑圧	♂ in ♓ 飽満	10

剣のスート（スペード）の称号と配属	コインあるいは円盤あるいは万能章のスート(ダイヤ)の称号と配属	
・　・　・　・　・	・　・　・　・　・	0
風の力の根源	地の力の根源	1
☽ in ♎ 平和	♃ in ♑ 変化	2
♄ in ♎ 悲しみ	♂ in ♑ 作業	3
♃ in ♎ 休戦	☉ in ♑ 力	4
♀ in ♒ 敗北	☿ in ♉ 心配	5
☿ in ♒ 科学	☽ in ♉ 成功	6
☽ in ♒ 無益	♄ in ♉ 失敗	7
♃ in ♊ 干渉	☉ in ♍ 深慮	8
♂ in ♊ 残酷	♀ in ♍ 獲得	9
☉ in ♊ 破滅	☿ in ♍ 富	10

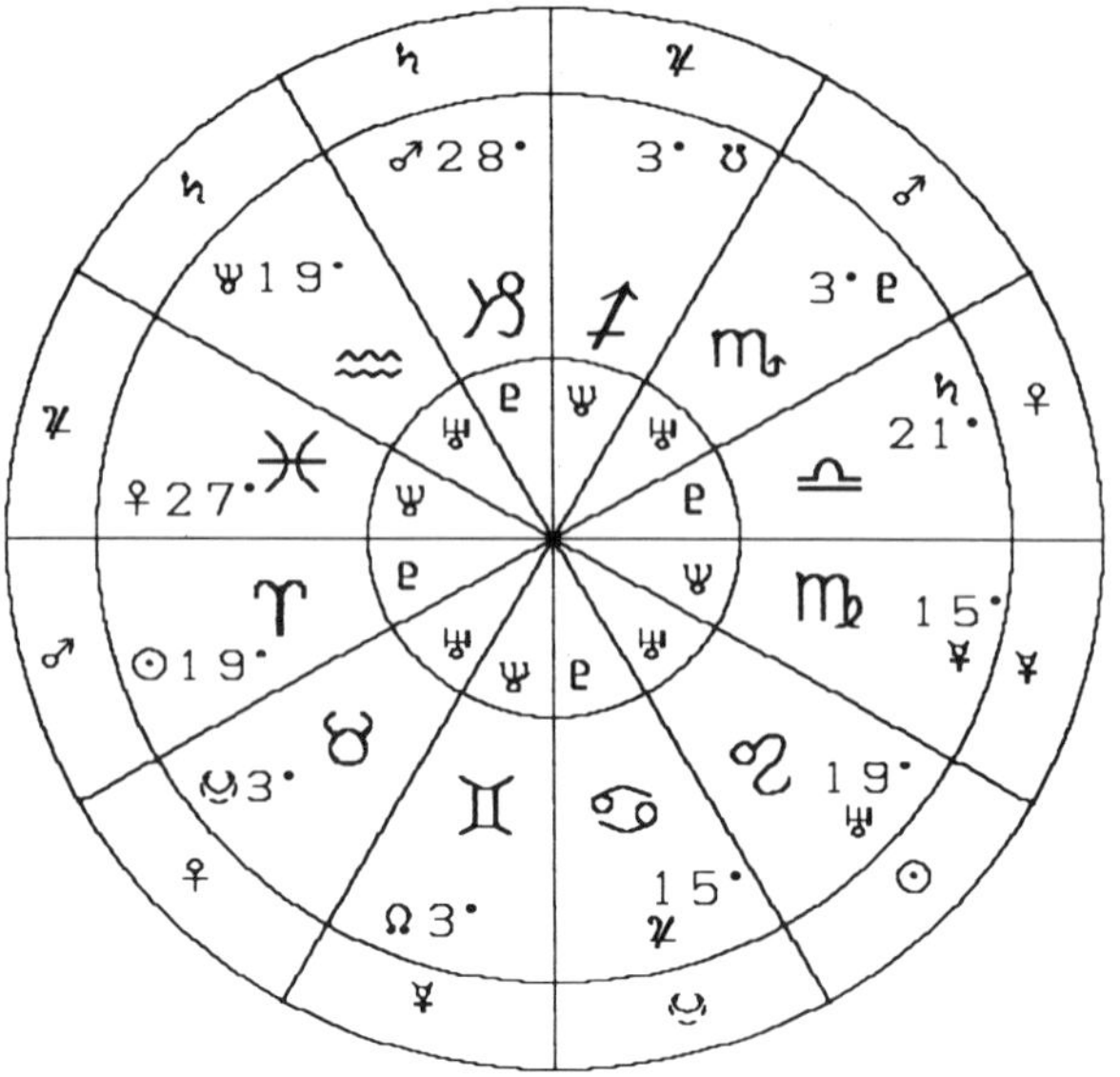

惑星の主要格式

惑星の興		支配星	十二宮	
☉	19°	♂	♈	28
☽	3°	♀	♉	16
☊	3°	☿	♊	17
♃	15°	☽	♋	18
♄	21°	♀	♎	22
☿	15°	☿	♍	20
♅	19°	☉	♌	19
♇	14°	♂	♏	24
☋	3°	♃	♐	25
♂	28°	♄	♑	26
♆	19°	♄	♒	15
♀	27°	♃	♓	29

ハーシェル［天王星］は四つのケルブ宮［不動宮］を支配する。海王星は四つの柔軟宮を支配し、《原初動》は四つの活動宮を支配する。

惑星は興の対極にある宮に入ったときに衰となる。また、支配宮の対極にある宮に入ったときに敗になる。

惑星の三重の三位一体

♆	霊的	
☉	人間的（知的）*	自己　☿
☽	感覚的（身体的）	（自我）
♅	霊的	
♄	人間的（知的）*	自己の意志　♁
♂	感覚的（身体的）	
♃	霊的	
☿	人間的（知的）*	非自我との関係　⊖
♀	感覚的（身体的）	

	中央の柱	
♆	霊的	
☿	人間的	意識
♀	自動的	
	慈悲の柱	
♅	創造的	
♃	父性的	非自我上の行動様式
♀	情熱的	
	峻厳の柱	
♄	直感的	
♂	意志的	自己表現の様式
☿	知的	

* “知的”は“意識的”と言い換えても構わない。

十二宮の三幅対

火	火の火	稲妻——攻撃時の迅速なる暴力
	火の風	太陽——エネルギーの一定した力
	火の水	虹——薄れゆく像の霊化された反映
水	水の火	雨、春、等々——素早い情熱的な攻撃
	水の風	海——一定の腐敗力
	水の水	水溜まり——澱んだ、像の霊化された反映
風	風の火	風——素早い攻撃（貿易風に見る均衡の観念に留意せよ）
	風の風	雲——一定した水の運搬者
	風の水	振動——分厚くて不動で、ルアク（精神）を反映するために霊化されている
地	地の火	山——荒々しい圧力（重力のため）
	地の風	草原——一定して生命を帯びる
	地の水	平野——静かで、動植物を保つために霊化されている

どの例においても、活動宮は元素の誕生を表わし、ケルブ宮［不動宮］はその生命を、柔軟宮はその本来の理想形、すなわち「霊」に向かう過程を表わす。同様に、タロットの王女たちは「霊」の「玉座」である。

主要な三つ組

三神ＩＡＯ	0	聖霊
	I	使者
	IX	秘密の種
三女神	II	処女
	III	妻
	XVII	母
三デミウルゴス	X	一の中の三である総ての父
	IV	支配者
	V	息子（司祭）
子供たち、ホルスとホール＝パアル＝クラアト	VI	現われる双子
	XIX	太陽（遊戯）
	XVI	ＡＬＰと同じく、子宮から現われる冠を戴いた征服児
ヨーニ・ゴーデンス（正当化された女）	VII	聖杯；生命の戦車
	XIV	生命を保つ、孕まされた子宮
	VIII	ヨッドによって正当化された女
殺された神々	XI	156と666
	XII	水の中の救済者
	XIII	XVを殺す救済の腹
リンガム、ヨーニ、石碑（司祭と女司祭、儀式）	XV	屹立にして喜び
	XVIII	魔女。澱み、待つヨーニ
	XX	ヌイトとハディトから生まれる、双子としての人間と神
すべての万能章	XXI	体系

用語解説（Glossary）

（訳者）

A∴A∴　Argenteum Astrum（銀の星）

クロウリーが友人ジョージ・セシル・ジョーンズと共に一九〇七年に創立した魔術結社。「黄金の夜明け団」の儀式や位階構造を土台とするも、旧来の秘密主義を廃する修行形式を採用する。一時は団員数九十名弱を擁したが、有力な団員の退団およびクロウリー自身のO∴T∴O∴傾斜とが重なって、一九一四年以降は事実上の休団となる。機関誌『春秋分点』を五年間にわたって発行し、「エレウシス儀礼」を上演するなど、対外的活動を重視した点で、革新的な魔術結社であった。

アロン　Aaron　［聖書］

モーゼの兄でユダヤの最初の大祭司。

《深淵》　Abyss

《生命の樹》の上部セフィロト三対（ケテル、コクマー、ビナー）と下部セフィロトの間に存在する《亀裂》ないし《隔たり》。これを越えることが魔術修行の最大難所とされる。

アドーニス　Adonis　［ギリシア神話］

女神アフロディテに愛され、死後アネモネに変容した美貌の青年。

《永劫《アイオン》》　Aeon

約二千年を一周期とする《期間》の意。元来はグノーシス用語で《至高神》の意。クロウリーの思想においては、多神教の期間を《イシスの永劫《アイオン》》、キリスト教等の一神教の期間を《オシリスの永劫《アイオン》》と称し、人間が神と化す人神教の期間を《ホルスの永劫《アイオン》》と称する。《ホルスの永劫《アイオン》》はクロウリーが聖守護天使エイワスから『法の書』を授かった一九〇四年をもって始まりとする。

アエティール　Aethyr

エノク魔術の専門用語で「領域」の意。エノク語の呪文歌を用いることで、霊的に経験できる三十種の「体験」でもあり、それぞれエノク語の名前がついている。クロウリーはこの術を重要視しており、さまざまな実験を行なっている。より詳しくは『霊視と幻聴』(クロウリー著作集第四巻)を参照。

無《アイン》、無限《アイン・ソフ》、無限光《アイン・ソフ・アウル》 Ain, Ain Soph, Ain Soph Aour

カバリストは顕現の四つの次元と、未顕現つまり「否定的存在」の三つの次元を認めている。その最初のものが「アイン」(無)と呼ばれる。第二が「アイン・ソフ」(無限)、第三が「アイン・ソフ・アウル」(無限光)である。この最後のものが一点に集中したのが〈生命の樹〉の「ケテル」にほかならない。[補遺Bの図表1参照]。

エイワス Aiwas

一九〇四年にクロウリーがエジプトのカイロで接触した霊的存在(聖守護天使)。『法の書』をクロウリーに伝えた。

虚空《アカーシャ》 Akasha (梵語)

〈黒い卵〉によって象徴される〈精神〉のこと。

エル AL (カルデア語)

『法の書』に付される別名である。詳しくは、『魔術―理論と実践』下巻七三頁を参照。

アモン Ammon (ギリシア語)

古代エジプト人のアメン神のギリシア語名。ギリシア人はゼウス、ローマ人はジュピターについて言った。

アムン Amoun (エジプト語)

〈隠れた地《アメンタ》〉(地獄、地下世界、死者の世界)にある〈太陽〉の名。〈秘神〉。

アヌビス Anubis

〈黄泉の国《アメンタ》〉で「死者」を案内する犬、あるいはジャッカルの頭をもった案内人のこと。その姿は石棺の残骸に描かれていることがある。

アポーフィス Apophis (エジプト語)

オシリスから脱皮した〈蛇神〉。術式IAO《イー・アー・オー》のIとOに象徴される分極した二つのエネルギーが、相互に作用を及ぼし合う場である暗闇ないし〈夜〉のもつ黒い力をその典型とする〈蛇〉あるいは〈龍〉。

アレース Ares [ギリシア神話]

戦争の神。ローマ神話のマルスに当たる。

アルテミス Artemis [ギリシア神話]

アポロと双生の妹で月の女神。また野獣に満ちた山野を支配し、その守護神。ローマ神話のディアーナに当たる。

アッシャー Assiah (ヘブライ語)

〈カバラの体系〉の〈四世界〉のうちの一つで、〈アッシャー〉は活動界、物質界。ヒンズー教で言う〈ジャグラト〉(意識が覚醒している状態のことで、その時には、物質的な現世を明白に体験できる)に相当する。

アテーネー　Athena　［ギリシア神話］
智慧・学芸・工芸・戦争の女神。父ゼウスの頭から甲冑《かっちゅう》をつけて生まれたと伝えられる。古代ギリシアのアテネの守護神。ローマ神話のミネルヴァに当たる。

アテュ　Atu　（エジプト語）
古代エジプト語で、館、小室、区の意。隠秘学では『トートの書』の〈タロット〉の二十二個の鍵、ないし二十二枚のカード（大アルカナ）を意味する。

アツィルト　Atziluth　（ヘブライ語）
〈カバラの体系〉の〈四世界〉のうちの一つで、「元型界」、「流出界」、「神界」。

ベイバロン　Babalon
黙示録に登場する《緋色の女》。

バッカス・ディフュエス　Bacchus Diphues
二重の性格を具えた〈バッカス〉の姿。同性愛的というよりは両性具有的性質をもつ。

バフォメット　Baphomet
O∴T∴O∴におけるクロウリーの魔法名。もともとは元祖東方聖堂騎士団で崇拝されたと伝えられる偶像の名前。マホメットの訛音とされる。

ベロナ　Bellona　［ローマ神話］
戦争の女神。マルスの妻とも妹とも言われる。

バーヴァニ　Bhavani
ヒンズーの「時の女神」カーリの一形態。

ブリアー　Briah
〈カバラの体系〉の〈四世界〉のうちの一つで、「コルシア」、「創造界」とも呼ばれる。「座天使界」である。

ブランヴィリエ　Brinvilliers
ブランヴィリエ侯爵夫人。一六三〇？―一六七六。フランスの有名な女殺人者。情夫のために夫と家族全員を毒殺し、死刑となる。

カドケオス　Caduceus　［ギリシア・ローマ神話］
蛇杖。神々の使者ヘルメス（＝メルクリウス）の印《しるし》の杖。二匹の蛇が巻きつき、頂に二つの翼が付いている。

カンディード　Candide
ヴォルテール作の哲学的小説（一七五九）のタイトル、および主人公の名。

チャクラ　Chakra　（梵語）
車輪、円盤、円、蓮。渦巻くか花咲くすべての丸い物である。七つの主要チャクラは体の幽玄な場所に位置する。チャクラ群は内分泌系を通じて機能し、それにより精神物理的レヴェルで人間に影響を及ぼす。

ケルビム　Cherubim
智《ち》天使。天使の九階級中の第二階級に属し、神の智慧と正義を表わす天使。通例翼のある美しい子供、または翼の生えた子供の頭で表わされる。

コアギュラ　Coagula
"Solve et Coagula"の後半部。「融合せよ」。

コリオレイナス　Coriolanus
ローマの将軍コリオレイナスを主人公にしたシェイクスピア作の悲劇。

キュベレ　Cybele［神話］
フリギアその他小アジア地方の女神。神々の母である大神でザ・グレート・マザー・オヴ・ザ・ゴッズと呼ばれ、穀物の実りを象徴する。ギリシア神話ではレアーと同一視されることもある。

ダアト　Daäth（ヘブライ語）
〈知識〉、ある意味では〈コクマー〉と〈ビナー〉の子。〈生命の樹〉参照。別の意味では〈コロンゾン〉の住処。〈ダアト〉は時に「偽の」セフィラとか十一番目のセフィラと呼ばれることがあるが、これは〈ダアト〉が〈絶対的知識〉と対立する概念的知識の収まる場となっているためである。

デルポイ　Delphi
ギリシア中部、フォキスの古都。パルナッソス山の麓にあり託宣で有名なアポロンの神殿があった。

デーメーテール　Demeter［ギリシア神話］
大地・穀物・麦・社会秩序の女神。ローマ神話のケレースに当たる。ペルセポネーの母。

デミウルゴス　Demiourgos（ギリシア語）（グノーシス用語）
創造者、造物主。最高神と区別して、物質的世界の創造者を意味する。

ディオニュソス・ザグレウス　Dionysus Zagreus
ディオニュソスはギリシア神話でゼウスと人間の女セメレーとの間に生まれた葡萄酒と演劇の神。バッカスとも呼ばれる。そして、ザグレウスはオルフェウス神話に登場する殺害された幼児神。のちにディオニュソスと同一視された。ゆえにディオニュソス・ザグレウスは、幼児としてのディオニュソス程度の意味。

ディス　Dis［ローマ神話］
地下界の神。ギリシア神話のプルートーにあたる。

エルド　Eld
eldのキャピタルレター。〝長《おさ》〟程度の意。

エレウシスの秘儀　Eleusinias Mysteries, The
古代ギリシア、アッティカのエレウシスで、豊穣の女神デーメーテールの祭典として、もとは毎年、のち隔年あるいは四年ごとに挙行された神秘的な儀式。

エロヒム　Elohim　（ヘブライ語）
旧約聖書で神を意味する普通名詞。固有名詞としてはヤハウェ、イェホヴァ。

エル・シャッダイ　El Shaddai　（ヘブライ語）
カルデア人が崇拝していた原初の星の神。太陽崇拝あるいは父権崇拝が、〈月〉と〈星〉への崇拝をしのぐようになった時、ユダヤ人はこの神の代わりに〈イェホヴァ〉を崇拝した。〈エル・シャッダイ〉は太古の昔に崇拝されていた〈エル・シャイタン〉、あるいは〈力〉の〈セト〉（ないし〈玉座《シート》〉）のことである。

『春秋分点』　Equinox
クロウリーの魔術結社A∴A∴の機関誌。

エリニュス　Erinyes　［ギリシア・ローマ神話］
復讐の女神で、アレクト、メガイラ、ティーシポネーの三姉妹。

ガニュメデス　Ganymede　［ギリシア神話］
ゼウスのために酒の酌をしたトロイの美少年。

ゲマトリア　Gematria
カバラにおける文字数字変換法。ヘブライ語では各アルファベットが数字をも兼ねるため、単語から固有の数値を求めることが可能となる。ある単語の数値と別の単語の数値が同じであった場合、両者の間に密接な関連があるとする思考法を指す。

ギボール　Gibor
ヘブライ語。ゲブラーの神名の後半部。「強い」の意。

グノーシス　Gnosis
ギリシア語で「知識」の意。紀元前四世紀から紀元三世紀にかけてエジプトで発展した一連の神秘思想。グノーシス主義においては宇宙を物質と霊の二元論と見なし、人間の霊は肉という物質に幽閉された火花のような存在であるとする。グノーシス主義者は「知識」をもってこの状態から解放されることを目標とする。

〈大いなる業《わざ》〉　Great Work, The
クロウリーによって採用された錬金術用語で、ある物質ないしエネルギーをその限界にまでもっていって完成させることを意味する。卑金属を貴金属へといわゆる変成させるのはその典型的な例。クロウリーの〈信仰〉では、〈大いなる業《わざ》〉は5と6（すなわち人間と神、女と男、野獣と天使など）を統合し、それによって人間が宇宙的意識をもてるようにする。

ハディト　Hadith　（カルデア語）

〈セト〉のカルデア語。〈ハディト〉は限りなく小さな、しかし最高の力を秘めた点、すなわちビンドゥのことで、その点《ビンドゥ》は〈ヌイト〉と結合して顕現した〈宇宙〉（〈ラ＝ホール＝クイト〉）を生み出す。

ハヌマン　Hanuman　［インド神話］
インドのサンスクリット二大叙事詩の一つ「ラーマーヤナ」で活躍する猿の神。

ハーポクラテス　Harpocrates　（ギリシア語）
エジプト神〈ホール＝パアル＝クラアト〉のギリシア語表記。「小人神」あるいは〈子供〉であって、現在の「ホルスの永劫《アイオン》」の象徴。魔術用語では、ホール＝パアル＝クラアトは「意志下の愛」の心理・性的術式の結果を表わす。〈子供〉はその受胎の瞬間に母（ヌイト）に刻印された形態を示す。

ハルピュイア　Harpy　［ギリシア神話］
顔と体が女で鳥の翼と爪をもった強欲な怪物。

ヘルマフロディトス　Hermaphrodite
両性具有者。

黄金の夜明け団　Hermetic Order of the Golden Dawn, The
一八八八年にロンドンで創立された魔術結社。サミュエル・リデル・マグレガー・メイザースとウィリアム・ウィン・ウェストコットを中心人物として、多数の団員に魔術的カバラを教える。クロウリーは一八九八年に入団したが、二年後に団内抗争に巻きこまれて追放されている。

ヘル　Heru(＝Hru)　（エジプト語）
〈ホルス〉のエジプト語表記。〈ヘル〉は英雄の原型。〈ヘル＝ラ＝ハ〉という形になると太陽の光とエネルギーを表わす。

ヘル＝ラ＝ハ　Heru-ra-ha　（エジプト語）
〈太陽〉の息（ハ）ないしエネルギー。〈ホルス〉に象徴される。

《聖守護天使》　Holy Guardian Angel, The
「黄金の夜明け団」およびアブラメリン魔術において「高次の自己」と称される超絶的意識状態。クロウリーも最初はこの見解に従っていたが、のちにこれを独立した人格を具える霊的存在と見なすようになっている。

ホール＝パアル＝クラアト　Hoor-Paar-Kraat
（エジプト語）
〈子〉である〈ホルス〉。クロウリーはこの侏儒の神を、潜在意識の太陽的＝男根的エネルギーと同一視した。この神の「召使」がエイワスである。〈ホール＝パアル＝クラアト〉は、顕現した〈宇宙〉である〈ラ＝ホール＝クイト〉とは双子の関係にある。

ホルス　Horus

〈ホルス〉の双子の兄弟で、〈ホルス〉の暗い面をもっている〈セト〉に殺害された〈オシリス〉の息子で、〈オシリス〉の仇討ちをする。一九〇四年に治世が終焉を迎えた父親〈オシリス〉の化身となって、〈ホルス〉は〈ラ＝ホール＝クイト〉――〈戴冠した征服する子〉――の姿をとり、以来二〇〇〇年続くことになる現在の永劫《アイオン》の〈支配者〉として君臨している。

フルマキス　Hrumachis　（ギリシア語）

エジプト神格名ハルマクフのギリシア語表記。「星のホルス」の意。

イー・アー・オー　I. A. O.　（グノーシス用語）

〈グノーシス主義者〉の〈至高の神格〉。〈イシス〉〈アポーフィス〉〈オシリス〉の頭文字はまた男根（Ｉ）と女陰《クテイス》（Ｏ）をアポーフィス（Ａ）――〈蛇の流れ〉が発する振動――によって結合してしまう秘密の術式にもなっている。この術式によって幽光《アストラル・ライト》の歪みが具象化し、〈真の意志〉の姿、あるいはスペアの体系では「固有の夢」の姿が具現する。

IHVH　（ヘブライ語）

神聖な四文字の〈言葉〉で、ヘブライ人の発音不可能な名前。普通はイェホヴァ（ヤハウェ）と呼ばれる。ＩＨＶＨは、星辰崇拝がのちに太陽＝父権崇拝に抑えられた時に〈エル・シャッダイ〉に代わって登場した秀れて男性的な流れを意味している。また魔術の術式としてＩＨＶＨは創造の全過程を象徴している。Ｉは〈火〉と〈男根〉、〈父親〉に属す。Ｈは〈水〉と〈女陰《クテイス》〉とに帰属。ＶはＨとＩの結合により生まれる息子に属し、最後のＨは術式が具体的客観的現象として現われた姿である娘に属す。

ＩＮＲＩ　Iēsus Nazarēnus, Rēx Iūdaeōrum の略。（ラテン語）

ユダヤびとの王、ナザレのイエス。（下に「達人」が付いても同意）。

イシス　Isis

〈オシリス〉の妻にして〈ホルス〉の母。姉の〈ネフティス〉が〈芸術〉、〈魔術〉を象徴しているのに対して〈イシス〉は〈自然〉を象徴する。姉妹が一緒になって〈ヌー＝イシス〉という姿になると、魔術の影響力により完璧な〈自然〉に翳りが生ずる。これを錬金術の用語で言うと、卑金属が貴金属に変成する、ということになる。

ＩＴ

一一二頁訳注参照。

ジャガノート　Jagannath　［インド神話］

ヴィシュヌの第八化身であるクリシュナに対する呼び名。

イェヒダー　Jechidah

カバラの魂構造論に出る術語。カバラでは魂は次のような三重構造とされる。

1．ネシャマー：「至高の三対」（ケテル、コクマー、ビナー）に対応する最高部。

2．ルアク：ケセドからイェソドまでの六セフィロトに対応し、精神と理性を司る。

3．ネフェシュ：マルクトに対応し、動物的本能を司る最下部。

このうち、ネシャマーはさらに三部に分かれる。

イェヒダー—ケテルに対応

ヒアー——コクマーに対応

ネシャマー—ビナーに対応

ゆえにイェヒダーは人間の魂の最高部、神的火花の意で用いられる言葉である。

ヨナ　Jonah　［聖書］

ヘブライの預言者。旧約聖書の「ヨナ書」の主人公。不信心のかどで船から海中へ投げこまれ、大魚に呑みこまれたが、三日後に吐き出されたという。

カーラ　Kala　（梵語）

多義的なタントラ用語で、カーラは時間・星・香水・精髄・軟膏などを意味する。〈時〉の女神〈カーリ〉はこの語から派生したものであり、暦《カレンダー》という英語の語源もカーラの概念に基づく。〈タントラ〉では、〈カウラ〉儀式の最中に儀式が盛り上がってくると生ずる膣の振動を特に示す語。

カーリ　Kali　（梵語）

〈時間〉あるいは〈期間〉を司る〈タントラ〉の女神。カーラが大量に集縮している状態を象徴する。その女陰《ヨーニ》は、欲望がことごとく消滅する場であり、かつ帰依者が時間——繰り返される輪廻——から解放される場である火葬場（スマシャナム）に譬えられる。

ケム　Khem　（エジプト語）

「黒」の意で、一対のジャッカル神ケムを指す。〈ケム〉はまた男根的力をも意味するので、黒・暗さと性《セックス》が結びつけられることにもなったし、さらには〈オシリス〉が「黒い神」すなわち〈黄泉の国《アメンタ》〉の暗闇に隠れている秘教的神——〈秘神〉——と見なされることにもなっている。〈ケム〉はエジプトの昔の名前であり、〈アルケム〉ないし〈錬金術《アルケミー》〉は元来、その土地で発生した「黒い」技術のことであった。

クリングゾール　Klingsor

ワーグナーの「パルシファル」に登場する悪い魔法使い。

コカブ　Kokab

ヘブライ語で「星」の意。

コレー　Kore［ギリシア神話］

ペルセポネーの別名。

クテイス　Kteis（ギリシア語）

女性の生殖器で、その片割れである〈男根〉と一緒になって〈蛇の流れ〉の生理学的な基盤となる。

クンダリーニ　Kundalini（梵語）

脊柱の底部でとぐろを巻いている〈火の蛇〉。覚醒を体験しない人の場合は、普通、クンダリーニは眠ったままの状態にある。人間がもつ最高の魔力である、この女神を活気づける方法はいろいろある。

クンドリー　Kundry

「パルシファル」に登場する妖女。

ラメド　Lamed（ヘブライ語）

ラメドという文字あるいはLは「新永劫《アイオン》」の象徴体系において重要な役割を果たす。アレフと共にラメドは『法の書』の題名ALを形成する。特にこの文字と関連する影響力はヌー＝イシス（ヌイトの二局面——天上的と地上的——の結合）として知られる。この影響力は金星という惑星的表象物を有する宇宙力として顕現する。

リリス　Lilith［ユダヤ伝説］

イヴの作られる以前のアダムの最初の妻で、魔物の母とされる。

男根《リンガム》　Lingam

〈単一性〉もしくは〈男性原理〉。しかし、これと〈女陰《ヨーニ》〉とは多くの象徴をもっていて、例えば、〈女陰《ヨーニ》〉が0ないし3で〈男根《リンガム》〉が2のこともある。

男《リンガム》 ＝女陰《ヨーニ》　Lingam-Yoni

〈薔薇十字〉の一形態。

ロキ　Loki［北欧神話］

オーディンが支配するアサ神族の官居があるアスガルドに所属するが、時には裏切って最も悪辣な敵対者となる。

マアト　Maat（エジプト語）

〈真理〉と〈正義〉のエジプトの女神。マアトとは「尺度」、「真理」の意。数学（mathematics）という言葉の語源になっている語。

大宇宙《マクロコズム》　Macrocosm

大いなる〈宇宙《ユニヴァース》〉、人間はその精確なイメージである。

術師《メイガス》　Magus
魔術師《マジシャン》のことだが、専門的に言うならば、A∴A∴内の一位階の専門的称号であり、あまりにも高位階であるため一永劫《アイオン》の間に到達する者は僅かに数名である。クロウリーは一九一五年にこの位階に達し、マスター・セリオン（獣六六六）なる魔法名を名のった。メイガスの位階のカバラ的記号は9°＝2□であり、メイガスの意志によるイェソド（生命の樹の宇宙的エネルギーの中枢）の完全統御を示す。「意志下の愛」の術式を十全に成就することによる。

真言《マントラ》　Mantra　（梵語）
言葉（一語の場合もあれば数語にものぼる場合もある）の形をとった微妙な振動音のことで、絶えず唱えることによって個人の意識構造を変えることができる。真言《マントラ》は図像《ヤントラ》に相当する「音」のことで、〈タントラ〉は神を召喚する方法のこと。

マヌ　Manu　［ヒンズー神話］
人類の始祖。

神殿の首領《マスター・オヴ・ザ・テンプル》　Master of the temple
8°＝3□の位階に属する者。「深淵《アビス》の横断」に成功したメンバーを指す。

マウト　Maut
禿鷲。

メガ・セリオン　Mega Therion
「大いなる獣」の意。クワウリーの9°＝2□としての魔法名の一部。

ミネルヴァ　Minerva　［ローマ神話］
工芸・芸術・戦術・智慧の女神。ギリシア神話のアテーネーに当たる。

ミトラ　Mithra　［ペルシア語］
光と真理の神。のちには太陽の神。

モーリュ　Moly　［ギリシア伝説］
乳白色の花と黒い根のある伝説上の魔草。ホメロスによれば、ヘルメスがオデュッセウスに与えて魔女キルケーの呪《まじな》いから救ったという。

モノケルノス・デ・アストリス　Monokernos de Astris
「星空の一角獣」。3°＝8□の象徴。

ネフェシュ　Nephesch
人間の「動物的な霊魂」。

ネフティス　Nephthys　［エジプト神話］
死の女神。

新永劫《アイオン》　New Aeon
クロウリーの用語で、「神」〈ホルス〉の保護下にある、およそ二〇〇〇年続くことになっている一つの時代を示す。〈ホルス〉の〈永劫《アイオン》〉は、〈エイワス〉という地球外の〈知的生命体〉からクロウリーが《エル》を伝授された一九〇四年から始まった。

ノタリコン　Notariqon

カバラにおける文字省略法。文章中の単語の頭文字を集めて一単語を形成する。

ヌー＝イシス　Nu-Isis

天上〈〈ヌー〉〉と地上〈〈イシス〉〉の流れの回路、あるいは二極性を意味する用語。その流れは男性・女性という二つの性を媒介として現われ、超人的能力を具えた宇宙力の渦巻きをつくり出す。

ヌイト　Nuit

夜空の女神。体に星を散りばめて、弓状に大地を蔽う女性の姿をしているところをよく古代エジプト人に描かれた。その姿は〈テレマ崇拝〉では極めて重要な意味をもつ。形而上学的意味では、ヌイトは「至福の連続」であり、地上的存在が非存在的各要素へと溶解することから派生する。魔術的意味ではヌイトはハディト（ヌイトたる無限の周囲中の遍在点）の補充者である。彼女は「北」であり、ホルスと等しい。彼は「南」であり、セトと等しい。

オーディン　Odin　［北欧神話］

万物の神で戦争・死・詩歌・魔法・知能などを司る最高神。

オイディプス　Oedipus　［ギリシア伝説］

テーベの王、ラーイオスとイオカスタの子。神託による宿命によって、父とは知らずに父を殺し、スフィンクスの謎を解いて母国テーベの王となり、知らずに母を妃としたが、のち真相を知って悲嘆のあまりみずから短刀で目を突き娘アンティゴネーに手を引かれてアッティカに去り、そこで死ぬ。

オルフェウス　Orpheus　［ギリシア神話］

アポロとカリオペとの子。トラキアの詩人で音楽家。彼の奏する竪琴の美しい調べは鳥獣草木をも魅了したといわれる。死別した妻ユウリュディケを追って地下界に降り音楽でプルートーの心を動かし「地上に達するまで妻の顔を振り向かない」という約束で妻を連れ戻すこととなったが、出口で約束を破ったためその希望を果たせなかったという。

オシリス　Osiris　［エジプト神話］

古代エジプトの主神の一人。冥界の神で、死と復活を司る。イシスの夫で兄。〈エジプト密儀〉の「〈黒い神〉」。〈黄泉の国《アメンタ》〉の暗闇で息づいている生成力の象徴。魔術用語としては、印形《シジル》に暗闇の活力と潜在意識の「忘却性」とを注入する〈秘神〉を意味する。神話では〈ホルス〉の父であり、〈黄泉の国《アメンタ》〉における〈ホルス〉の策謀の成果であり、〈イシス〉の雄牛である。

O・T・O（＝O∴T∴O∴）　Ordo Templi Orientis

〈東方聖堂騎士団《オルド・テムプリ・オリエンティス》〉の略である。〈東方〉とは太陽的＝男根的力の上昇してくる場である。セオドア・ロイスが脱退した一九二二年からクロウリーが《O・T・O》を率いることになった。〈テレマの法〉を受け容れた、由緒ある最初の偉大な〈団〉である。

ペルセポネー　Persephone　［ギリシア神話］

ゼウスとデーメーテールの娘。下界の神ハーデース（＝プルートー）にかどわかされてその妻となり、下界の女王となる。のちゼウスの仲介により春から秋までは地上に戻り、残りの半年は地下で暮らすことになったという。コレーとも呼ばれる。ローマ神話のプロセルピナに当たる。

ファルス　Phallus

男根像。造化の生産力の象徴として宗教的に崇拝し、古代のディオニュソス［バッカス］祭ではこれをかつぎまわった。通例勃起した形で表わされる。

プルートー　Pluto　［ギリシア・ローマ神話］

〈大深淵〉の〈塔門〉を守る〈守護者〉。〈プルートー〉は〈ケテル〉——太陽系の辺境、つまりは、あらゆる既知の世界の最果て——に属す。秘教的には〈プルートー〉は〈天蝎宮〉と結びつけられ、さらに〈マルス〉（〈ホルス〉）、〈磨羯宮〉、〈巨蟹宮〉と結びつけられている。〈プルートー〉は犬（dog）の姿をしているため、地下世界の神《ゴッド》（god は dog の逆綴り）と見なされている。また、〈黄泉《アメンタ》の国〉で魂を導いて行く犬、あるいはジャッカルの頭をした案内者〈セト＝アン（アヌビス）〉とも見なされる。

プリアポス　Priapus　［ギリシア・ローマ伝説］

男性生殖力の神。

プロスペロ　Prospero

シェイクスピアの『あらし』に登場する大魔法使い。

カバラ　Qabalah　（ヘブライ語）

西洋魔術の重要な源泉の一つであって、ヘブライの秘教的哲学体系である。通常、四種に分類されている。1．実践的カバラ　2．文字で表わされたカバラ　3．教義的カバラ　4．書かれざるカバラ　である。それらの詳細は『黄金の夜明け』、『神秘のカバラー』（いずれも国書刊行会刊）を参照されたい。

ラ＝ホール＝クイト　Ra-Hoor-Khuit　（エジプト語）

〈東の水平線〉の〈神〉であるエジプトの神〈ヘラ

カティ〉のこと。この神とは双子の兄弟にあたる〈ホール＝パアル＝クラアト〉は〈西の水平線〉の〈神〉。魔術用語としては、〈ラ＝ホール＝クイト〉は、〈ヌイト〉の子宮に「子供」すなわち小さな意志、蕾の意志を宿らせるエネルギーの放射・放出を意味する。その子供は蕾の意志をしっかりと持って、〈新永劫《アイオン》〉の〈主〉たる、〈戴冠した征服する子〉、〈ホルス〉となって現われ、魔術的意志（もはや片端でもなく小さくもない）を宇宙という完璧な形で表明する。

シャクティ　Sakti(＝Shakti)（梵語）
神的な力、特に女性エネルギー。シバ教ではシバの配偶神として人格化され、破壊の女神ドゥルガー、死と破壊の女神カーリと同一視される。

サマエル　Samael
天使の名前。

サンサーラ　Samsara（梵語）［ヒンズー教・仏教］
輪廻、転生、流転（一つの生から他の生へと巡り巡ること）。

緋色の女　Scarlet Woman
〈シャイタン＝エイワス崇拝〉の場合には特殊な含意をもつ用語で、〈カーリ〉——緋色のハイビスカスか中国薔薇をその象徴とする時間と周期の女神——の女司祭を意味する。〈ベイバロン〉の項も参照。

セフィラ　Sephira（ヘブライ語）
数・車輪・放射物を意味する。〈宇宙的意識〉の放射物は〈ケテル〉から〈マルクト〉まで十種ある。セフィラは一から十へと順にヌイト（アイン）とハディト（隠された神）の結合である顕現をしだいに濃密なものとする。それぞれ様々な方向量《ベクトル》の力によって繋がれている。その力は〈達人《アデプト》〉により主観的に構成されて二十二の〈径《パス》〉となる。この二十二の〈径《みち》〉には、〈トート〉の二十二の〈札《アテュ》〉と、カバラのアルファベット二十二文字が対応しており、二十二文字はそれぞれ魔術的元素的性質をもっている。〈生命の樹〉の図を参照。

セフィロト　Sephiroth（ヘブライ語）
〈セフィラ〉の複数形。

シバ　Shiva（梵語）
湿婆《しば》。三大神格の一つで破壊と創造を象徴し、また人間の運命を支配する。

タヒュティ　Tahuti（エジプト語）
エジプトの神で叡智、魔術、科学、それに幻想を司る。コプト語のトート、ギリシア語のヘルメス、ラテン語のマーキュリーに当たる。

タントラ　Tantra　(梵語)

役割、機能。規定された魔術的・神秘的な目標・目的をもっているあらゆる継続的儀式を示す語。しかし、この語は、〈シャクティ崇拝者〉のために編集された、儀式上の技法を収めた東洋の奥義書ないし手引書を特に示す。厳密に言えば、神のタントラとは、神を召喚する方法のことであり、真言《マントラ》とは神の秘密の名前ないし振動音、図像《ヤントラ》は神のエネルギー中枢・エネルギーの方向量を線画で表現したもののことである。

タオ　Tao　(中国語)

道。万物がそこから出現し、そこへと回帰して行くらしい場を示す中国の用語。イメージを喚起する能力(すなわち知性)の作用を超えた〈純粋意識〉であるヒンズー教の〈ブラフマン〉に相当する。

タロット　Tarot　(ヘブライ語)

「車輪」あるいは(〈時間〉の)「周期」の意。〈新永劫《アイオン》〉の教義に相応しいようにクロウリーが改訂した『トートの書』には神秘的な暗号によって魔術的哲学の全体系が収められている。〈タロット〉は、〈寓意画カード《メイジャー・アルカナ》〉の名で知られている二十二枚の、〈タヒュティ〉(〈トート〉)の〈鍵〉となる〈札《アテュ》〉と、残り五十六枚の〈点数カード《マイナー・アルカナ》〉とから成っている。それらの〈鍵〉は、それぞれ〈生命の樹〉の二十二の〈径《みち》〉に属している。

タットワ　Tatvas

物質的世界は、幾つかの目に見えない潮流に取り巻かれている。その潮流のなかで、「大地の潮流」として、古くからインドで研究されてきたのがタットワである。これを中国人は「気」と呼び、インド人は「プラーナ」と呼んだ。日本語にあてはめるなら「精気」ないし「霊気」であって、一種のエネルギーである。このタットワの概念をもとにして作られたのがタットワ・カードである。

テムラー　temura

カバラにおける文字代用法。ある種の法則を用いて単語中の文字を並べ換えたり、他の文字をもって既存の文字に代える。

神聖四文字《テトラグラマトン》　Tetragrammaton　(ヘブライ語)

IHVHという四文字の神聖な〈名前〉。

テレマ　Thelema　(ギリシア語)

「意志」を意味する語。現在の〈ホルス〉の〈永劫《アイオン》〉の〈法〉を示す〈語〉。その数値は93で、〈テレマの流れ〉を示し、〈アガペー〉(愛)と〈エイワス〉——〈蛇の流れ〉とその流れの〈教義〉(すなわち『法の書』。《エル》の項参照)の伝授者——とを一致させる数となる。各男女が自分の本当の目的、〈真の意志〉を発見することが、この〈テレマ〉の教義の主眼となっている。〈永劫《アイオン》〉の〈言葉〉である〈アブラハダブラ〉と混同しないよう注意されたい。

テミス　Themis　［ギリシア神話］
ウラノスの娘。法律・秩序・正義の女神。

トール　Thor　［北欧神話］
アースの神々のなかの一神。人間の住む世界、地上界（ミドガルド）の守護者。雷・天候・豊穣の支配者。

トート　Thoth　（エジプト語）
〈言葉《スピーチ》〉、〈魔術〉、〈智慧〉を司るエジプトの神。タヒュティ神である。

ティレシアス　Tiresias　［ギリシア伝説］
テーベの予言者。水浴中のアテーネーを見たため盲にされたが、のちに彼女の怒りが解け、道案内をする杖と鳥の言葉を理解する力と予言の力とを与えられた。

トフ＝ボフ　Tohu-Bohu
混沌、混乱。

トリプリシティ　Triplicity
三宮。黄道十二宮のうち互いに一二〇度離れた三つの宮。

テュフォン　Typhon　［ギリシア神話］
テュフォエウスの子である怪物。のちにはテュフォエウスと混同された。

ツァダイ　Tzaddi
ヘブライ語アルファベット二十二字中の第十八番文字サーデーのこと。

ヴァルキューレ　Valkyrie　［北欧神話］
オーディンの侍女で、戦況を左右し空中を馬で駆けめぐり、戦死すべき者を選び戦死者をヴァルハラの饗宴に招じるという。

ヴァユ　Vayu
タットワの「空気」。青い丸に象徴される。

イェツィラー　Yetzirah　（ヘブライ語）
〈カバラの体系〉の〈四世界〉のうちの二番目の世界が〈イェツィラー〉で、〈西洋伝統〉では〈星幽界《アストラル》〉に相当し、〈ヒンズー教〉のスワプナ、すなわち夢幻世界に相当する。幻想と非実態的像の元素である〈空気〉は〈イェツィラー〉に属する。

陰　Yin　（中国語）
女陰《ヨーニ》を典型とする女性的流れを意味する中国語。

女陰《ヨーニ》　Yoni　（梵語）
女性の生殖器。〈トリコーナ〉、すなわち〈火の蛇〉

の棲み処、を象徴する。

ゼウス・アルヘノテルス　Zeus Arrhenothelus

ゼウスの頭から生まれたアテーネーのように、ゼウスが単独で神を産む場合がある。その状態を指す術語。クロウリーはこれを両性具有的に捉えている。(なお、アルヘノテルスは「単為生殖者」の意)。

本書は、一九九一年一月、「クロウリー著作集」第二巻として刊行された。

トートの書

アレイスター・クロウリー

1875−1947年。イギリスのオカルティスト。

「黄金の夜明け教団」に参加、のち脱退して独自の魔術体系〈Magick〉にもとづく儀礼魔術の実践と教団化に奔走した。その過激な思想と幻視は、同時代の文学者をはじめ、ロックやカルト・シネマの巨匠たちにも影響を与え続けている。現在でもオカルト界のカリスマ的存在で、根強い人気を誇る。著書に『クロウリーの魔術日記』『クロウリーと甦る秘神』(ともに、国書刊行会「アレイスター・クロウリー著作集」)、『魔術−理論と実践』『法の書』(国書刊行会)、『黒魔術の娘』(創元推理文庫) など。

榊原宗秀 (さかきばら むねひで)

1930年生まれ。東京大学文学部卒業。

訳書に、ダーレス「奈落より吹く風」、ジョーンズ「窖」(ともに、『真ク・リトル・リトル神話大系９』国書刊行会 所収)、スタイン『21世紀への確信』(共訳、TBSブリタニカ)、アードマン『ポール・アードマンのマネー大予言』(共訳、東洋経済新報社) ほか多数。

初版第一刷 一九九一年一月三十日
新装版第一刷 二〇〇四年九月十五日
新装版第五刷 二〇二二年七月一日

著者 アレイスター・クロウリー
訳者 榊原宗秀
装幀 山田英春
発行者 佐藤今朝夫
発行所 株式会社国書刊行会
東京都板橋区志村一−一三−一五 郵便番号＝一七四−〇〇五六
電話＝〇三−五九七〇−七四二一 ファクシミリ＝〇三−五九七〇−七四二七
https://www.kokusho.co.jp
印刷所 株式会社エーヴィスシステムズ
製本所 株式会社ブックアート
ISBN 978-4-336-04647-5